DOMINADA PELO

DESEJO

MÁRCIA REGINA POLIDORIO

Romance ditado pelo espírito Luiz de Astúrias

Coordenadora editorial: Tânia Lins
Coordenador de comunicação: Marcio Lipari
Capa e projeto gráfico: Equipe Vida & Consciência
Preparação: Janaina Calaça
Revisão: Equipe Vida & Consciência

1ª edição — 1ª impressão
2.000 exemplares — julho 2024
Tiragem total: 2.000 exemplares

CIP-BRASIL — CATALOGAÇÃO NA PUBLICAÇÃO
(SINDICATO NACIONAL DOS EDITORES DE LIVROS, RJ)

A882d

Astúrias, Luiz de (Espírito)
Dominada pelo desejo / pelo espírito Luiz de Astúrias ; [psicografado por] Márcia Regina Polidorio. - 1. ed., reimpr. - São Paulo : Vida & Consciência, 2024.
320 p. ; 23 cm.

ISBN 978-85-7722-673-3

1. Romance espírita. 2. Obras psicografadas. I. Título.

24-92553 CDD: 133.93
CDU: 133.9

Este livro adota as regras do novo acordo ortográfico (2009).

Vida & Consciência Editora e Distribuidora Ltda.
Rua das Oiticicas, 75 – Parque Jabaquara – São Paulo – SP – Brasil
CEP 04346-090
editora@vidaeconsciencia.com.br
www.vidaeconsciencia.com.br

Ditado pelo espírito Luiz de Astúrias
à médium Márcia Regina Polidorio,
trabalhadora do Centro Espírita
Bezerra de Menezes em Colíder/MT.

Agradeço ao Pai amantíssimo a oportunidade de divulgar Seu amor, ao Luiz de Astúrias pela confiança em minha boa vontade e aos espíritos aqui envolvidos, que permitiram reproduzir suas vivências como forma de mostrar como o amor é capaz de mudar nosso derredor.

A todos os que me cercam e me apoiam, meu muito obrigada.

Apresentação

Com profunda alegria, vejo o desabrochar de mais uma pérola de amor.

Presente da espiritualidade para que a sabedoria do Pai se aproxime dos filhos da Terra.

Encarnados que, presos às amarras da carne, se sentem só e desamparados, cultivando suas dores e abraçando suas chagas de maneira solitária.

Creiam, como verão nas poucas páginas que se seguem, que o Pai nunca deixa um filho sequer sem proteção.

A todo instante de sua encarnação, estamos nós, trabalhadores deste lado, cuidando, amando e também dividindo as duras provas.

Sim, dividir, porque nosso sofrimento vem do querer cuidar, do amor que sentimos por todos.

As dores são, às vezes, necessárias para o progresso, mas também despontam pela invigilância de nossos pensamentos e pela falta de fé na vida que se segue.

Nenhuma dor é eterna, assim como não há falha que não possa ser corrigida.

Aqui, nosso nobre e querido Luiz de Astúrias mostrará como um irmão pode, com perseverança, cumprir os compromissos assumidos, despindo-se das falhas e vicissitudes.

Às vezes, precisamos de várias encarnações, mas, no tempo do Pai e com nosso esforço individual, é possível progredirmos.

Creia, busque, pois o Pai sempre auxilia aquele que escolhe melhorar e progredir e jamais abandona aquele que sabe o caminho e se propõe a seguir por ele.

Assim, ciente de toda a grandeza de ensinamentos aqui repassados, espero que esta obra sirva de acalento a cada coração a que ela chegue.

Que todos possam entender que a centelha divina está em nós e que o sofrimento pode cessar quando aprendemos a lição do amor universal, escrita em nossa alma, trazendo mais leveza à vida neste orbe.

Enternecida de gratidão ao Pai pela gentileza para comigo de poder fazer a abertura desta obra e feliz com o trabalho desenvolvido, parabenizo meu amigo e companheiro Luiz e peço ao Pai que lhe sejam dadas várias oportunidades de divulgar a existência e constância da espiritualidade amiga na vida terrena.

Mostrando aos irmãos que a vida é constante, que ódios e vinganças são somente etapas a serem ultrapassadas e que o amadurecimento da alma um dia cessará, dando lugar à luz do amor, que é a verdade absoluta.

Que a luz do Pai esteja com todos, em gotas de amor dos mentores e protetores.

Irmã Dulce

Centro Espírita Bezerra de Menezes, Colíder, Mato Grosso,
em 1º de setembro de 2018.

Sumário

PRIMEIRA PARTE

Capítulo

1

O barulho das águas que se ouvia à grande distância era uma doce melodia da natureza. Ao lado se encontrava um grupo de pessoas, todas vestidas de branco, e no centro da roda estava Rosa, a mestre condutora do ritual.

Todos escutavam seus ensinamentos com grande atenção. Suas palavras eram ordens, e todos a adoravam como mentora e guia espiritual, posição em que ela se colocava perante aquelas pessoas, que procuravam seus caminhos na senda da espiritualidade.

Naquele encontro, Mãe Rosa, como gostava de ser chamada, iria ensinar como trabalhar com as energias das águas e da mata.

Aqueles que tinham olhos de ver[1], voltando-os ao alto, notavam que havia uma falange de espíritos pronta a receber aquelas energias, a fim de manipulá-las a serviço da ignorância espiritual.

Os seguidores daquela senhora, na maioria médiuns leigos, não tinham ideia dos compromissos que assumiam perante a espiritualidade maior com

---

1 "[...] médiuns videntes são dotados da faculdade de ver os Espíritos. Há os que gozam dessa faculdade em estado normal, perfeitamente acordados, guardando lembrança precisa do que viram. Outros só a possuem em estado sonambúlico ou aproximado do sonambulismo. É raro que esta faculdade seja permanente, sendo quase sempre o resultado de uma crise súbita e passageira. Podemos incluir na categoria de médiuns videntes todas as pessoas dotadas de segunda-vista. [...] O médium vidente acredita ver pelos olhos, como os que têm a dupla vista, mas na realidade é a alma que vê, e por essa razão eles tanto veem com os olhos abertos ou fechados". KARDEC, Allan. **O Livro dos Médiuns**. 1. ed. Brasília: FEB, 2019. p. 242.

aqueles ditos "trabalhos", quando esses visavam a manipular o livre-arbítrio de outrem.

Naquele dia, seria realizado um trabalho espiritual para desunir a vida e os sonhos de um casal, indo de encontro aos desígnios de Deus.

Nem a falange de espíritos das trevas nem os encarnados conseguiam notar nossa presença. Estávamos eu, Chico, um mero aprendiz, e uma falange de abnegados amigos autorizados a acompanhar os trabalhos sem, contudo, interrompê-los, respeitando o livre plantio.

Assim, em minha ignorância, eu nem piscava. Não tirava minha atenção dos acontecimentos na Terra.

— Vocês estão aqui para aprender. Eu já estou velha e tenho que lhes passar algumas coisas. Este é um trabalho de amarração[2], mas, primeiro, a gente tem que separar o casal — disse ela retirando das sacolas várias coisas, dentre elas velas de cores diversas. E continuou: — Tudo está na força do nosso pensamento. Se você pensar que não dará certo, não dará. Se pensar que será difícil, estragará tudo e quebrará a corrente. Tem de ter fé nos "guias", nas "moças".

Acompanhada de obsessores de baixa vibração, Mãe Rosa ria quando se lembrava das maldades que já havia espalhado pelo mundo, sem pensar nas consequências de todos os seus atos.

Dentro do grupo de pessoas havia médiuns psicofônicos[3] e videntes, mas estes ainda estavam em desenvolvimento[4].

No grupo havia também um rapaz que olhava tudo com certa cisma. Não perguntava nada, somente observava. Chamava-se Raimundo da Silva.

Sua mediunidade aflorara aos dez anos de idade, e ele teve como mentor um preto-velho de nome Bastião Velho, que lhe ensinava muito, inclusive em desdobramento. E era este mesmo mentor que lhe mostrava o quadro do que ocorria naquele instante, pedindo-lhe somente para que observasse.

Via no perispírito[5] da instrutora grandes manchas cinzas, que lhe preenchiam o corpo físico, principalmente o coração. E via em algumas

2 Espécie de feitiço para unir duas pessoas.

3 Médium de psicofonia, segundo Allan Kardec, também tido como falante, é aquele que transmite as comunicações espirituais por meio da fala. KARDEC, Allan. **O Livro dos Médiuns**. 1. ed. Brasília: FEB, 2019. p. 242.

4 Médiuns em fase de aprendizagem.

5 "Durante a vida, o Espírito se acha preso ao corpo pelo seu envoltório semimaterial ou perispírito. A morte é a destruição do corpo somente, não a desse outro invólucro,

pessoas ali as mesmas manchas, em especial nas que estavam mais interessadas no assunto.

— Mãe, mas esse tipo de trabalho é rápido? — perguntou uma das interessadas, na qual a mancha se mostrava maior na região dos órgãos genitais, que, explicou o Preto Bastião, era fruto de desvio moral na área do sexo.

— Não, se você tiver força e confiar nos guias. Aí é rápido! E rindo, continuou: — Teve uma mulher que me pediu para separar o companheiro de outra, com quem ele era casado. Pediu, e a Cigana disse que faria. Ela trouxe todo o material, e não deu um mês ele tinha ido morar na casa dela.

— Nossa Mãe! É forte assim?

— Filha, eu confio nos meus guias. Se eles dizem que trazem, trazem!

Diante da história, houve vários comentários, e um maior grau de interesse surgiu nos presentes.

— Quanto a gente cobra por esse tipo de trabalho, mãe?

Essa pergunta interessou a todos. Até a mim, que, mesmo desencarnado, queria saber das cifras.

— Olha, nesse tipo de coisa, a gente analisa se a pessoa está querendo muito, se tem dinheiro, essas coisas. Porque ela também tem que trazer o material e a parte do nosso trabalho.

— Mas quanto custa mais ou menos? — insistiu a aluna.

Após alguns instantes pensando, a senhora esclareceu:

— Se tiver dinheiro, eu cobro uns cinco mil com meu material. Mas garanto o serviço, como esse aqui. A moça que pediu é médica, ganha bem e quer muito.

Continuou a rir da pobre alma que havia encomendado o dito "trabalho de amarração", não tendo ideia da carga espiritual que assumia ao tentar mudar o rumo de vidas.

E, assim, foram-se algumas horas em que a mais experiente, primeiramente invocando outros espíritos tão ignorantes do amor de Deus como ela para fazer o trabalho de separação do casal, realizou a tal da "amarração" e alimentou mais algumas almas no intuito de fomentar o sentimento de paixão entre o novo casal.

Eu a tudo observava com muita curiosidade e com muitos questionamentos, sendo que minha maior dúvida era por qual razão, se ali

---

que do corpo se separa quando cessa neste a vida orgânica." KARDEC, Allan. **O Livro dos Espíritos**. 1. ed. Brasília: FEB, 2019.

estávamos, não impedíamos a manipulação e a entrega daquelas energias aos envolvidos.

Sem me responder com palavras, o preto-velho Bastião me chamou a acompanhá-lo, ao que prontamente obedeci.

Volitamos[6] e, em questão de minutos, chegamos a uma casa acolhedora, que ficava num belo bairro da cidade de Ribeirão Preto, no estado de São Paulo. Lá, encontramos uma mulher brincando com uma menininha de seus três aninhos. Estavam somente as duas, mãe e filha, concentradas, brincando de boneca.

— Lívia, mamãe está cansada e já é hora de uma certa mocinha tomar banho — disse, amorosamente, a mãe.

— Não, a "nossa filhinha" não tomou banho ainda — respondeu a menina, apontando para a boneca.

— Ela pode tomar banho com você, o que acha?

— Ela pode, mamãe?! — perguntou, já aos gritos, pensando em como seria dar banho na pequena boneca.

Rindo da alegria da filha, Bárbara a beijou e assentiu. Sabia que poderia se arrepender da ideia. A garotinha faria a maior bagunça no banheiro e provavelmente não iria querer sair de lá tão rápido.

Mas, dando de ombros, lembrou que seu marido não retornaria para casa naquela noite. Ele era médico e estava de plantão. Assim, elas teriam todo o tempo para ficar uma com a outra.

E assim foi. Lívia permaneceu um tempo enorme com a boneca na banheira cheia de sabão.

Lívia era filha única de Bárbara e André, um jovem médico. Ela era, para os pais, como um bibelô, uma joia preciosa.

Bárbara era uma mulher de seus vinte e cinco anos, de cabelos castanhos, pele branca e estatura pequena. Uma pessoa de trato fácil e agradável.

Já fazia seis anos que tinha um relacionamento com André. Conhecera o marido quando ele estava fazendo residência médica num hospital público da cidade.

Lembrava-se do dia como se fosse hoje. Estava indo ao hospital acompanhar a mãe, que caíra e quebrara o pulso, necessitando de cuidados médicos.

Quando o viu de jaleco branco, cabelos escuros desalinhados, seu coração acelerou. Ele dizia que também conseguira disfarçar os sentimentos, mas que a mesma situação aconteceu quando a viu.

6 Trata-se de uma faculdade que o espírito usufrui para se deslocar.

Depois disso, ele pediu para que a mãe de Bárbara voltasse no outro plantão, e entregou escondido um papel à moça, com o número do telefone da casa dele, pedindo-lhe que ela ligasse.

Não sabia Bárbara por que estava lembrando-se disso naquele momento, mas eu sabia. Ao mostrar-me o quadro, o preto-velho a fez recordar e reviver o momento em que suas almas se reencontraram, conforme fora combinado no mundo espiritual.

Sem mais palavras, pediu-me novamente que o acompanhasse até onde estava André.

Qual não foi minha surpresa quando vi que meu guia espiritual não me levava a nenhum hospital, mas sim a um aconchegante apartamento, não muito longe dali.

A cena que vimos era de um casal apaixonado, que bebia vinho e desfrutava da doce companhia um do outro. Via-se que ele não possuía para com a esposa nenhum pensamento e que somente o prazer sexual imperava naquele local.

Luísa, uma médica, colega de trabalho de André, esmerava-se em agrados e carinhos, pensando na promessa de Mãe Rosa de que, em menos de um mês, ele estaria em seus braços para sempre.

A esse pensamento, seu corpo arrepiou-se. Achou ela que era de alegria, porém não via a presença nefasta de irmãos espirituais doentes, que cobrariam um alto preço por ela querer mudar o destino.

Luísa era uma moça morena, cor de jambo, sensual, segura de si, o oposto de Bárbara. Estava apaixonada por André e disposta a tudo para não perdê-lo. Não era uma pessoa de índole ruim, porém uma alma orgulhosa e caprichosa, que não admitia ser preterida.

André, um homem bonito, inteligente, profissional em ascensão, tinha se encantado com a ideia de viver uma aventura extraconjugal e sair da mesmice do casamento. Mas, na verdade, somente via em Luísa um corpo bonito e disposto a lhe dar prazer. Jamais havia passado por sua mente a ideia de abandonar sua família, que, à sua maneira, ele amava apaixonadamente.

Assim, na escuridão de sua ignorância, passaram a noite juntos. Bárbara, acreditando que o marido trabalhava, dormia segura em casa, enquanto André, seguro que ali somente encontraria prazer, sem compromisso e responsabilidade, se deleitava nos prazeres do sexo. E Luísa, infelizmente, acreditando ter encontrado o amor, maquinava como seria feliz ao lado do amante, quando ele abandonasse sua família para formar uma nova com ela.

André acordou com o *pager*[7] tocando. Assustado, olhou e viu que já era hora de ir para casa. Era Bárbara querendo saber onde ele se encontrava.

Pedindo silêncio com os dedos, pegou o telefone fixo de Luísa e ligou para casa.

— Bom dia, meu amor! — Nem o tom amoroso de Bárbara cumprimentando-o fê-lo arrepender-se, tamanha a sua cegueira.

— Oi, amor! Tudo bem por aí? Como minhas meninas passaram a noite?

Sorrindo, ela contou-lhe acerca das peripécias da filha, ao que ele ouviu atencioso, tentando desvencilhar-se do toque audacioso das mãos da amante.

— Amor, vou demorar um pouco, mas chegarei a tempo de tomar café com você. Te amo!

— Também te amo! Vem logo!

Após desligar o telefone, ele voltou-se para Luísa, que o agarrou, incitando-o novamente. André, por sua vez, não resistiu, esquecendo-se da esposa e da filha e ficando ali por mais um tempo.

O prazer de saber que o dominava sexualmente a excitava ainda mais e dava a Luísa a sensação de vitória.

Foi com essa sensação que ela passou a manhã sorrindo e contando os dias para ganhar seu prêmio: André.

Ele, a seu turno, após sair da casa de Luísa, não se lembrava mais da amante. Passavam apenas alguns *flashes* dos momentos de prazer que ela havia lhe proporcionado, mas, para ele, era uma coisa que qualquer outra também lhe daria.

Ao chegar a casa, André viu que já passavam das oito e meia da manhã e sua filha já estava acordada. Na verdade, as duas estavam esperando-o e o receberam com abraços e muito amor.

Depois de brincar um pouco com a filha, André a levou nos braços até a mesa do café, que havia sido preparado como ele gostava.

Olhando para todo aquele carinho, sentiu um leve toque de remorso, pensamento que logo tratou de tirar da cabeça.

---

7 "Dispositivo eletrônico usado para contatar pessoas através de uma rede de telecomunicações. Ele precedeu a tecnologia dos telemóveis e foi muito popular durante os anos 1980 e 1990, utilizando transmissões de rádio para interligar um centro de controle de chamadas e o destinatário." PAGER. In: WIKIPEDIA. Disponível em: https://pt.wikipedia.org/wiki/Pager. Acesso em: 24 maio 2024.

Tomou café e, alegando cansaço pela noite de trabalho, foi para o quarto. Tomou um banho e foi dormir um pouco, pois, naquela noite, teria de trabalhar "de verdade".

Bárbara não alimentava um pensamento sequer sobre a traição do marido. Pelo contrário, considera-o um companheiro fiel, além de uma médico esforçado e trabalhador.

Mesmo assim, Bárbara, ao abraçá-lo, sentiu seu peito apertado e teve uma sensação de angústia, que não definia de onde vinha.

Não via, mas sentia as emoções trazidas pelo espírito colocado ao seu lado para plantar a discórdia em seu casamento.

Se tivesse o poder de ver com os olhos do espírito, Bárbara se assustaria com a forma grotesca como esse espírito se apresentava. Devido ao seu grau de ignorância, ele havia perdido a forma humana, assemelhando-se a uma cópia rabiscada de um homem. Junto a ele, havia outros irmãos enfermos que estavam ali para desestruturá-la. Mas aquele, em especial, fora determinado a ligar-se ao chacra[8] frontal de Bárbara, localizado em sua testa[9], intuindo-lhe pensamentos e sentimentos.

Soltando um profundo suspiro, Bárbara ficou olhando para o nada e pensando em como seria o trabalho do marido.

"Será que há mulheres que se oferecem a ele?", questionou-se. Aquele pensamento, o primeiro deles, foi a semente do mal implantada em Bárbara e continuou a instigar-lhe essa dúvida, a partir da qual várias outras foram surgindo.

Bárbara ficou parte da manhã imaginando e planejando como descobrir se seu marido lhe era fiel, criando uma sintonia quase imediata com um irmão desencarnado que agora a obsediava.

Assim que terminou de preparar o almoço com sua auxiliar, dirigiu-se até o quarto para acordar o marido, que dormia profundamente.

Aproximando-se, colocou-se ao lado dele na cama e fez-lhe um carinho. André despertou na hora, abraçando-a e beijando-a como era de costume.

---

8 Segundo Leabter (2016, p. 128 apud Bozzano, 2021) no livro *Pensamento e Vontade*, "Os chakras, ou centros de força, são pontos de conexão ou enlace pelos quais flui a energia de um a outro veículo ou corpo do homem [...] estão na superfície do duplo etérico".

9 Chakras, de acordo com Edgard Armond, também chamados de Centros de Força ou Rodas, "são acumuladores e distribuidores de força espiritual, situados no corpo etéreo pelos quais transitam os fluidos energéticos de uns para outros dos envoltórios exteriores do Espírito encarnado". ARMOND, Edgard. **Passes e Radiações**. 6. ed. São Paulo: Aliança, 2018. p. 43.

Por um momento e pela forma amorosa como ele a abraçou, as dúvidas dissiparam-se.

"Devo estar ficando doida!", pensou.

Naquele momento, Bárbara criou um campo de energia que, em virtude da onda de amor que dela emanou, a afastou do obsessor.

André abraçou a mulher e, sem perceber, começou a compará-la a Luísa, pensando em todo o prazer que a outra lhe proporcionava, inclusive por ser mais experiente.

— Amor, temos que descer. O almoço está pronto, e Lívia está lá embaixo, com fome, é claro! — disse rindo, o que o fez acompanhá-la.

A pequena filha estava sempre com fome e, por mais que somente petiscasse, pedia algo o tempo todo.

— Isso com certeza! Se demorarmos mais um pouco, ela virá nos chamar!

Ainda sorrindo, Bárbara levantou-se da cama e, dirigindo-se até a porta, avisou que iria colocar a mesa enquanto o marido se arrumava. Por não trabalhar fora, fazia questão de preparar a comida, o que fazia com grande prazer. Na maioria das vezes, somente não cuidava dos demais afazeres da casa, para os quais havia uma senhora chamada Tereza, que cumpria suas tarefas com primor e ainda a ajudava com Lívia.

Chegando à cozinha, encontrou as duas já preparando os pratos para colocá-los na mesa.

— Pelo jeito, tem alguém aqui com fome! Está até ajudando a dona Tereza!

— Está apressada, com muita fome! — disse Tereza, balançando os braços como sempre fazia, enquanto a criança ria da situação.

Bárbara abraçou a criança, que perguntou:

— Cadê o papai?

— Já está descendo. Vou ajudá-las a arrumar a mesa. Vamos?

E, nesse clima de paz e harmonia, a refeição e o resto da tarde transcorreram, fazendo Roberto, o espírito encarregado de obsediá-la, manter-se afastado. Rindo, aproximou-se de outro espírito, que possuía a aparência de uma mulher e pertencia à mesma faixa vibratória[10] que ele.

— Ela está dificultando as coisas? — perguntou.

---

10 A mente produz cargas energéticas condizentes com o conteúdo do pensamento. Essas cargas produzem verdadeiros campos de força que atraem ou repelem, a depender de sua similaridade ou não, seres encarnados ou desencarnados.

— Não, Débora. É só questão de algumas horas. Ela não tem proteção nem fé. Observe, é presa fácil! — Riram os dois, comprazendo-se do mal que estavam praticando.

Mas, diferente do que aquele espírito havia dito, Bárbara tinha, sim, seus protetores, entretanto, eles não os viam por ainda estarem em uma faixa vibratória inferior, que não lhes permitia enxergar os amigos espirituais que a auxiliavam e intuíam para vigiar seus pensamentos.

Assim que o marido saiu para trabalhar, Bárbara foi dar banho na filha e servir-lhe o jantar.

Passava das dezessete e trinta horas quando o telefone tocou, e Bárbara viu tratar-se de uma amiga de muito tempo. Há muito, as duas não se falavam.

— Selma, que surpresa boa! — disse, alegre em falar com a amiga.

— Sim, há dias que quero te ligar e hoje, desde cedo, estava ensaiando. Tudo bem com você? E Lívia e André... Dona Irene?

— Estão bem! André está no trabalho. Vida de médico não é fácil... Lívia está aqui brincando, e mamãe está bem, graças a Deus! Sem problemas de saúde! E você, o que me conta de novo?

— Sem novidades! Trabalhando bastante. Estou na escola ainda e, quanto ao mais, tudo igual — disse, sorrindo. — Quem anda muito triste é a Clara, lembra-se dela?

— Clara... Clara... A filha da dona Dulce?

— Sim, isso mesmo! O marido a abandonou!

— Como assim? — perguntou Bárbara, curiosa.

— Ele é médico e acabou se engraçando com uma enfermeira que trabalhava com ele. A moça, esperta, engravidou, e ele, de uma hora pra outra, saiu de casa. — O tom de voz da transmissora da notícia era de indignação e revolta.

— Nossa! Mas ela não percebeu que ele tinha uma amante? Ele não mudou com ela? Dizem que, quando um homem tem uma amante, muda com a mulher. — Os pensamentos de Bárbara foram novamente a semente da desconfiança, atraindo, quase imediatamente, Roberto para perto dela.

— Que nada! O safado não deixava transparecer nada. Tratava a Clara como uma rainha. Dava-lhe tudo, e ela achando que ele era o melhor marido do mundo. — A maledicência estava impregnando todas as falas das duas, que, durante mais um tempo, teceram comentários e julgamentos sobre a vida dos envolvidos.

Assim que desligou o telefone, os pensamentos de Bárbara tomaram vida, fazendo-a imaginar que a ligação de sua amiga Selma fora um aviso. Não passara por sua cabeça que ela fora usada pelas forças das trevas para fazê-la cair em uma verdadeira armadilha.

Os pensamentos de Bárbara agora buscavam meios de sondar e descobrir se o marido tinha uma amante. Várias mulheres passavam por sua cabeça, mas ela não conseguiu chegar a uma conclusão. Então, decidiu que, no próximo plantão dele, iria até o hospital de surpresa e veria quem estava trabalhando com o marido.

Se no lar de André pairava a dúvida, no hospital isso não acontecia. Luísa era exemplo vivo da confiança feminina. No seu conceito de amor, acreditava que o amava e faria tudo para conquistar o homem que era seu.

Fizera o tal "trabalho espiritual" e, como dissera Mãe Rosa, agora era só esperar. Pagara caro pela "amarração", mas aquela senhora lhe dissera que tudo seria rápido e que ele já estava devidamente "cercado". Pelo que lhe disseram, a partir de então, ele só teria olhos para ela.

Esse pensamento enchia Luísa de excitação. Saber que ele abandonaria tudo para ficar com ela lhe era extremamente prazeroso.

Desde que se interessou por ele, Luísa passou a trabalhar para que seus plantões coincidissem, pois não queria perdê-lo de vista. Assim, naquela noite, estavam os dois ali, trabalhando juntos mais uma vez.

O assédio que ela fazia ao médico não era segredo no hospital. Já corria pelos corredores que o casal tinha um "lance", fato que ela fazia questão de não negar.

André não estava muito preocupado com a situação, pois sua esposa não conhecia ninguém dali e nunca vinha ao hospital.

Estava seguro de que Bárbara não iria descobrir e, assim, poderia levar a vida dupla. Então, André poderia se orgulhar de "possuir" uma mulher bonita em casa, que cuida dele e de sua família com devoção, e outra, não menos bonita, que lhe satisfazia todos os caprichos sexuais.

André estava tão fascinado com a situação que não media limites para satisfazer à sua lascívia. Mantinha relações sexuais com Luísa até mesmo no hospital, na sala de descanso dos médicos. Na verdade, sua noção da realidade estava comprometida pela influência dos espíritos de baixa vibração encomendados por Mãe Rosa. Sua decência estava comprometida.

Havia uma semana que as coisas estavam diferentes na vida dos envolvidos. Luísa, cada vez mais senhora da situação, comportava-se como se já fosse a esposa de André. Já para ele, a situação parecia não ter se alterado, visto que o médico não percebia o rumo que as coisas estavam tomando. Não se dera conta, até aquele momento, do quão envolvido estava, achando-se dono da situação.

Bárbara, a seu turno, alimentava pensamentos de ciúmes, plantados por suas atuais companhias espirituais. Não conseguia dormir direito e estava impaciente até mesmo com a filha, que, mais suscetível às vibrações, estava irrequieta e chorosa.

Havia uma semana, Bárbara juntava forças para ir ao encontro do seu marido, porém, o medo do que poderia encontrar a paralisava, impedindo-a de ir ao hospital para averiguar.

Ela ainda estava pensando em agir, quando ouviu sua secretária chamando-a e avisando-a que alguém queria falar com ela ao telefone.

Ao perguntar para Tereza quem seria, a mulher respondeu que a pessoa não quisera se identificar, fato que deixou Bárbara incomodada. Mas, mesmo ouvindo no íntimo uma voz que lhe sugeria não atender à ligação, sua curiosidade foi mais forte.

— Pronto? — disse, atendendo à ligação.

Uma voz com timbre impaciente e trêmula disse, de supetão:

— A senhora é a esposa do doutor André?

— Sim, sou eu! Aconteceu algo com ele? — O coração de Bárbara disparou, pensando no pior em relação à saúde do marido, sem imaginar o que viria a seguir.

— Não! — respondeu a voz feminina. — A senhora sabe onde seu marido está agora?

Havia algo estranho naquela conversa, mas, mesmo assim, ela respondeu:

— Está atendendo em um plantão na Casa de Misericórdia! Por quê? Você é paciente dele?

A mulher soltou um forte suspiro e falou apressada, a um só fôlego:

— Eu, no lugar da senhora, me certificaria disso. Há muito que seu marido diz que está no plantão, mas a senhora já foi averiguar? A senhora está sendo feita de idiota! Seu marido a está traindo com uma colega, uma médica! O nome dela é Luísa! Já esteve até na sua casa, no maior descaramento, como se fosse solteira. Procure saber, se quiser. Minha parte eu já fiz: avisei! Estou lhe avisando porque não gosto do que estou vendo. Tenho pena da senhora. Já fui traída e não quero ver outra pessoa passar por isso.

Terminando a frase, a senhora desligou o telefone, deixando Bárbara sem palavras, com lágrimas escorrendo pela face. Ali, de pé, ao lado do telefone, ela ficou parada, sem conseguir emitir uma palavra nem se mover.

Reviveu cada palavra inúmeras vezes durante aqueles minutos. Cheia de raiva do que ouviu, juntou forças, enxugou as lágrimas e dirigiu-se até a cozinha, encontrando a empregada terminando o jantar e tendo a criança às voltas.

Sem maior alarde, pediu à senhora que permanecesse com a filha até seu retorno. Não demoraria. Era algo urgente. Iria ao hospital e já retornaria.

Após o assentimento de que não haveria problemas por parte dela, Bárbara saiu de casa em direção ao hospital.

O nosocômio ficava a umas vinte quadras de distância. Não era longe, mas, naquele instante, parecia-lhe uma eternidade. Ainda mais porque, no fundo do seu coração, não queria acreditar, muito menos confirmar, que aquilo fosse verdade.

Chegando ao hospital, tentou manter-se serena, prometendo a si mesma que não cometeria nenhuma loucura e nenhum ato deselegante. Não era de sua natureza, nobre e delicada.

Ao se aproximar, percebeu que nunca tinha ido ali sozinha. Não sabia nem como se anunciar.

Parando na emergência, foi até a recepção e resolveu não se identificar. Perguntou somente quem eram os médicos plantonistas, sendo informada pela moça quais os nomes dos profissionais que estavam trabalhando naquele dia.

Insistindo, perguntou pelo marido, alegando que gostaria de tratar com ele, pois que era sua paciente. A moça, não muito satisfeita, olhou a lista de plantões novamente e afirmou:

— Moça, hoje o médico plantonista, responsável pela ortopedia, é o doutor Tadeu, que também é ortopedista, assim como o doutor André. Mas ele atende apenas na sexta. Porém, se a senhora quiser, posso fazer sua ficha agora.

— A senhora tem certeza? Ele não está atendendo apenas internamente?

— Moça, ninguém aqui atende apenas internamente. Somente se estiver fazendo cirurgia, o que eu saberia, se fosse o caso. Vai querer passar com o médico plantonista ou não? Se não, pode retornar na sexta, pois o doutor André estará aqui.

— Obrigada, vou retornar.

Despedindo-se da atendente, Bárbara retornou ao seu carro. Não conseguiu formar uma ideia, um pensamento, tamanho o choque.

Queria acordar daquele pesadelo e que nada do que ouvira fosse verdade. Nem da senhora ao telefone nem da atendente que dissera que o marido estava mentindo.

Em uma atitude desesperada e até mesmo tola, ela ligou de um telefone público para o *bipe* de André, coisa que pouco fazia para não atrapalhar o trabalho do marido.

Ouvindo completar a ligação, esperou ansiosamente e deixou um recado perguntando onde ele estava.

André estava em um restaurante italiano, tomando vinho e conversando com Luísa, quando viu a mensagem da esposa. Pedindo licença, dirigiu-se rapidamente ao caixa e pediu o telefone emprestado a fim de ligar para sua residência, imaginando que Bárbara lá estivesse. Estranhou a mensagem, pois ela nunca ligava.

— Oi, meu amor, aconteceu algo? — disse, assim que alguém atendeu o telefone de sua casa.

Ouvindo o tom doce de dona Tereza, pediu que chamasse Bárbara.

— Dona Bárbara não está! Foi ao hospital encontrar com o senhor!

— O que aconteceu? Foi algo com Lívia? Por favor, me diga!

— Que eu saiba, não aconteceu nada. A menina está bem. Ela recebeu uma ligação e foi ao seu encontro.

Agradecendo, André esperou alguns segundos, ligou para a recepção do hospital e falou com a atendente, que confirmou que uma moça clara estivera à sua procura, insistindo para falar com ele.

André precisou de alguns minutos para conseguir processar que sua mulher, sua doce Bárbara, havia descoberto sua traição. Não era possível! O que ela teria ido fazer no hospital?

Vendo que a esposa havia descoberto sua mentira, retornou desesperado para a mesa. Pegou suas coisas, mal se despediu de Luísa e saiu dizendo que precisava voltar para casa.

Estava tão nervoso que não percebeu o sorriso de vitória de Luísa. Ele jamais imaginaria que a amante pedira a uma colega que ligasse para Bárbara e a envenenasse. Pegando a taça, encheu-a de vinho, sorvendo vários goles e soltando altas gargalhadas, vendo que sua vitória estava próxima.

— Vou tirar essa idiota do meu caminho — disse a si mesma.

Luísa ria de toda a situação, sem ter o conhecimento espiritual do mal que estava plantando e que poderia colher. Queria aquele homem e pagaria o preço que lhe fosse cobrado. Passaria por cima de qualquer um para atingir seu intento.

O protetor de Luísa estava próximo dela, e lágrimas escorriam por sua face. Tanto a intuíra, implorara em sonhos e desdobramentos para que ela não se envolvesse com André, pois ele tinha uma missão com Lívia e com Bárbara. O orgulho e a vaidade, contudo, a impediam de ouvi-lo, e o que restava ao protetor da moça naquele instante era orar por ela e por todos os envolvidos naquela teia pretérita.

André saiu transtornado do restaurante e foi em direção à sua casa. Milhões de desculpas passavam por sua mente. Teria de convencer a mulher de sua inocência, dizendo que tudo não passava de um engano. Tinha certeza de que a convenceria, afinal, ela o amava. Iria acreditar nele.

Com os pensamentos tortuosos e aconselhado pelos espíritos que lhe faziam companhia, foi apressado para casa com um discurso pronto.

Chegando a casa, foi à procura da esposa, mas somente encontrou a filha e a empregada, que não sabiam do paradeiro dela.

Nesse momento, André caiu em si e parou de se preocupar com sua pele. Começou a pensar em como estaria a esposa e sentiu medo do que ela poderia fazer.

Ele permaneceu nesse medo que lhe atravessava a alma, pensando em onde e como ela estaria. Andava de um lado para outro, sem saber o que fazer ou a quem recorrer.

O jeito seria esperar. Mas se ela cometesse uma loucura? Procurou afastar esse pensamento. Ela não seria capaz disso.

Assim que a filha adormeceu, dispensou a empregada e ficou só em casa. A dor da insegurança de não saber notícias o sufocou, e André se viu em lágrimas, orando a Deus pela vida da esposa. Arrependia-se de sua lascívia.

Foi ao quarto da filha, olhou aquele rostinho amado, e a culpa era tão forte que lhe doía o corpo.

Como pudera ser tão inconsequente, expor sua família por uma aventura, por sexo, sendo que sua mulher e companheira estava ali, sempre disposta a agradá-lo e satisfazê-lo, com amor e ternura?

Questionava-se repetidamente, sem ele mesmo dar uma resposta.

Olhando no relógio, viu que já passava da meia-noite e nada de Bárbara aparecer ou dar sinal de vida. Tinha medo de ligar para as pessoas e desesperá-las desnecessariamente, porém, via que já deveria tê-lo feito.

Enquanto isso, Bárbara permanecia inerte dentro do carro. Sofrera uma forte queda de pressão que a fizera desmaiar, tal fora a descarga emocional, mas havia horas voltara a si.

Estava sem chão, sem energia, como se sua alma tivesse sido sugada por forças ocultas. Estava amortecida. Nem ao menos conseguia chorar; sentia-se apenas só.

Como seu marido, companheiro, pai de sua filha, seu amante e seu amigo podia ter outra? Como ele podia tê-la traído de forma tão baixa? Bárbara fazia essas perguntas de forma contínua, sem, contudo, obter resposta.

O grau de desespero de Bárbara era tamanho que ela não via o tempo passar e nem por um momento pensou na filha em casa, que poderia estar precisando da mãe.

Os sentimentos de inferioridade e de desprezo por si mesma foram, aos poucos, tomando o lugar da tristeza, alimentada pelos espíritos que se aproximaram dela para destruir seu casamento. Bárbara aceitava todas as sugestões feitas por eles como verdade absoluta. Achava-se a mais ínfima das criaturas. A mulher trocada, traída e ridicularizada.

Em meio a esses pensamentos tortuosos, Bárbara imaginou-se ferindo, vingando-se do marido de várias formas. Até mesmo ceifando a própria vida.

— Isso! O que ele explicaria a todos? Ele é orgulhoso, o melhor mesmo é tirar minha vida. Não sirvo mesmo para nada!

Em momento algum dentro daquele carro, passou pela cabeça de Bárbara a vontade de buscar ajuda em Deus. Em nenhum momento, ela ligou-se aos bons espíritos e, devido à sua invigilância e ausência de conhecimento, não conseguia perceber o quanto estava sendo assediada espiritualmente.

Espíritos das mais variadas formas acercavam-se dela e riam da facilidade com que ela aceitava as sugestões de todos os modos.

Os amigos protetores de Bárbara ali estavam também, mas não conseguiam aproximar-se devido aos pensamentos nutridos por ela, que, por afinidade energética, atraía os obsessores.

— Eugênio, temos de fazer algo! Ela está sendo sugada energeticamente por esses irmãos. Eles a estão influenciando e criando ideias que estão tomando vida — dizia Mafalda, que, em vidas passadas, fora mãe de Bárbara e que, vendo-a daquela forma, se condoía. Não lhe tirava a razão da decepção, mas, em seu íntimo, nada justificaria o pensamento recorrente de dar cabo da própria vida.

Mafalda era um espírito de grande conhecimento, que, depois das últimas encarnações, em que passou por resgates dolorosos provocados por sua invigilância na vida terrena, conseguiu se desvencilhar de muitos débitos e assim ascendeu em sua progressão moral.

Eugênio, espírito protetor de Bárbara, assentiu com a cabeça e, com o olhar triste, proferiu uma sentida prece ao alto em benefício de sua protegida, no que foi sentidamente acompanhado por Mafalda, a amiga espiritual que sempre estava por perto.

Uma luz foi se formando ao lado dos dois espíritos. Era Bezerra de Menezes, querido companheiro que ali se fazia ver.

— Acalmem seus corações! O Pai, em Sua misericórdia infinita, nos permitiu a intervenção imediata. Afastaremos a interferência desses irmãos menos esclarecidos neste momento, porém, o fortalecimento da alma e a busca pelo Pai devem partir dela. Essa filha amada precisa aprender a ter fé e buscar se amar mais, não mais ao outro antes de si. E continuou: — Vejam vocês! Eu lhes mostrarei um quadro para que possam visualizar melhor e auxiliá-la — dizendo isso, Bezerra abriu a vista espiritual dos irmãos.

Os dois espíritos, então, viram que Bárbara teve, em algumas de suas vidas anteriores, André como companheiro e se tornara emocionalmente dependente dele, não vivendo sua própria vida, assim como estava acontecendo na atual existência. Ele, por sua vez, com seu espírito machista e protetor, a sufocava, impedindo-a de evoluir.

O abnegado companheiro mostrou também que, na penúltima encarnação, Bárbara tirara a própria vida em uma situação idêntica à atual. Os dois espíritos viram Luísa infiltrando-se entre o casal. Movida por uma paixão doentia, que sempre nutrira por André, ela tornara-se sua amante.

Naquela encarnação, levavam uma vida simples na roça. André desposara a filha mais velha de um vizinho, e o casal partiu em seguida para uma cidadezinha próxima, buscando melhorar de vida. Ali, viveram anos de alegria e cumplicidade. Ele trabalhava em uma fábrica pequena, que iniciava suas atividades, enquanto ela cuidava da casa e da linda filhinha que tiveram, Lívia, um espírito de luz que havia muito tentava ajudá-los em sua caminhada.

Bárbara, pessoa de coração bom, resolveu levar para dentro de casa sua irmã mais nova, para que ela tivesse melhores oportunidades, já que sua família era pobre.

Até aquele momento, o relacionamento entre André e Bárbara era ótimo. Não que ele fosse um exemplo de fidelidade, mas cuidava da família e a protegia.

Com a chegada da irmã de Bárbara, hoje nas vestes de Luísa, as coisas foram mudando. A dissimulada irmã tratava ela e Lívia com muito afeto, mas, na ausência das duas, insinuava-se para o cunhado, que, dependente sexual de suas aventuras, foi pouco a pouco cedendo espaço para a traição e se envolvendo com a cunhada, seduzido por sua juventude e beleza.

André arrumou um emprego para Luísa na fábrica onde trabalhava, o que os possibilitava de ir e vir juntos e sozinhos e os aproximou cada vez mais. O apelo carnal tornou-se fortemente presente.

A paixão entre os dois era tão forte que eles acabaram esquecendo-se de tomar os devidos cuidados. Não que a moça quisesse esconder algo. Pelo contrário, ela queria que a irmã soubesse e sumisse da vida dos dois, levando a pequena filha consigo. Não as suportava!

Viveram clandestinamente assim por quase dois anos, sem que Bárbara desconfiasse. Até que, um dia, ela os encontrou juntos em sua própria cama.

Ao ver a cena, Bárbara não acreditou. Imediatamente, André correu aos seus pés e pediu-lhe perdão, enquanto a irmã, de forma cruel, ria dela.

— Desculpe, irmãzinha! Acabamos usando sua cama. Usei também seu marido, ou melhor, nosso marido!

Lágrimas corriam pela face de Bárbara, que tinha o marido aos seus pés pedindo-lhe perdão e dizendo que a amava, que não queria perdê-la, enquanto a irmã ostentava um sorriso de vitória.

Bárbara apenas conseguiu pedir ao marido que se recompusesse, se vestisse, e que a irmã saísse de seu quarto. Luísa, por sua vez, pegou suas roupas e saiu rindo daquela cena, certa de que sua irmã iria embora. A partir dali, pensava, o cunhado seria somente dela.

Bárbara não ouvia uma frase sequer de André. Não conseguia aceitar o que tinha visto. Sentia uma forte revolta e, por mais que os amigos espirituais tentassem ajudá-la, ela, condoída e humilhada, sem pensar em ninguém, deitou-se na cama e ceifou, no mesmo dia, a própria vida com um tiro.

Com aquele ato, desejava castigar a todos, inclusive André, mostrando-lhe o quanto ele a magoara. Em nenhum momento, contudo, pensara na gravidade do ato ou no sofrimento que causaria à própria filha.

André realmente sofreu com tudo aquilo. Não quis viver com Luísa, que, depois de se afastar dele, passou a se relacionar com homens que mantinham sua vida de conforto. Chegara até a se casar, porém, nunca fora feliz e sempre procurava André para pedir-lhe afeto, mas ele não a perdoara e, mesmo sentindo forte desejo por ela, nunca mais sucumbira aos seus encantos.

André criou Lívia e acabou casando-se novamente com uma boa pessoa, que muito o ajudou a superar aquele momento terrível. Contudo, a imagem da morte da esposa que ele tanto amava nunca saiu de sua cabeça, assim como o forte sentimento de culpa.

Já nossa amada protegida foi quem mais sofreu com seu ato de desatino, sendo desligada do corpo de forma precipitada. Bárbara ficou junto dele durante muitos anos, agarrada à matéria, vivenciando, a todo o momento, a cena da traição e de seu desencarne, sem pedir ajuda ao Pai, o que impedia os espíritos socorristas de conseguirem auxiliá-la adequadamente. Restou-lhes, então, aguardar a maturidade espiritual e o arrependimento de Bárbara.

O socorro, de fato, foi demorado e difícil. Ela passou por anos de tratamento na espiritualidade e, após refeitos, todos foram novamente colocados juntos para o resgate necessário. Dependia deles a mudança do quadro.

Fechando a tela das vidas passadas, o querido mestre Bezerra continuou sua explicação.

Antes de reencarnar, os quatro espíritos haviam se comprometido a vencerem juntos essa etapa. Luísa e André se conheceriam trabalhando juntos, na mesma profissão, para que se tornassem amigos e companheiros. Bárbara, por sua vez, deveria construir uma família com André, mas com base no amor que eles tinham um pelo outro e não na dependência emocional que ela alimentava.

— Falharam os três até este momento — afirmou o mentor, com pesar.

Após breve pausa em que o silêncio reinou, Bezerra prosseguiu:

— Mas a vida é eterna e ainda há tempo para que eles sigam e cumpram os compromissos assumidos.

Dizendo isso, ele aproximou-se de Bárbara e, colocando as mãos sobre a cabeça dela, iniciou o socorro, convidando os outros dois mentalmente para que permanecessem em prece.

Com tranquilidade, Bezerra de Menezes começou a energizar Bárbara, aplicando-lhe passes magnéticos e fazendo as imagens da filha pequena, desde o parto, surgirem em sua mente conturbada. Não foi um trabalho fácil. Bárbara estava em completa desarmonia, o que fez Bezerra utilizar-se do ectoplasma[11] de várias pessoas encarnadas que por ali passavam, visto que estavam parados no estacionamento do hospital.

Pouco a pouco, Bárbara parou de pensar em suicídio, fixando seus pensamentos na filha. Bezerra utilizou a culpa de ter abandonado a menina na última encarnação, que ela carregava impressa em seu corpo causal[12]. Usando a fraqueza da moça, impediu-a de cometer novamente o mesmo erro.

Isso não significava que Bárbara se conscientizara da loucura que queria fazer, mas deixara de pensar apenas em si e começara a pensar também em sua filha.

Os obsessores que estavam manipulando Bárbara há algum tempo não entenderam por que não estavam tendo acesso à mente dela e por que seus pensamentos haviam mudado de repente. Não conseguiam ver ou sentir a presença dos espíritos abnegados que ali trabalhavam.

Olhando uns para os outros, Roberto, Débora e os demais resolveram se afastar. Em breve voltariam. Ela devia ter sido socorrida, contudo, era presa fácil, e eles não tinham pressa. Rindo sarcasticamente daquela pobre alma angustiada, por fim, se retiraram.

Mesmo com o afastamento temporário dos obsessores, Bárbara não conseguia acalmar-se. No entanto, já não era incitada a cometer novamente a sandice de tirar a própria vida.

---

11 Segundo o Espírito de André Luiz, em psicografia do médium Chico Xavier, "[...] o ectoplasma está situado entre a matéria densa e a matéria perispirítica, assim como um produto de emanações da alma pelo filtro do corpo, e é o recurso peculiar não somente ao homem, mas a todas as formas da natureza. Em certas organizações fisiológicas especiais da raça humana, comparece em maiores proporções e em relativa madureza para a manifestação necessária aos efeitos físicos. É um elemento amorfo, mas de grande potência e vitalidade. Pode ser comparado a uma genuína massa protoplasmática, sendo extremamente sensível, animado de princípios criativos que funcionam como condutores de eletricidade e magnetismo, mas que se subordinam, invariavelmente, ao pensamento e à vontade do médium que o exterioriza ou dos Espíritos desencarnados ou não que sintonizam com a mente mediúnica, senhoreando-lhe o modo de ser. Infinitamente plástico, dá forma parcial ou total às entidades que se fazem visíveis aos olhos dos companheiros terrestres ou diante da objetiva fotográfica, dá consistência aos fios, bastonetes e outros tipos de formações, visíveis ou invisíveis nos fenômenos de levitação, e substancializa as imagens criadas pela imaginação do médium ou dos companheiros que o assistem mentalmente afinados com ele". XAVIER, Francisco Cândido. **Nos domínios da mediunidade**. Ditado pelo espírito André Luiz.

12 Um dos corpos espirituais que compõem o Ser, no qual ficam impregnadas todas as experiências já vividas pelo Espírito no conjunto de todas as suas encarnações.

Naquele momento, ela pensou na filha. Chegou a ouvir o riso inocente de Lívia, e essa melodia de amor foi tirando-a do estado de estupor em que se encontrava.

Queria voltar para casa e abraçar a filha. Quanto ao marido, não tinha vontade alguma de revê-lo. Estava magoada e triste com aquela traição que deveria vir de muito tempo.

— Como fui boba! Como pude acreditar que um médico, bonito e em ascensão financeira poderia se apaixonar por mim? Olhe para você, Bárbara, uma caipira pobre e sem estudo! — dizia ela, olhando-se no espelho retrovisor do carro, analisando seu rosto e fazendo uma autocrítica.

Naquele momento, sua autoestima estava estilhaçada. Nada nem ninguém poderiam melhorar isso. Começou a se analisar e a colocar defeito em tudo, como se o físico fosse uma barreira ou um incentivo para que o parceiro cometesse uma traição.

Bárbara era uma mulher bonita. Tinha uma singeleza e delicadeza no trato com as pessoas que encantavam a todos que a conheciam. Cuidava de todos que buscavam seu auxílio e estava sempre pronta a estender a mão ao seu semelhante.

Como esposa, era uma verdadeira companheira, sempre procurando ajudar e impulsionar o marido. Não havia problemas entre eles, a não ser a traição de André, fruto de um desvio de comportamento que ele alimentava havia muitas vidas.

O guardião de Bárbara foi orientado pelo mestre Bezerra a permanecer em oração. Havia uma mancha escura no perispírito da moça, que significava uma propensão ao desequilíbrio total, com possibilidade de ela cometer suicídio novamente. Ele explicou:

— Temos de manter a vigilância e intuí-la a seguir para uma casa de oração, para que, assim, ela fortaleza a fé. Seja em qual casa, mas se conseguirem intuí-la a tomar um passe magnético em uma casa espírita será melhor. Mas nos lembremos de que Deus está em todas as casas criadas para refúgio da alma. Nenhuma é melhor que a outra. Somente atendem e conhecem o Pai de forma diferente, conforme seu grau evolutivo.

— Mas vejam... — disse, apontando para Bárbara e mostrando que havia manchas no perispírito da moça. Próximo ao chacra cardíaco, havia uma que mais parecia um buraco e que se formara quando ela tirou a própria vida na encarnação passada. — Eis que isso ocorre com todos os suicidas. Tal marca fica ali, gravada em seu perispírito, como se fosse uma ruptura da matéria extrafísica. E basta um abalo como o que ela sofreu hoje para trazer de volta o desequilíbrio, abrindo novamente essa chaga e trazendo de forma inconsciente todas as emoções e fraquezas emocionais da pessoa, que, se não for ajudada, poderá provocar o próprio desencarne novamente.

Com voz triste, Eugênio acrescentou:

— Eu já tinha percebido essa falha no corpo fluídico dela, que se acentuou com a descoberta da traição de nosso irmão.

Abraçando o amigo, que amava aquelas almas ali envolvidas, Bezerra afastou-se um pouco, colocou a mão no coração de Eugênio e emitiu energias renovadoras, acalentando-o amorosamente.

— Não tema nada! O Pai nos enviou para ajudar, e seja qual for a decisão deles, tendo como barreira o corpo carnal que não os deixa ver além do minuto presente, eles estão aprendendo, por opção, de uma maneira dolorosa. No entanto, estão sempre evoluindo. Ame-os sem julgamento e, com certeza, seu amor será a alavanca para o melhor deslinde. Oriente-a e intua a se fortalecer no Pai. Durante a noite, quando tiver oportunidade, colocarei remédios em sua bebida para que ela se reequilibre.

Abraçando-o novamente e também a Mafalda, que se mantinha em silêncio e prece, ele disse:

— Deus esteja sempre em seus corações abnegados! Fiquem em paz!

Assim como apareceu, Bezerra desapareceu, deixando no ar um leve perfume de alfazema.

Vendo que Bárbara estava com pensamentos repetitivos, Eugênio aproximou-se e a intuiu a voltar para casa:

— Querida, vamos para casa! Lembre-se de que Lívia precisa de você, do seu amor, e que André deve se explicar. Você tem que reagir!

Bárbara parecia não ouvir nada que Eugênio dizia, mas ele, amorosamente, foi falando, envolvendo-a, trazendo imagens de Lívia para a mente da mãe, até que ela começou a pensar em voltar para casa.

Pouco a pouco, Bárbara foi diminuindo o choro e sentindo a necessidade da presença da filha.

"Vou até minha casa buscar Lívia e nós vamos embora juntas!", pensava e, com a ideia fixa de que não iria nem ver o marido, dirigiu-se até sua casa.

Ao se aproximar da rua que dava acesso à residência, Bárbara parou novamente o carro e deixou os pensamentos dolorosos tomarem conta de sua mente. Novamente, caiu em prantos.

A dor da traição era algo que ela não controlava e que dilacerava sua alma. Por mais que tentasse, ela não compreendia em que cometera erros, em que falhara como mulher e esposa.

O estado de desequilíbrio em que ela estava dificultava a aproximação dos seus protetores, que, em vão, tentavam ajudá-la.

Tamanho era seu desequilíbrio que Bárbara havia criado uma barreira espiritual que não permitia aproximação.

Assim, seu protetor, em prece, permaneceu ao seu lado. Em lágrimas, ele pedia ao Pai que se apiedasse de Sua filha amada, que, naquele momento, sentia na alma o sabor amargo da desilusão:

— Pai de amor e bondade, sabemos que nada de imperfeito e desnecessário o Senhor oferece e permite aos Seus filhos, que hoje, encarnados, tentam se libertar das amarras dos erros passados. Porém, nesta hora, pedimos que derrame Sua luz sobre os envolvidos nesse emaranhado de erros e quedas. Pai, somos todos sabedores de nossas fraquezas e de nossos motivos de melhora, mesmo que inconscientemente. Mas, por sermos falhos e ainda crianças a aprender, caímos nos mesmos erros e perdemos, por vezes, encarnações, pela nossa incapacidade de perdoar, amar e seguir os caminhos por nós mesmos traçados. A ilusão dos prazeres da carne blinda os verdadeiros sentimentos, trazendo consigo dores que transcendem encarnações. Oh! Pai amado, permita a mim, este pequeno e insípido servo de Sua seara, ter a sabedoria de ajudar e orientar seus amados filhos, que hoje sofrem novamente pelo mesmo erro. Que eu saiba conduzir com amor, sem interferir no livre-arbítrio dessa amada filha, e a ajude a não pôr fim, de forma precipitada, nesta encarnação como fizera outrora.

Lágrimas de amor banhavam a face do mentor de nossa irmã Bárbara, que, em sua sentida prece, não via o aro de luz de variadas cores que perpassava seu corpo fluídico, indo diretamente ao chacra coronário da sua protegida.

Bárbara, alheia a todo o processo de amor e cuidado que a cercava, soltou um fundo suspiro e, olhando para o alto, novamente em prantos, disse:

— Pai, perdoe-me por querer partir, mas estou fraca. Meu coração sangra com essa traição... Perdoe-me, Pai! Perdoe-me! Ajude-me! Fortaleça-me, Senhor!

Devido à ausência de visão mediúnica, Bárbara não conseguia ver o movimento de espíritos que a cercavam, tentando energizar e cicatrizar a ferida que novamente se abria.

O mundo espiritual é uma única vida, em que, tendo por objetivo a evolução, ora estamos revestidos de corpo físico, ora não. Diante disso, vivemos muitas existências em uma só vida.

Ocorre que todas as impressões e vivências de outras encarnações ficam impressas em nosso corpo fluídico ou na alma, e, apesar de conscientemente não nos lembrarmos delas, nosso inconsciente sempre nos alerta.

E, na verdade, cada nova existência nos faz esbarrar nos mesmos obstáculos nos quais caímos outrora. É como se o disco voltasse para a mesma música várias vezes até que a aprendamos e não tenhamos mais necessidade de ouvi-la para poder cantar. Então, a mesma música agora tocava para Luísa, Bárbara e André, em épocas e costumes diferentes, mas na mesma fase de vivência, praticamente na mesma idade em que os desenganos e as ilusões marcaram suas vidas.

Quando desencarnados, os quatro (eis que, neste ponto, Lívia também se dispusera a ajudar) haviam se comprometido a restabelecer os laços e seguir os desígnios quebrados na encarnação pretérita, cumprindo, assim, os compromissos anteriores.

Luísa estaria sempre por perto e estenderia a mão como uma amiga. Quanto a Bárbara e André, eles se reencontrariam e formariam uma família. Assim, ele e Lívia ajudariam Bárbara a restabelecer o equilíbrio comprometido pelo suicídio, que deixara marcas grandiosas.

Naquele momento, o peito de Bárbara sangrava espiritualmente, como se um tiro houvesse sido desferido naquele instante, prova maior de que toda a dor de ontem ainda estava latente em seu inconsciente.

Havia, assim, a necessidade de que a espiritualidade redobrasse a dose de amor e dos medicamentos espirituais.

O ser, quando se desespera, cria um campo magnético que atrai seus antigos desafetos, porque todas as experiências pretéritas ficam impressas em seu subconsciente, adormecidas, mas não esquecidas. Exemplo disso são os medos e as fobias que muitos carregam consigo durante muito tempo.

No caso de Bárbara, motivada pelo desespero — e sem ter fé no Pai, que, certamente, lhe mandaria socorro, fazendo a tempestade cessar —, ela, após descobrir a traição dolorosa, revivendo, assim, fatos da encarnação anterior, desejou novamente tirar a própria vida.

Condenado em todas as religiões por séculos, o suicídio até hoje é visto como fraqueza pelos encarnados e, para a espiritualidade, também, é objeto de reprovação, pois prova a ausência de fé e interrompe todos os preparativos para a reparação espiritual e resgate de dívidas de um ciclo de pessoas, não somente do suicida.

Não se trata, contudo, de castigo eterno, mas de motivo de preocupação e cuidado redobrado. Somente um irmão doente d'alma põe fim a uma existência, não sopesando as demais alegrias e vitórias da vida, olhando fixamente para um ponto de dor, que o domina e o leva ao precipício.

Quando desencarnou na vida passada, Bárbara interrompeu o processo de resgate com seu companheiro de outras vidas, que, reiteradamente, se deixa levar por apelos sexuais, traindo e destruindo famílias com suas atitudes irresponsáveis e levianas. Interrompeu também seu caminhar com a filha Lívia, sua companheira e amiga, que, novamente, estava do seu lado para ajudá-la a não fraquejar.

Bárbara permanecia parada na esquina, olhando ao longe sua casa e alimentando sentimentos dolorosos. Mesmo com toda a ajuda dos irmãos benfazejos, não conseguia pensar em mais nada, somente na traição, reabrindo a ferida em seu perispírito.

E ali ela permaneceu até que adormeceu de cansaço dentro do carro.

Bastião e eu, avisados dos acontecimentos, nos unimos à equipe para auxiliar a doce e desesperada irmã e ali estávamos.

Bárbara acordou com o sol já nascendo, com alguém batendo na janela de seu carro. Era Tereza, sua funcionária.

— Dona Bárbara, o que houve? A senhora está bem? — O tom de preocupação da senhora era evidente.

Ainda meio atordoada, Bárbara abaixou o vidro e, sem noção de onde estava, respondeu:

— Não, estou bem. Acalme-se! Somente parei aqui e adormeci.

Tereza era uma senhora de meia-idade, que estava consciente de que algo não estava certo desde a noite anterior, principalmente pela forma como Bárbara saíra de casa e pelo modo como o patrão chegara, transtornado. E agora encontrava a patroa ali, dormindo dentro do carro, na esquina de casa.

Respirando fundo, Bárbara tentou dar uma desculpa, mas não conseguiu. Antes que uma só palavra saísse de sua boca, as lágrimas abundantes desceram de seus olhos.

Piedosamente, Tereza apertou a mão da patroa, a quem estimava, por sempre tê-la tratado com muito carinho e respeito. Não sabia o que dizer, então permaneceu calada ao lado daquela jovem, cuja dor transbordava pelos olhos.

— Calma, dona Bárbara! Tudo tem um jeito e uma explicação — disse Tereza com a voz mansa, depois de ver que a crise de choro da patroa estava passando. — A senhora quer conversar um pouco ou ir pra casa?

Ante aquela pergunta, Bárbara ficou muda. Não tinha coragem de entrar. Não queria enfrentar o marido. Acreditava que ele já estava de malas prontas e disposto a trocá-la pela outra, e isso ela não iria suportar de forma alguma.

Vendo a dúvida e a angústia da patroa, Tereza acho por bem ser mais enérgica. Não sabia que, na verdade, todas as suas palavras e todos os seus atos estavam sendo intuídos pelos amigos espirituais que ali se esmeravam em auxiliá-la.

Assim, num ímpeto, deu a volta no carro, entrou e sentou-se no banco de passageiro, falando em tom firme. Sentia em seu coração de "mãe", pois era isso que sentia por aquela moça naquele instante, que deveria ser firme, porque ela estava perdida e cometeria uma bobagem, jogando seu casamento fora por conta de uma aventura de seu patrão. Pois tudo levava a crer que ele cometera um deslize e ela descobrira. Lembrou-se da ligação e teve certeza de que alguém promovera o escândalo.

Tereza já desconfiava que ele estivesse tendo algumas aventuras, pois encontrara marcas de batom e a roupa com cheiro de perfume de mulher. Nunca, nem em pensamento, falara sobre isso com sua patroa, mas, na noite anterior, presenciou Bárbara sair desesperada após o telefonema.

Alguém, provavelmente a moça, ligara para contar. Estava claro que ela queria que a esposa soubesse. Era típico de mulher de vida fácil, pensava Tereza, lembrando-se de todo o desgosto que sua irmã Selma passara com uma amante do marido, que queria destruí-la de todas as formas. Até com feitiços a mulher mexera, e, se não fosse o Centro de Mãe Benedita, sua irmã estaria era morta.

Com esses pensamentos em sua mente, resolveu que não iria permitir que destruíssem a família de sua patroa, uma mulher doce e amorosa que não merecia aquilo.

Respirando fundo, começou a falar com voz firme:

— Dona Bárbara, a senhora me desculpe pela intromissão e ousadia, mas tenho idade para ser mãe da senhora e assim agirei nesse momento. Quero que senhora pare e pense bem. Vale a pena jogar seu casamento fora por conta de uma mulher da vida que a senhora nem sabe quem é? A senhora acha que vale a pena dar seu marido de mão beijada para outra? Acorde, dona Bárbara! A moça está desesperada para a senhora mandar ele embora, não consegue ver isso?

Bárbara somente balançava a cabeça, mas não respondia.

— A senhora não quer mais seu marido? Não ama mais o doutor?

— Amo! — Foi a única coisa que ela conseguiu dizer, caindo em prantos novamente.

Bárbara estava debruçada sobre o volante do carro, com a cabeça envolta pelos braços, os cabelos caindo sobre o corpo.

Carinhosa, Tereza começou a afagar os cabelos da moça. Em pensamento, fazia preces, pedindo socorro ao Pai por aquela família, que tinha tudo para ser feliz e agora estava se despedaçando aos seus olhos.

Tereza não fazia ideia do bem que estava praticando por meio daquela prece simples. Tentando manter um mínimo de serenidade em Bárbara, os bons espíritos que ali se acercavam utilizavam-se, naquele momento, dos bons pensamentos, da prece e das energias de amor que eram emanadas por Tereza para manipular os remédios espirituais a serem aplicados na paciente.

Aos poucos, com toda a ajuda espiritual e humana, Bárbara começou a se acalmar e, deixando-se abraçar por Tereza, perguntou:

— Agora, o que eu faço? — Os olhos que a fixavam eram de uma profunda tristeza, o que fez lágrimas escorrerem dos olhos da mulher.

Soltando um profundo suspiro e enxugando as lágrimas, Tereza se recompôs e, orientada por seus bons pensamentos e pelos conselhos dados pelos amigos do astral que ali estavam, respondeu, colocando o corpo ereto:

— Lutar! Primeiro por seu marido, que a senhora não vai entregar de bandeja para nenhuma aproveitadora. Além disso, não vai deixar a menininha sem pai. — Havia na voz de Tereza uma reprimenda.

— Mas como vou fazer isso? Ele tem uma amante e quer me deixar.

Tereza, que não sabia de nada e só presenciara a bagunça do outro dia, perguntou assustada:

— Ele disse isso, dona Bárbara? Disse que quer deixá-la?

Abaixando a cabeça e recomeçando a chorar, Bárbara respondeu:

— Dizer ele não disse, pois não falei com ele. Mas isso é óbvio, já que ele está com a moça e vem mentindo todos os dias, dizendo que tem trabalho para ficar com ela!

Soltando um profundo suspiro de alívio, a mulher sorriu.

— É a senhora que está achando que ele quer se separar. Ele não disse nada.

— Sim, mas isso está claro pra mim.

Rindo, Tereza viu como Bárbara era imatura e insegura. Aquele homem de virtudes duvidosas poderia até ter seus casinhos, como quase todos, segundo pensava, mas era apaixonado pela esposa e disso ela era testemunha. Fazia dois anos que trabalhava ali e via a forma como ele tratava a família.

— A senhora acha, mas ele não disse nada. Então, vamos imaginar que ele não queira sair de casa. A senhora o colocaria pra fora?

Pega de surpresa com a pergunta, Bárbara ficou alguns instantes olhando para o nada, antes de responder:

— A senhora vai perdoar seu marido? — questionou Tereza.

— Não sei... — Foi a resposta tímida dita quase aos sussurros. Não sabia o que fazer. Não estava preparada para enfrentar aquela situação.

— Dona Bárbara, a senhora tem agora que criar coragem para enfrentar seu marido. Ele deve estar desesperado, sem notícias suas. Vamos entrar comigo agora!

Apertando o braço de Tereza, Bárbara pediu um tempo, mas a outra a advertiu:

— Infelizmente, a senhora não tem mais tempo. Tem de enfrentar, conversar. Vamos... respire fundo. Ligue este carro e vamos!!!

Bárbara sabia que não tinha escolha e que Tereza estava certa. Não tinha mais como protelar aquele encontro...

André, a seu turno, estava em casa, andando de um lado para o outro desde a noite anterior.

Por sua cabeça já haviam passado todas as cenas mais grotescas que se possa imaginar. Não sabia por que, mas, em seu coração, acreditava que Bárbara havia atentado contra a própria vida e, ante esta ideia, seu coração enchia-se de desespero. Aguardava o telefone tocar e alguém lhe dar o golpe fatal!

Já havia ligado para praticamente todos os hospitais da cidade e verificado que ninguém com as características de Bárbara dera entrada. Já não sabia mais o que pensar ou fazer.

Até aquele momento, havia evitado ligar para os parentes e amigos. Pela natureza de Bárbara, não acreditava que a esposa tinha levado a situação à mãe. Assim, ele aguardava, ansioso, algum sinal.

Durante a noite, não pregara o olho. Por sua mente passaram todas as imagens do seu passado, antes e depois de conhecer Bárbara. Lembrava-se com nitidez do momento em que a vira pela primeira vez, como a achara bela e meiga. Seu coração encantou-se com tudo que vinha dela.

Tinha com a mãe de Bárbara um elo, o que a fez retornar ao consultório para que ele pudesse vê-la. Depois, tomou coragem, deu o número do telefone para a moça e pediu que ela ligasse, morrendo de medo de que ela não o fizesse.

Desde o primeiro instante em que a viu ali, de cabelos soltos, olhos arregalados de preocupação com a mãe, que havia sofrido um acidente doméstico, aquele cuidado e a atenção roubaram-lhe o coração. E agora ele estava colocando tudo a perder por conta de momentos de prazer.

Em sua balança de sentimentos, por mais que Luísa fosse uma mulher exuberante, forte e uma amante perfeita, que fazia tudo para satisfazê-lo, nada disso contava. Seus atributos se perdiam no nada, quando comparados ao sorriso terno e ao abraço caloroso de Bárbara.

Lágrimas desciam pela face de André, que após muitos anos de esquecimento do Mundo Maior, buscava no fundo da memória e professava com ardente fé as orações que a mãe, católica fervorosa, lhe ensinara durante a vida.

Pedia ao Pai que protegesse sua esposa, arrependia-se amargamente e estava disposto a recomeçar sua vida e pôr um fim em suas "saidinhas". Olhava ao seu redor, ia ao quarto da filha e, chorando de joelhos ao lado daquele ser inocente, implorava ao Pai somente mais uma chance de reconstruir seu casamento.

Os minutos eram horas. Já passava das nove horas, e ele nem havia se dado conta. Despertando, a filha chamou sua atenção, fato que o levou de volta à realidade.

— Papai... papai...

Enxugando as lágrimas com as mãos, ele se aproximou e pegou a filha no colo. Abraçando a menina, resolveu que iria lutar pela família.

Desvencilhando-se do abraço do pai, a menina perguntou:

— Onde está mamãe? E tia Tereza?

Naquele instante, ele se deu conta de que a empregada também não estava em casa, o que era estranho. Tereza nunca se atrasava. Devia ter chegado, e ele não se dera conta.

— Deve estar na cozinha! Vamos até lá daqui a pouco. Antes, para o banheiro!

Meio a contragosto e dando desculpinhas próprias das crianças, Lívia foi ao banheiro e fingiu que escovava os dentes. André ria. Daquele tamanho, e querendo ja lhe pregar peças. Não tinha, contudo, ânimo para qualquer reprimenda. Queria paz, estava sem forças físicas para qualquer tipo de contenda, até mesmo com a filha.

Estavam se dirigindo para a cozinha, quando André ouviu o barulho de um carro. Era Bárbara! Seu coração estava aos saltos.

Indo a passos largos até a janela da frente, viu que realmente era ela. Estava acompanhada por Tereza. Ele não entendeu, mas elevou o pensamento e, soltando um profundo suspiro de alívio, agradeceu ao Pai.

— Obrigado, Senhor, por trazê-la de volta! — Realmente, havia um profundo sentimento de agradecimento em seu coração. Retornando ao quarto, deixou a filha com seus brinquedos e foi ao encontro das duas.

Capítulo 2

Meu amigo Bastião, mentor e guia do médium Raimundo, e eu continuávamos a acompanhar os desdobramentos do caso, inclusive frequentando as "aulas" de Mãe Rosa.

Havia muito, o médium já manifestara seu desagrado com as atitudes materialistas da senhora, mas, por orientação do mentor, continuava a frequentar seu terreiro.

— Pai Bastião, não me sinto bem em ver que Mãe Rosa se propõe a fazer esses trabalhos para prejudicar as pessoas. Ela é maldosa, e eu não quero ajudá-la nisso. Estou me endividando — dizia sempre o jovem aprendiz.

Com paciência, o mentor orientava que aguardasse, pois, em breve, não retornaria mais àquele local. Precisava, contudo, que ele presenciasse aqueles fatos, porque, somente tendo o conhecimento do mal, poderia, com o amor que tinha no coração, ajudar a todos que fossem lhe pedir ajuda. Sempre dizia ele: "Conhecer a forma como o mal se estabelece não lhe fará uma má pessoa, mas, sim, o esclarecerá sobre o que não fazer".

— Não se preocupe, filho. Nenhum mal o atingirá. E você não está angariando débitos. Está ali apenas para aprender. Pense sempre no Pai! Ore e peça pela pessoa que eles estão tentando atrapalhar. Seja luz na vida de todos, inclusive na dessa pobre irmã, que, em breve, não poderá mais fazer mal a ninguém. Ela colherá suas semeaduras.

Essas eram as orientações daquele espírito de preto-velho, que Raimundo seguia à risca.

Todas as terças, ia ao centro de Mãe Rosa, ao qual compareciam pessoas de todos os níveis culturais e financeiros. A cada dia, ele ficava mais surpreso. Políticos que pediam para ajudá-los a ganhar eleições, cargos e até propina; filhos que pediam ajuda para enganar e tirar dinheiro dos pais; mulheres que traíram seus maridos e queriam que Mãe Rosa "amansasse" os traídos; e mulheres lindas como a doutora, que queriam tomar o marido de outra. Pouquíssimos iam em busca de ajudar o próximo, mas não podia ser injusto, pois muitos eram auxiliados e esclarecidos.

O caso daquela mulher o intrigava. Queria prestar atenção e saber o que iria acontecer. Não conseguia entender o fato de uma mulher linda, médica, dona do próprio nariz, querer o marido de outra.

Como sabia que Luísa tinha dinheiro, a "Mãe" colocara o preço dos serviços lá em cima.

Pela alegria que ela demonstrara na semana passada, parecia que o trabalho dera resultado.

Observando as pessoas que iam ao centro, Raimundo conscientizava-se cada vez mais de que todos estavam doentes da alma. Era muito raro um se dispor a ir lá para auxiliar alguém, exceção feita às mães e aos pais desesperados pelos filhos que estavam bebendo, usando drogas ou desempregados. Fora esses, apenas apareciam pessoas que, levianamente, achavam possível comprar o livre-arbítrio de outras.

Raimundo contava hoje com vinte e sete anos. Desde os dezoito anos, sentiu sua mediunidade aflorando verdadeiramente e, com medo de que estivesse enlouquecendo, foi com a mãe procurar ajuda.

Descobriram que ele possuía mediunidade aflorada e foram em busca de orientação. Todos em sua família, fora a mãe, o chamavam de louco por "conversar com mortos", receber avisos espirituais, passar mal quando chegava a locais com energia ruim, entre outros problemas. Mas, guiados por seus mentores, mãe e filho foram ao encontro de um senhor de nome Jaime, cuja simplicidade e sabedoria mostraram ao rapaz que a mediunidade não era castigo nem bênção e, sim, missão.

Aprendera muito com aquele senhor, mas, infelizmente, seus dias nesta vida já escoavam e, brevemente, Jaime desencarnou.

Assim, em busca de aprendizagem, o rapaz frequentava o centro daquela senhora. Via que ela atendia pessoas que, sem posses, iam em busca de ajuda. Mas, quando Mãe Rosa via que as pessoas possuíam boas condições financeiras e que buscavam esses tipos de "trabalhos", não tinha piedade: cobrava, e caro!

Dizia sempre que já tinha feito de graça e até bem baratinho, mas a responsabilidade dela e a exigência dos clientes era tanta — porque todos que iam ao centro estavam desesperados e queriam resultados imediatos — que, em vinte e quatro horas, começavam as cobranças, independentemente se pagavam ou não. Assim, Mãe Rosa não fazia mais nada de graça. Quem quisesse seus serviços tinha de pagar.

Mas voltemos ao caso de Luísa, que nos ligava àquele rapaz e ao mentor dele, Bastião.

Como eu estava ali para aprender o que se passava do lado de cá com as energias emanadas das ditas "entregas" e orações, fiquei atento a tudo desde o primeiro instante.

A mãe de santo tinha ao seu redor espíritos de baixíssima vibração, que ainda alimentavam a falsa ideia de que para tudo precisavam da energia que saía dos produtos ofertados.

Isso acontecia porque a vibração deles era semelhante à do encarnado. Esses irmãos ficavam perambulando por entre os encarnados, porém, ao contrário do que pensava a senhora, não tinham o poder de ver o desenrolar do destino e muito menos de mudá-lo de forma permanente.

Por vezes, conseguiam os intentos a que se propunham por pura desarmonia e ausência de vigília e fé do encarnado, que, pacificamente, aceitava todas as sugestões feitas, seguindo por tortuosos e dolorosos caminhos.

Na verdade, dentro do encarnado há sentimentos que alimentam os do desencarnado, permitindo-lhes impingir ideias de sexo, de vícios, de agressividade, entre outras tendências autodestrutivas.

A semente da inclinação para determinados padrões vive dentro de cada ser, e cabe a ele o livre-arbítrio de cessar seu florear, cumprindo, assim, uma das decisões de mudanças a que se propôs em seu plano reencarnatório. Esse era o caso concreto de Luísa, André e Bárbara.

Luísa, auxiliada e sendo sugada pelos espíritos desencarnados que outrora foram seus amigos ou comparsas e aos quais se aliara em época pretérita para o desvario do sexo e da libertinagem, estava ali à mercê de suas sugestões, comprazendo-se em exercer o poder carnal que tinha sobre André, esquecendo-se, contudo, que haviam se comprometido a se desfazer dessa imperfeição da alma.

Já André, espírito endividado sexualmente falando e com alto grau de culpa por todo o desenrolar da última encarnação, em que, com sua lascívia, destruiu a vida de todos os envolvidos, tinha em seu íntimo o compromisso de não magoar e não deixar Bárbara se entregar ao suicídio novamente.

Ele, em seu subconsciente, lembrava-se perfeitamente de toda a dor pela qual passara, da culpa que carregara por toda a existência passada e o quanto fora difícil Bárbara se predispor a voltar na situação em que se achavam.

Lembrava-se bem de quando, nos preparativos para a nova reencarnação, todos os ora envolvidos estavam reunidos. Bárbara, aos prantos, sentindo-se ainda fragilizada e insegura, pedia aos espíritos de grande sabedoria e luz que aquele momento fosse adiado, pois não se achava capaz de sustentar uma nova tentativa e ainda sentia a dor do tiro em seu peito a todo momento que pensava em retornar.

Desvencilhada do corpo físico e em total consciência da necessidade que tinha de vencer sua queda moral e a obsessão física que nutria por André, visto que não fora somente naquela encarnação que eles haviam prejudicado pessoas para se relacionarem, Luísa implorou a Bárbara uma chance, asseverando que naquela encarnação sairiam vencedoras. Ela tinha plena certeza disso.

Assim, conversaram e juraram que o amor fraternal que os unia seria a mola propulsora para conseguirem pôr termo àquele círculo vicioso que havia muitos e muitos anos estavam protagonizando.

Convencida da necessidade do retorno à carne para vivenciar e vencer sua queda ao suicídio — pois sabia que somente voltando e atravessando as intempéries da vida e não se deixando cair por elas sairia vencedora de si mesma —, Bárbara resolveu aceitar a nova missão.

Sem acreditar muito nas palavras de Luísa, a quem tentava perdoar e cuja presença anteriormente de amor a lembrava de sentimentos de padrão ruim, Bárbara tentaria voltar a amar sem aquelas máculas e manchas, mas por Lívia, a quem devia uma chance de ter uma mãe amorosa e presente para aconselhar e amar.

Assim, foi firmado o compromisso de se amarem e se respeitarem. Luísa com o propósito de, mesmo estando perto de André, não se deixar levar por seus ímpetos sexuais, e ele, de conseguir fazer brotar naquele coração o amor fraterno de uma amiga.

Naquele momento, todos estavam perdidos em seus propósitos, mas havia tempo para seguir as resoluções e os compromissos assumidos, e cabia aos amigos espirituais a orientação para o cumprimento do que fora combinado.

Até aquele momento, não sabiam eles, já encarnados, nem eu, que o jovem e amoroso médium não estava naquele local somente para aprender a se defender do mal, e, sim, para auxiliar os envolvidos a vencerem a guerra interna de muitas encarnações.

Bastião mantinha-se ao meu lado, com um sorriso amoroso e maroto. Sempre que eu perguntava por que não intercedíamos nas manipulações energéticas, ele me pedia que aguardasse.

Naquele momento, nós dois estávamos acompanhando seu protegido, que havia, a pedido da Mãe Rosa, ido bem cedo, antes de ir ao trabalho, para ajudá-la em uma oferenda. Na ocasião, novamente perguntou, visto que já sabia de todos os compromissos dos envolvidos:

— Pai Bastião, não vejo nada de energia naquela travessa, estou errado? — Ele se referia à oferenda que Raimundo, incumbido de levar e jogar no rio, tinha nas mãos. Era uma vasilha de barro, tipo tigela, com produtos específicos para aquele tipo de "trabalho".

O que eu não via era a energia depositada na oferenda, no "adoço"[13], como diziam eles.

Pacientemente, Pai Bastião me esclareceu:

— Meu amigo, você está certo! Todas as coisas da terra, principalmente as que vêm dela, como o mel, que é feito de flor e fruta, possuem energia. Na verdade, no momento em que a oração e a entrega foram feitas, nossos irmãozinhos já se alimentaram delas. Agora só resta a carcaça, que eles jogaram como se fosse a sobra espiritual.

Pela expressão que fiz, ele notou que eu não tinha entendido direito. Rindo de minha reação, abriu para mim uma pequena tela, em que pude assistir à cena da montagem do prato e das orações feitas há três noites. Os médiuns da casa se reuniram com Luísa em noite de trabalho, montaram e entregaram seu pedido e sua oferenda.

O que eu vi, o que para os olhos humanos seria numa fração de segundos, foi todo o desenrolar daquela noite.

Luísa, como sempre linda e muito elegante, mantinha-se sentada em um banquinho ouvindo as orientações da senhora.

— Você tem que se concentrar. Pense em vocês dois juntos e apenas em coisas boas quando se lembrar dele. Nada de brigas. Não pense na mulher. Esta já é carta fora do baralho. Temos que cuidar para ele não "virar a cabeça".

Via os pensamentos de Luísa se formando, se alicerçando em sua forte energia sexual. Ela concentrava-se nas lembranças sexuais e em momentos de sensualidade. Em nenhum instante, eu a vi lembrar-se de um

13 Tipo de energização que serve para aproximar as pessoas, despertando a docilidade na relação.

sorriso, de um aperto de mão, de momentos mais inocentes e puros, mas, sim, de momentos de desvario carnal.

Enquanto ela se concentrava nos "momentos bons do sexo" do casal, os médiuns, no caso, três deles, além da senhora, entoavam cantigas de invocação e faziam orações. Mãe Rosa, por sua vez, escrevia no chão o ponto[14] do guia[15] ao qual faziam a oferta.

Quando começaram a tocar e cantar o ponto, a entidade aproximou-se da médium, acoplando-se ao plexo solar de Mãe Rosa. Assim, ocorreu o fenômeno da incorporação.

Já se manifestou rindo da situação e estendendo a mão para cumprimentar um dos *cambonos*[16].

— Salve! — ela cumprimentava e recebia as reverências dos mais próximos.

— Então, você está feliz... O moço está vindo? — indagou à interessada, em referência a André.

Luísa era a figura da altivez. Estava feliz e segura de que a cartada final já havia sido jogada e que era questão de tempo para que eles ficassem juntos.

— Sim! Acredito que seja questão de horas para que ele se separe daquela sonsa.

Ria o espírito, que conhecia a alma humana, tanto que utilizava suas fraquezas contra eles mesmos. Ele, contudo, não mentia nem era um espírito de maldade; somente fazia o que lhe pediam. Ele perguntou.

— Você sabe da responsabilidade e da dívida que está assumindo? Sabe que ele tem uma *curuminzinha*[17] e que tem compromisso sério com a família dele?

— Eu sei que ele tem família, mas estou disposta a ajudá-lo a criar a menina. Além disso, podemos ter outros filhos.

As palavras de Luísa mostravam que ela não tinha consciência da responsabilidade que estava assumindo e muito menos algum tipo de arrependimento do mal que estava causando.

Dando um profundo suspiro, a Cigana completou:

— Não tenho mais com o que me preocupar pelas maldades que faço. Já sou endividada. Mas a moça, sim! No entanto, se quer mesmo

---

14 Escritos e desenhos feitos, geralmente, no chão.

15 Entidade espiritual.

16 Pessoa encarregada de auxiliar os trabalhos nos centros espíritas.

17 Gíria da umbanda que se refere à criança.

fazer, vamos lá... Tenha consciência de que está tentando mudar os traços do *Homem lá de cima* e que tudo que plantar irá colher, cedo ou tarde.

Dizendo isso, aguardou a resposta de Luísa, que somente balançou os ombros em sinal de que isso não lhe era interessante no momento. Com isso, iniciou o ritual, pegando o mel e o nome do rapaz, que a *cambona* lhe entregava.

Parando por um momento com os objetos na mão, ficou como se estivesse ouvindo alguém que lhe falava ao ouvido. Olhando para Luísa, disse firmemente:

— Moça, não deveria dizer, porque você não quer nem vai ouvir. Mas vou dizer, porque você há de lembrar um dia. Tem, ao seu lado, sem perceber, um companheiro que foi preparado para você, que a ajudaria a vencer, sem prejudicar nem mexer com "Aquele lá do alto".

Tomando um gole da bebida, a Cigana continuou, rindo:

— Mas, como você me pagou para ter esse, vamos fazer... por sua conta e risco.

E, assim, foi realizado o trabalho com a manipulação das energias, que serviam para que André sentisse cada vez mais a falta de Luísa e se afastasse de Bárbara.

Raimundo, que a todo o tempo estava ao lado de Luísa, somente orava para que os bons espíritos se apiedassem dela e a fizessem despertar, entender e aceitar o curso natural das coisas.

As palavras da Cigana não lhe saíam da cabeça. Não sabia por que, mas sentia uma imensa vontade de ajudar aquela moça a encontrar o tal rapaz e seguir o rumo do progresso moral necessário a todos.

A Cigana incorporada manipulava a energia que, naquele exato momento, era sugada pelos desencarnados que a acompanhavam e estavam designados a implantar as figuras mentais produzidas pela mente de Luísa na de André.

Assim, imediatamente após retirar toda a energia dos itens colocados, eles se foram levando consigo os fluídos energéticos e os pensamentos vivos formados pela mentalização e ilusão de Luísa, que criavam a realidade extrafísica de que necessitavam.

Fechando a tela mental, o preto-velho me olhou e perguntou se eu havia entendido como funcionava a manipulação de energia e de sua criação no mundo espiritual.

— Meu amigo, creio que sim! Levando em conta que o pensamento é vivo e possui poder de criar e transformar, sim! E vejo que o desejo dela, quando mentaliza, é muito forte.

— Sim, meu filho! Verifique que sempre pedem concentração e fé nos trabalhos, porque, na verdade, o que cria e possibilita tanto o mal como o bem de trabalhar é sua fé; é acreditar que realmente vai acontecer. Ou mesmo que será vítima de um mal produzido por ele, ou seja, tudo se resume no crer.

Passando o braço sobre o ombro direito do preto-velho, comecei a rir, mesmo diante da situação.

— Então, fazendo mandinga ou orando em meu humilde canto, tudo sempre será entre mim e Deus, pois é Ele quem permite ou não o acontecimento de algo que desejo?

Sorrindo, Pai Bastião assentiu com a cabeça. Neste momento, levitávamos abraçados em direção à casa de Bárbara.

Mais ou menos isso! Criamos e alimentamos as emoções energéticas dentro do nosso livre-arbítrio, para que façamos nosso plantio e nossa colheita. Mas tudo isso dentro da misericórdia de Deus, que só permite a ação de outro em nossa vida até o limite em que estamos aprendendo, até o que necessitamos para evoluir. Mais que isso? Nunca! — Ainda com o semblante tomado por um sorriso misericordioso, ele continuou: — Essa explicação pode ser mal interpretada por pessoas que não têm intimidade com o mundo espiritual. Veja bem: o simples pensamento pode interferir na vida de outra pessoa, mas com limites. Sempre temos que pensar que ao outro é dado o mesmo direito de pensar e criar. Aquele que emana pensamentos e criações energéticas boas pode até sentir as vibrações e os ataques enviados, como esse que Luísa está orquestrando, mas se a pessoa a quem a energia foi direcionada vibra amor e fé, eles serão pequenos aborrecimentos, pois o Pai enviará um benfeitor para auxiliá-la.

— Como está fazendo agora?

Rindo alegremente, o sábio mentor respondeu:

— Sempre estamos trabalhando sob a guarda e determinação do Pai, que ama e que deseja a libertação das amarras de todos.

Capítulo 3

Respirando fundo, Bárbara desceu do carro e foi em direção à sua casa. A intenção era entrar pela porta dos fundos, que já daria na cozinha, ganhando, assim, mais um tempo para reencontrar o marido.

Na verdade, não sabia o que fazer. Não queria perdê-lo, mas não se sentia preparada para perdoá-lo. Era como se dentro dela uma ferida sangrasse. Bárbara sentia no peito uma dor enorme e revolta, porque sabia que ele não tinha esse direito.

Sentia-se decepcionada, cansada, como se os atos de André fossem constantes, apesar de ela nunca ter desconfiado antes de qualquer traição do marido.

Os mentores tentavam, a todo custo, fazê-la esquecer as emoções remanescentes, mas a tristeza de outrora se confundia com aquele momento, o que a levava a sentir-se realmente cansada de ofertar amor e se ver traída.

Haviam, contudo, ganhado um ponto, pois, dessa vez, ela não tinha atentado contra a própria vida. Os irmãos desencarnados empenhados em ajudá-la haviam empregado todos os recursos possíveis, orando e mantendo-se ao lado dela em todos os instantes. Agradeciam ao Pai o fato de conseguirem se fazer ouvir por ela e trazê-la para casa sem nenhum arranhão físico, contudo, o espírito dela necessitaria de muitos cuidados, pois estava destroçado.

Quando Bárbara e Tereza entraram na casa, André se encontrava na porta que ligava a sala e a cozinha. Assim que atravessaram o batente, ele, em segundos, foi ao encontro delas na cozinha.

Vendo o patrão ali, Tereza, que vinha na frente, os deixou sozinhos. Achava que tinham muito a conversar.

Abraçando a mulher, André começou a agradecer a Deus pela vida dela em voz suave, que somente os dois ouviam. Lágrimas desciam por sua face, acompanhadas das que vertiam dos olhos de Bárbara.

André sentiu um alívio, uma alegria tão grande, por encontrá-la. Naquele instante, não interessava se ela permaneceria com ele, se seria capaz de perdoá-lo. O importante era tê-la sã e salva. À noite, sem conseguir conciliar o sono, tudo o que lhe vinha na mente era a imagem da esposa sem vida. Foram, sem dúvida, as piores horas que ele já havia vivido.

Perdida naquele abraço, Bárbara, por sua vez, não conseguia definir seus sentimentos. Na verdade, uma enxurrada deles passava por ela. Sentia-se fraca, incapaz de sentir. Somente tinha certeza de que amava aquele homem e que estava feliz em sentir o calor do seu abraço.

— Obrigado, meu Deus! Obrigado por trazer minha mulher sã e salva! Oh, Pai! Obrigado por cuidar dela, onde quer que ela tenha estado — repetiu esses agradecimentos umas quatro vezes, cada uma mais profundamente.

Em essência, todo o pavor e o medo de André eram fruto de reminiscências passadas. Tinha medo de não cumprir a promessa que tinha feito a Bárbara de não deixá-la atentar novamente contra a própria vida, em razão de deslizes e lascívias às quais ele ainda sucumbia.

Ali permaneceram abraçados e em prantos por um bom tempo, até que André, afastando-se um pouco, procurou os lábios de Bárbara para um beijo amoroso, para o qual ela, contudo, não se sentiu preparada.

— Não, André! Me desculpa. — Virou o rosto.

— Sim, eu te entendo!

Olhando profundamente nos olhos do marido, ela teve a certeza de que ele não entendia.

— Você não entende, mas quem sabe um dia me entenderá. Me dê licença que quero tomar um banho.

— Precisamos conversar — disse ele, aflito com aquela aparente calma dela.

— Eu sei, e isso acontecerá. Mas, neste momento, não tenho forças para isso. — Bárbara desvencilhou-se do abraço dele e foi em direção ao quarto. Antes, contudo, abriu a porta do quarto da filha e, aproximando-se vagarosamente, ficou olhando aquele rostinho lindo e agradecendo a Deus por não ter feito nenhuma bobagem graças àquele amor puro e verdadeiro.

Durante uns cinco minutos, ficou ali de pé, somente contemplando a filha, e saiu sorrateiramente, indo em direção ao seu quarto.

Depois de tirar a roupa, tomou um banho demorado, deitou-se e adormeceu imediatamente. Estava esgotada, sem nenhuma energia benfazeja.

Seu protetor estava ao seu lado, mas, infelizmente, ela não conseguiu vê-lo quando saiu do corpo físico[18]. Ela estava tão confusa e perturbada que, de imediato, se deparou com os obsessores que ali estavam para desequilibrá-la. Aqueles homens de figura suja tinham os cabelos desgrenhados e odor fétido, bem característicos de quem não se lembrava mais da própria essência, como ocorre com os obsessores, que passam a viver atormentando outras pessoas, a ponto de se esquecerem de si mesmos ou de quem amavam.

Assim, quando despertou e viu aquelas imagens vindo em sua direção, Bárbara, amedrontada, correu para o canto do quarto e começou a orar pedindo ajuda divina.

Naquele momento, tamanho fervor fez uma luz brilhante mostrar-se ao lado dela. Era seu protetor, espírito amigo que se fazia presente ao lado dela, afastando os irmãos enfermos.

— Não tema, querida criança. O Pai não a desampara, assim como não desampara nenhum dos filhos que Lhe rogam ajuda.

Bárbara não tinha visto o mentor até aquele momento. Ela permanecia em prece sentida, mas estava em um estado de angústia e desequilíbrio que a impedia, mesmo fora do corpo físico, de ver os espíritos mais elevados ao seu lado. Via apenas os espíritos adoecidos, visto que a vibração deles, de desespero e desesperança, era a mesma que a dela. Assim, por estarem emitindo as mesmas energias, era como se estivessem na mesma sala de cinema, onde todos se concentravam na mesma faixa vibratória.

Isso acontece a todo o momento. Quando encarnados, vibramos uma energia que aproxima os que se comprazem dela. Vemos isso o tempo todo, no dia a dia, a exemplo de usuários de drogas que se atraem e permanecem juntos, desfrutando de ambientes que os agradam e das substâncias que pensam ser necessárias. Assim também acontecia com os espíritos em questão de energia. Nós atraímos as companhias que nos são afins.

---

18 O desdobramento é uma atividade que ocorre durante o sono, na qual o perispírito se afasta, momentaneamente, do corpo físico, para viver novas experiências no plano espiritual.

Eugênio, imbuído dos mais nobres sentimentos, permanecia em oração ao lado de sua protegida, porque, mesmo sem conseguir vê-lo, Bárbara certamente sentiria as energias de amor que ele emanava.

No momento em que, em prece, clamava para que o Pai lhe permitisse auxiliar aquela filha, ele nos viu chegar e, sorrindo, nos cumprimentou em pensamento, agradecendo nossa presença. Assim, nós nos juntamos a ele, que permanecia de mãos estendidas sobre a cabeça daquele espírito que, sentado no canto do quarto, com a cabeça escondida entre os braços e as pernas, não tinha coragem nem forças para lutar consigo mesma.

Naquele momento, Pai Bastião começou a cantar uma linda música que eu não conhecia. Acredito que era uma cantiga de cativeiro, mas, com ela, vinham uma doçura e uma mansuetude que acalmavam a todos. Senti que, junto com a cantiga, foram chegando vários espíritos de luminosidade resplandecente. Todos eram trabalhadores vindos de Aruanda, cidade espiritual de grande ajuda aos desencarnados.

Venha, povo de amor!
Venha, povo de Aruanda!
Com o coração cheio de luz,
cheio de perdão,
venha cuidar do irmão!
Oh! Povo que traz a Luz do Cristo,
traga sua paz aos irmãos da Terra,
na guerra
de dentro do espírito.
Seja o conciliador,
seja a chama do amor.

Assim dizia a cantiga, carregada de amor em cada cifra.

Lágrimas desciam de minha face, assim como da de Eugênio. O quarto foi ficando iluminado, e essa luz começou a estender-se por toda a casa e por todo o quarteirão, em uma limpeza maravilhosa.

Naquele momento, equipes socorristas achegaram-se aos espíritos adoecidos e, cheios de compaixão, proporcionaram-lhes alívio, retornando para os braços do Pai.

Muitos foram socorridos. Outros, aos quais o Pai misericordioso permitiu, foram levados à força, para que, em hospitais e escolas espirituais, aprendessem o poder do perdão e do amor.

Bárbara foi, aos poucos, se acalmando. Não viu seu socorro, mas começou a se sentir fortalecida.

Naquele momento, Pai Bastião iniciou uma prece sentida, e nós o acompanhamos:

— Imbuídos e revestidos do amor do Pai, agradeçamos a Ele pela oportunidade de socorro, por podermos dar o que vem d'Ele, que é seu amor. Amor este de amplitude e magnitude infinitas. Amor que cura, perdoa e traz esperança. Agradecemos pelo socorro permitido a todas essas almas sofredoras que se perderam e hoje aceitaram voltar para casa. Quão felizes somos nós, pequenos e humildes trabalhadores na seara do Cristo, quando estendemos as mãos e seguramos aquele que aceitou rever seu caminho e buscar o progresso da alma. Somos, queridos amigos, pequenos soldados, que, felizes, entendemos que somente a caridade e o amor devem habitar os corações. Assim, agradeço a todos que aqui estiveram nesse pequeno trabalho que, com a graça de Deus, aplacou muitas dores.

— Querido Eugênio, estamos ao seu lado a todo o tempo. A irmã não está só, assim como todos os envolvidos. Temos de ir agora para ajudar na condução abençoada de todos os socorridos.

Abraçando fortemente os amigos que ali estiveram, Eugênio agradeceu todo o cuidado despendido e, com lágrimas nos olhos, apontou para a pupila dizendo:

— Juntos, nós venceremos mais este pequeno revés da vida progressiva!

— Com certeza, irmão! — respondeu um dos caravaneiros.

E assim, banhada de Luz, a caravana seguiu, levando consigo muitos espíritos, que agora seriam socorridos e tratados em hospitais e escolas espirituais.

Aos poucos, o espírito de Bárbara foi se acalmando. Ela já não chorava desesperada como no início. Sem ver Eugênio, ficou ali somente recostada na parede, revivendo os sentimentos de tristeza, até que sua filha adentrou o quarto, levada pela mão de Tereza, que, com um gesto, colocou o dedo indicador nos lábios pedindo silêncio.

Dissera à menina que a mãe estava com dor de cabeça e precisava dormir um pouquinho, mas, como toda criança amorosa, Lívia queria ao menos ver a mãe dormindo. Assim, pela persistência, a garotinha ganhou a permissão de ver Bárbara, com a condição de não acordá-la.

O amor puro que Bárbara nutria por Lívia era, naquele momento, sua mola propulsora, tanto que seu coração se iluminou por esse sentimento quando viu, pelos olhos do espírito, as duas entrarem no quarto.

Aquele foi o instante em que ela se ligou ao Pai e, em prece, agradeceu por não ter atentado contra a própria vida.

Naquele instante em que, em lágrimas, mas agora de alívio, Bárbara se voltou ao Pai, ela começou a ver uma luz se formando ao seu lado. Era Eugênio.

— Minha amada filha! — disse ele pegando as mãos de Bárbara e puxando-as para seus braços.

O choro dela se intensificou. Agora, contudo, seu pranto era de alívio por estar nos braços daquele amigo tão amado, que estava com ela naquela experiência de luta terrestre.

Amoroso e com o coração em prece, Eugênio somente a abraçava, acariciando seus cabelos. Assim que ela serenou, ele afastou-a dos braços e começou a falar:

— Querida, não temos muito tempo. Logo você despertará! Tem alguém lá fora que deseja sua presença e atenção e não se conterá por mais tempo.

Mesmo naquele estado de espírito, Bárbara não conteve a risada. Na verdade, ambos estavam rindo. A mulher imaginava o quão impaciente a filha deveria estar para acordá-la.

— Imagino e tenho dó da pobre Tereza.

— Sim! Deve estar se desdobrando em brincadeiras e comilanças.

Comida era o que prendia sua filha, que vivia com fome.

Passando o braço sobre os ombros de Bárbara, Eugênio, com o semblante mais sério agora, disse:

— Você tem consciência de todos os compromissos assumidos, certo? Não preciso lembrá-la.

Bárbara não emitia resposta; somente balançava a cabeça afirmativamente.

— Não havia necessidade de você passar novamente por esta experiência, Bárbara. Precisávamos que você estivesse forte, mas aconteceu dentro da fraqueza dos envolvidos. Quero, no entanto, que você entenda que o fato de eles não desejarem cumprir seus compromissos não a impede de cumprir os seus e sair vencedora nesta encarnação.

Soltando um profundo suspiro, ele continuou. Havia uma equipe cuidando da menina, mas logo, logo ela entraria no quarto. Ele tinha esse conhecimento.

— Você veio cumprir uma etapa da qual fugiu nas encarnações passadas. Levante sua cabeça! Sua progressão moral não está na vida do seu companheiro. Caminhe com suas pernas e não com as dele.

— Depois que você despertar, haverá o confronto entre vocês dois. Ele aguarda e sofre com a fraqueza de sua alma endividada. Tenha certeza de que somente a você cabe a decisão de continuar a caminhar junto dele ou não. Quero, contudo, que desperte com a certeza de que Deus é misericordioso e a fortalecerá. Portas se abriram para você continuar sua caminhada com honra, resgatando suas dívidas.

Abraçando aquela alma sofrida, que misturava em sua consciência as dores presentes com as passadas, Eugênio continuou:

— Estou ao seu lado, mesmo que, ao voltar, não se lembre de quase nada. O pior já passou. Você venceu o impulso maior de retornar a este lado à força, atentando contra sua vida. Estou muito orgulhoso de você. Agora, volte ao corpo com o pensamento no Cristo, que não a desampara, sempre sabendo que somos falhos e que os que estão ao nosso lado também o são e muitas vezes se deixam levar por momentos e facilidades.

Olhando nos olhos do mentor, Bárbara procurou sorver todas as palavras, ciente de que pouco se lembraria delas. Sua vontade era permanecer ali, onde se sentia protegida.

— Tenho que voltar? — Foi somente o que ela conseguiu dizer.

Sorrindo amorosamente, ele beijou-lhe a testa e disse:

— Eu confio em você. Confie também! Há dentro de você uma força indestrutível. Aproveite esta oportunidade de dor e desilusão para usá-la. Retorne! — De mãos dadas com ela, Eugênio levou-a até onde o corpo físico estava.

Em questão de segundos a porta se abriu, e Lívia entrou no quarto correndo e pulou sobre a cama da mãe despertando-a.

— Mamãe, acorde! O anjinho disse que sua dor melhorou. Melhorou?

A filha olhava para a mãe com aquele jeitinho angelical, mas, preocupada, aguardava a resposta. Como Bárbara demorou para responder, ela questionou novamente:

— Melhorou, mamãe?

Arrumando-se na cama, ela pegou a filha no colo e lhe deu um abraço apertado.

— Melhorei, querida!

Batendo palminhas, ela virou o rosto para o pai, que estava parado na soleira da porta, sem saber se entrava ou não. Bárbara não havia visto que ele estava ali.

— Está vendo, papai? Eu disse que ela não iria ficar zangada. — Arregalando os olhos, ela olhou para a mãe. — Está zangada? — A pergunta saiu com um tom preocupado, mas a carinha de suspense que ela fez provocou o riso dos pais.

— Não, meu amor. Não estou zangada! Me dê um abraço que eu não vou nem me importar com isso!

Rindo, Lívia abraçou a mãe rapidamente e continuou a falar:

— Mamãe, papai está de folga! Brincou comigo um montão, enquanto você descansava! Mas você dormiu muito! Eu já estava cansada de te esperar.

— Mamãe precisava descansar, filha! — disse André, olhando nos olhos de Bárbara.

— A senhora está com fome? Fique aqui! Vou ver se Tereza já fez o almoço e já volto — disse, espalmando a mão próximo ao rosto da mãe e fazendo um sinal para que Bárbara aguardasse. E, antes que alguém dissesse algo, ela disparou em direção à cozinha.

O silêncio reinou no ambiente. Bárbara, de cabeça baixa, não tinha coragem de falar nada, e André, amedrontado com o que poderia vir dela, ficou parado ao lado da cama sem pronunciar uma palavra.

Queria, desesperadamente, abraçá-la, lhe pedir perdão e dizer o quanto a amava, mas lhe faltavam forças. André não via que, junto de si, estavam prostrados espíritos adoecidos, que usavam suas forças mentais para impedi-lo.

Sem coragem de encará-lo, Bárbara levantou-se e, pedindo licença, disse que precisava ir ao banheiro. Refugiada lá, trancou a porta, o que não era seu costume, e permaneceu até perceber que a filha havia retornado e que os dois tinham ido para a sala.

Assim, tomou outro banho demorado, escolheu pacientemente uma roupa e, somente depois, foi ao encontro deles na sala da casa. Havia brinquedos espalhados por todo o chão, até mesmo folhas nas quais ela havia "desenhado". Ali, percebeu como a menina estava inquieta.

Quando viu a mãe chegando, Lívia bateu palmas, correu em sua direção e, pegando sua mão, disparou:

— Mamãe, vamos sair? Papai está de folga! Vamos tomar sorvete, por favor! — A cara da garotinha era de piedade e sofrimento, o que fez a mãe sorrir.

Antes que Bárbara pudesse responder, ele se adiantou. Achou a ideia brilhante! Assim, ganharia um tempo maior e queria que ela pensasse melhor.

— Acho uma ótima ideia, se sua mãe quiser, é claro! Podemos ir após o almoço! — dizendo isso, olhou para o relógio e viu que já passava das treze horas.

A comemoração da aprovação do pai impediu Bárbara de se negar a ir com eles. Pensando bem, com a menina por perto, ele não teria coragem de puxar o assunto. Sabia que estava só postergando e, assim, se fortaleceria um pouco.

A menina não se cabia de contentamento. O dia estava sendo maravilhoso para ela, pois nunca tinha visto os dois juntos daquele jeito. O pai trabalhava muito e nunca podia brincar com ela. E, agora, iam tomar sorvete. Estava agitadíssima.

Bárbara agradecia a Deus o fato de a filha estar assim. Não dava tempo para pensar, quiçá chorar ou se lamuriar.

Assim, em meio aos risos e às perguntas da menina, foram para a cozinha, onde almoçaram.

Bárbara não sentia fome. Para ela, a comida não tinha sabor, mas, forçosamente, se alimentou. André, a seu turno, comeu bastante, entre risos e conversas com a filha.

Assim, após dar banho na criança e arrumá-la, os três saíram para um passeio em família.

Bárbara, notando que André vinha para pegar em sua mão, disfarçou e pegou a mão da filha, e depois entraram na sorveteria no centro da cidade.

O momento era de alegria. Bárbara tentava disfarçar e colocar um sorriso no rosto, mas volta e meia olhava os dois juntos e tinha dúvida se conseguiria perdoar o marido. Nesse momento, seu coração enchia-se de raiva. Não entendia por que ele havia feito aquilo. Ele tinha traído a família, os sonhos das duas. Ele não merecia o amor dela nem da filha, que estava ali demostrando o amor que tinha por ele.

Já André, um pouco por conta da profissão, que o moldara a controlar os sentimentos de tensão, estava ali brincando com a filha. Seus sentidos, contudo, estavam atentos a todos os movimentos da esposa.

Parecia que a via como há muito tempo não notava. Via sua delicadeza, sua beleza e tinha certeza do amor que sentia por ela. Era impossível não compará-la com Luísa. Cada uma tinha seus atributos, sua beleza. Luísa era um fogo que queimava, uma paixão que ele não dominava, mas Bárbara era seu porto, sua paz, e era ali que ele queria ficar.

A sorveteria ficava próxima a uma praça que tinha vários brinquedos, e foi para lá que eles se dirigiram e era onde estavam agora, cuidando da menina enquanto ela se esbaldava.

Já passava das dezoito horas quando resolveram retornar para casa. A menina, agora mais calma, não pela ausência de excitação, mas pelo cansaço de tanta correria, repousava no banco de trás do carro. A mãe havia levado uma mamadeira, e ela terminou a refeição já adormecida.

Assim, o silêncio comandou o percurso de volta. Quando chegaram, a casa estava às escuras. Havia dito a Tereza que ela poderia ir assim que acabasse seus afazeres.

Estacionando o carro, André pegou a menina no colo e levou-a para dentro. Lívia estava bem sujinha, mas tão cansada, que os pais resolveram deixá-la dormir daquele modo.

Enquanto ele acomodava a filha no quarto, Bárbara foi até a cozinha lavar a mamadeira e verificar se estava tudo em ordem. Encontrou sobre a mesa um bilhete de Tereza que dizia que havia arroz de forno preparado e que bastava aquecê-lo. Não sentia fome, mas, como sabia que o marido deveria estar, ligou o forno e estava arrumando a mesa quando ele, já de banho tomado, se aproximou.

O cheiro que emanava dele fez o coração de Bárbara apertar-se no peito, enquanto lágrimas teimavam em querer sair de seus olhos. Não queria chorar na frente dele.

— André, coloquei o arroz para aquecer. Deve levar uns dez minutos. Vou tomar um banho. Cuide do forno, por favor — disse isso indo em direção à porta.

André, notando o tom de voz dela, somente respondeu que tudo bem e ficou ali na cozinha cuidando da comida. Aproveitou o tempo para preparar a salada que encontrou já lavada na geladeira. Pegou uma jarra de suco e colocou na mesa. Fazia tudo mecanicamente para ocupar o tempo enquanto a aguardava voltar.

Bárbara demorou uns trinta minutos para aparecer. Minutos que pareceram uma eternidade para ambos.

Sentando-se em silêncio, os dois se serviram e fizeram a refeição. Bárbara acabou vencida pela necessidade de se alimentar, pois não comera direito desde a noite anterior.

Assim, o jantar transcorreu no mais absoluto silêncio. Ouvia-se, para um ouvido apurado, o som dos corações descompassados.

André tentava coordenar os pensamentos para preparar o pedido de desculpas, mas, ao mesmo tempo, não sabia o que fazer. A figura de Luísa e as lembranças dos bons momentos, que ele tentava a todo custo apagar para se concentrar no que tinha de dizer para Bárbara, vinham-lhe à mente fortemente. Não queria separar-se dela. Sentia isso em seu íntimo, mas estava muito confuso.

Na verdade, a confusão mental que se apoderava dele era fruto da ação dos irmãos adoecidos, que o inspiravam a se lembrar de Luísa e sentir desejo por ela. A manipulação da energia era tão forte que eles conseguiam fazê-lo duvidar do sentimento que nutria pela esposa.

Já a influência dos espíritos que buscavam assediar Bárbara estava menor, pois, desde o momento em que ela retornou para casa, estava em oração em pensamento, pedindo ao Pai sabedoria e proteção, o que possibilitava aos seus protetores manterem uma luz azulada protegendo-a. Então, naquele momento, ela se revestia somente das emoções que eram dela. Alguns resquícios da encarnação pretérita, outras da atual.

Terminaram o jantar, mas nenhum dos dois tivera coragem de iniciar a conversa. Os dois tinham medo das respostas.

Os mentores de ambos estavam a postos, em oração, emanando energias benfazejas para que prevalecesse o amor entre eles, mas, dali em diante, não havia como orientá-los. Imperaria o livre-arbítrio dos dois. Os compromissos poderiam ser adiados, porque não os quebramos e, sim, os adiamos.

Havia um grupo razoável de espíritos de luz naquele ambiente. Alguns que, em outras encarnações, estiveram com eles e que havia muito venceram as etapas do orgulho e da vaidade. Mantinham o coração vibrando em infinita bondade.

Dentre eles estavam Eugênio, espírito protetor de Bárbara; Mafalda, uma velha amiga de todos os presentes, que, por amor, estava sempre cuidando e amparando os envolvidos; Carlos, que tinha a incumbência de orientar André; e, por fim, o espírito protetor de Lívia, que se chamava Marcos.

Eu e o meu amado Bastião também estávamos ali em prece e em sintonia com os demais, vibrando energias salutares para o casal, que vivia um momento decisivo no resgate de todos.

Naquele momento de prece, vi o espírito de Lívia em desdobramento aproximar-se. Estava acompanhado de seu mentor, e, apesar da idade, via-se que mantinha a sabedoria eterna de seu espírito evoluído.

Como André não falou nada, Bárbara, sem conseguir pronunciar uma palavra, levantou-se, pediu licença e começou a tirar a mesa. Ele, então, levantou-se de pronto e começou a ajudá-la.

Assim que terminaram a tarefa, Bárbara pediu licença e ia se retirando, quando André, não aguentando mais aquela pressão, a segurou pelo braço.

— Espere... temos que conversar! — O tom era de súplica.

Desvencilhando-se do toque dele, Bárbara, mesmo tentando com todas as suas forças impedir que as lágrimas caíssem, não conseguiu.

Olhando para aquele rosto amado e vendo o quanto realmente provocara sua dor, ele também caiu em prantos e, de joelhos, abraçou as pernas da esposa, implorando por seu perdão.

André falava sem respirar, temendo que não tivesse coragem de dizer tudo que precisava. Ele, contudo, sentia que deveria limpar a alma.

Assim, mesmo sem ela o acusar ou cobrar, André contou que tinha um romance com uma colega, mas garantindo à esposa que nada passava de uma aventura e que ele faria o que ela quisesse para perdoá-lo.

— Ela me ligou insistentemente o dia todo, mas olhe! — disse André, mostrando o bipe. — Não liguei nem quero mais falar com ela.

Durante todo o relato do marido, Bárbara manteve-se em silêncio, sem se mover ou pronunciar uma só palavra. A dor de cada frase de André dilacerava sua alma. Não tinha forças para dizer nada.

A tristeza foi tomando conta dela a ponto de suas pernas perderem as forças. Bárbara desmaiou sobre André, que rapidamente a socorreu.

André levou-a ao quarto e realizou os primeiros socorros, mas, como havia sido apenas uma queda de pressão, ela recobrou a consciência em instantes.

Ao abrir os olhos, Bárbara viu o marido ao seu lado, com a expressão preocupada.

— Graças a Deus! Está tudo bem, meu amor?

Assentindo com a cabeça, ela disse que sim.

A palavra amor na boca de André a fez sentir um arrepio. Não conseguia acreditar nele. Na verdade, não queria tê-lo ali naquele momento. Não queria ouvir a voz dele, pois sentia desprezo pelo marido. O sentimento de desamor era tão, tão grande, que tomava conta dela.

Olhando fixamente para André, Bárbara enxugou os resquícios de lágrimas do rosto e, de forma séria, firme e sem emoção, pediu:

— André, eu ouvi tudo o que você disse e, infelizmente, não consigo perdoá-lo. Não agora. O que você fez é repugnante! Você me traiu! Nunca pensei que fosse capaz de fazer isso. Traiu nosso amor! — Havia uma dor lancinante nas palavras dela. Bárbara usava um tom de voz baixo, pois sentia-se emocionalmente esgotada.

De cabeça baixa, ainda de joelhos ao lado da cama, ele tentou pegar na mão da esposa, que, gentilmente, se desvencilhou.

— Por favor! Não quero seu toque e gostaria de descansar. Você pode sair do quarto, por favor?

Ele ainda tentou argumentar e pedir para que ela o perdoasse.

— Bárbara, você jogará todo o nosso amor fora, por conta de algo que não representou nada para mim? Nós temos uma família, uma filha!

Se a intenção de André era sensibilizá-la, essa não foi uma boa tática. Ao ouvir aquilo, Bárbara, que estava recostada placidamente sobre o travesseiro, levantou-se de um pulo e, sem pensar, acertou em cheio um tapa no rosto dele.

Aturdido, André ficou de olhos arregalados, fitando, surpreso, a esposa, porque nunca a vira praticar um ato agressivo.

— Cale sua boca! Cale sua boca e nunca mais diga uma coisa dessas! — gritou ela com o dedo em riste.

Bárbara estava furiosa. Em seu interior, a raiva contida fervia.

"Onde já se viu ele me acusar de estar destruindo nosso casamento?!", pensava.

Levantando-se da cama, Bárbara, movida pela raiva, nem parecia ter passado mal e desmaiado momentos antes.

— Quem traiu nosso compromisso aqui? Quem é o safado que tem uma amante? E ainda vem com essa de que não penso em nós e em nossa filha. Você faz ideia do que está me dizendo? Tem ideia do quanto estou sofrendo? Ora, faça-me o favor de sumir da minha frente e nunca mais, você me está ouvindo? Nunca mais diga que não penso em nosso casamento. O safado e traidor aqui é você!

Bárbara jogava as palavras na cara dele. Ela gritava tão alto que a rua inteira podia ouvir a discussão.

— Acalme-se! Eu não disse isso... eu sei que errei.

— Ainda bem que você sabe que errou. Mas, além disso, você tem de saber que tudo tem suas consequências! Você deveria ter pensado que a idiota da sua mulher, que fica em casa te esperando e deixou a própria vida pra cuidar de casa e do marido, tem sentimentos.

Apontando o dedo novamente em riste para o rosto dele, continuou:

— Ontem, eu beirei a loucura! A dor era tão grande que pensei em tirar minha vida, porque não aguentava saber que você tinha me traído. Neste momento, agradeço a Deus por não ter permitido isso. Acredito que você pense algo como: "Aquela pobre coitada, que não tem profissão e só serve para cuidar de uma casa, tem que aguentar este tipo de coisa", mas você está enganado! Não tenho de ser traída e humilhada por você. Sou sadia e posso viver sem você.

— Você não vai me perdoar?

— Quem sabe um dia, André, mas hoje não! Pegue suas coisas e saia daqui!

— Você quer que eu vá embora desta casa?

Mesmo envolvida por uma onda de raiva, a pergunta causou-lhe um arrepio, que a impediu de responder. Bárbara, então, somente deu de ombros e assentiu que ele decidisse como quisesse, já que a casa tinha outros quartos.

De cabeça baixa, André pegou algumas roupas e mudou-se provisoriamente para o quarto de hóspedes. Não queria sair de perto dela.

Sua vontade era de abraçá-la e pedir mais uma oportunidade, contudo, diante da fúria da esposa, resolveu sair sem dizer mais nada.

Quando André fechou a porta e foi em direção ao outro quarto, Bárbara desabou sobre a cama, chorando aos soluços. Como a traição doía, como a desilusão lhe causava uma dor tão profunda.

Os espíritos amigos, que acompanhavam a cena, vertiam lágrimas sentidas. Sofriam com aquelas crianças que se emaranhavam nas teias de suas imperfeições.

Aproximando-se de Eugênio, que, sentado ao lado da cama e em lágrimas, afagava a cabeça de sua protegida, Bastião chamou-o à prece, convite que foi aceito por todos os presentes.

Na verdade, nós estávamos quase ao mesmo tempo nos dois cômodos da casa, auxiliando tanto André como Bárbara, pois, enquanto ela sentia a dor da traição, ele corroía-se pela culpa, dois sentimentos totalmente antagônicos ao amor e à caridade moral.

Dando-se as mãos, os espíritos levitaram por cima da casa. Àquele a quem fosse permitido ver, veria um halo de luz brilhante que se ligava ao infinito, de onde desciam luzes das mais variadas cores, que se estendiam pela casa e pelo bairro, levando acalanto para as mazelas de quem, naquele momento, estava pronto para receber o amor em forma de bênção.

De olhos fechados e em profunda sintonia com o Eterno, Bastião iniciou sua súplica ao alto.

— Pai, cujo amor infinito nos permite cometer erros e nos dá a oportunidade de resgatá-los sempre dentro do nosso tempo de amadurecimento, permita que nossos filhos amados, que hoje lutam para subir mais um degrau da evolução, nos possibilitem ajudá-los e ampará-los em sua dor. Rogamos, Senhor, a Sua misericórdia por nossos erros, pelo orgulho que cega e nos encaminha ao abismo da tristeza e da desesperança. A desilusão e a culpa, que hoje visitam nossos filhos amados, são causadas por suas próprias brechas, pelas ilusões dos prazeres da Terra, que ora dão seu revés. Acalme, Senhor, os corações que se esvaem em dores, e rogo que do mais Alto venha a sabedoria para que o aprendizado chegue. Oh! Amado Pai, os compromissos assumidos em nossa volta à Terra são tentativas de nos desvestirmos do sentimento que nos faz mal e nos atrasa o progresso. Abençoe, então, os envolvidos e permita-lhes intuir as decisões corretas, que os levarão a cumprir a meta de aprendizado desta encarnação. Estamos aqui, Senhor, em Seu nome e em nome de todos os espíritos cujo amor faz refribilar seus ensinamentos. Que essas luzes penetrem suas almas cansadas e sofridas, dando-lhes uma noite de refazimento. Que o corpo físico descanse para que possamos cuidar da alma desses irmãos. Obrigado, mais uma vez, por nos permitir ofertar o socorro aos que mais necessitam. Obrigado pela possibilidade de colocarmos nossa vida, que é eterna, aos Seus pés e sermos semeadores de Seus ensinamentos.

Toda a pequena prece foi acompanhada pelos espíritos que ali estavam em vigília e que passariam a noite vibrando amor por todos.

Era a primeira vez que eu realmente via uma equipe em socorro e, mesmo imbuído do sentimento de auxílio ao próximo, fiquei observando que não somente a casa de André estava banhada em luz, mas todas do bairro. Em algumas, contudo, a luz não penetrava.

Via também muitos espíritos se aproximarem em lágrimas pedindo ajuda. Eram acolhidos e conduzidos a lugares de refazimento.

Assim foi a noite toda. Curioso, perguntei ao companheiro que, sabiamente, me informou por que a luz não penetrava naquelas casas:

— A providência Divina acolhe os desejos dos irmãos, mas nunca se interpõe em suas decisões. Há casas onde não se deseja auxílio, e, até que peçam, isso é respeitado. Daí o socorro é levado imediatamente e com grande alegria.

Capítulo 4

Os dias foram passando, sem que o casal trocasse mais que palavras educadas. André continuava a dormir no quarto de hóspedes e cedo ia para o trabalho. Bárbara ficava em casa alimentando pensamentos ruins e, consequentemente, estava mais triste e abatida a cada dia.

Já Luísa, percebendo o abatimento e a tristeza do amante, que, inicialmente, a comunicara que não poderiam mais continuar juntos, pois Bárbara havia descoberto o caso e ele desejava manter a união, estava bajulando-o e tentando mostrar-se companheira.

Lembrava-se bem da indignação que as palavras dele lhe causaram. Luísa desequilibrou-se e foi cobrar uma providência da "Mãe de Santo", que pedia que ela tivesse paciência, que era assim mesmo e que fosse cada dia mais amorosa com ele.

André não respondia às mensagens de Luísa e não foi trabalhar por uns três dias, o que a deixou cada vez mais nervosa.

No quarto dia, quando ele chegou ao hospital para trabalhar no plantão, ela foi ter com ele.

Encontrou-o sentado no consultório de ortopedia, esperando que o paciente saísse. Luísa pediu à secretária que aguardasse, pois iria falar com o doutor rapidamente, e só encaminhasse o próximo paciente depois que ela saísse.

Ele já estava preparado para aquela conversa. Na verdade, não tinha estrutura para atendê-la, mas sabia que era necessário.

— Oi!

De cabeça baixa, ele anotava alguns dados na ficha do paciente e respondeu calmamente:

— Olá!

Ela foi direta, como era de seu perfil.

— Você, por acaso, está me evitando?

— Não. Por que faria isso?

— Porque não me atende há mais de quatro dias.

— Não podia falar com você. — As respostas eram dadas com indiferença.

Levantando a cabeça, André olhou profundamente para Luísa, analisando aquela mulher linda à sua frente.

Sabia de todos os encantos de Luísa. Ela era uma mulher forte, profissional competente, amante maravilhosa. Sabia que sentia uma paixão, uma atração física muito grande por ela, mas sabia que só havia encontrado amor, ombro e paz ao lado da esposa. Sentia o coração descompassar de tristeza e culpa.

— Mas não podia me mandar um recado?

Ela era insistente. Na verdade, Luísa acreditava que o sentimento de André era de amor e que somente se mantinha com a esposa por piedade e pela menina.

Dando um fundo suspiro e querendo adiar aquele embate, que sabia que não seria fácil, ele pediu:

— Luísa, na verdade, não creio que tenhamos muito a falar sobre isso, pois não lhe devo satisfação de meus passos e de minha vida. — E, olhando fixamente para ela, continuou: — Não tenho compromisso com você! Nunca lhe prometi nada. Sempre tivemos apenas sexo e mais nada.

As palavras duras de André a pegaram de surpresa. Não acreditava que ouviria aquilo. Pelo contrário, acreditava que agora ele se sentiria livre para bradar aos quatro ventos seu sentimento por ela.

Assim, Luísa não conseguiu dizer uma só palavra nem sentir qualquer emoção. Permaneceu parada olhando para ele e ouvindo aquelas duras palavras.

Vendo que Luísa não esboçava reação, ele continuou:

— Mas acho que devemos conversar mais tarde. Agora, há uma fila de pessoas lá fora precisando de mim. — Abrindo a porta, ele fez um gesto pedindo que ela se retirasse.

— Por favor, assim que eu estiver livre, te procuro para conversarmos. Não pense que fugirei disso.

Sem mais, ele colocou o corpo para fora do consultório e pediu em voz alta que a recepcionista convidasse o próximo paciente, deixando claro, com isso, que o assunto estava encerrado por ora.

— Verônica, chame o próximo paciente, por favor!

As consultas foram se sucedendo e, para alívio dele, chegaram emergências que o mantiveram longe de Luísa naquela noite.

Depois que saiu do consultório, Luísa tentou digerir todas as duras palavras de André, e seu coração magoado encheu-se de ódio e orgulho ferido. Pensava em como ele poderia ter dito aquilo. Como podia desprezá-la e descartá-la como se fosse um papel usado, que se amassa e joga ao longe.

Os sentimentos de Luísa eram de quem somente se apega ao outro pelo apelo físico. Não despertavam o verdadeiro sentimento, o amor e companheirismo que devem nortear os relacionamentos dos casais.

Luísa sofria verdadeiramente, mas, por conta da posse e do orgulho, não aceitava que poderia perder aquele homem para uma mulher sem graça, uma dona de casa que nem profissão tinha.

Aguardou a noite toda para falar com ele, espumando de raiva. Mas, para sua infelicidade, toda aquela confusão no hospital havia prejudicado a conversa.

De manhã, assim que passaram o plantão aos médicos que os substituiriam, ela viu André se aproximando e, em um tom calmo e agradável, perguntou:

— Você tem um tempinho para tomar café comigo?

Um sentimento de vitória tomou conta daquela mente doente.

Sorrindo e acreditando que ele estivesse arrependido, ela disse que sim.

— Aguardo você na padaria da esquina, pode ser?

Concordando, ela lhe pediu uns quinze minutos para encontrá-lo.

Já cantando vitória, ela foi ao encontro dele. Não conseguia, pelo orgulho que a dominava, notar que na voz do ex-amante não havia nenhum sentimento além de cordialidade.

André resolvera que deixar aquela situação para depois não era justo com ninguém. Por isso queria colocar uma pedra no assunto e seguir adiante com sua decisão de reestruturar seu casamento.

Quando Luísa chegou, ele já estava sentado a uma mesa mais ao canto. Aquela padaria era velha conhecida deles. Após o expediente, iam ao local para se alimentar. A padaria também era frequentada por vários pacientes e muitos colegas de trabalho.

Aproximando-se dele, Luísa sentou-se. André já havia pedido para si e para ela um chocolate quente, o que a fez sorrir. Ele conhecia seus gostos e fazia de tudo para agradá-la. Estava claro para ela que ele iria lhe pedir perdão.

— Tomei a liberdade de pedir sua bebida. Quer comer algo?

Como ela balançou a cabeça afirmativamente, ele fez um gesto com a mão, chamando a atenção do garçom.

Feitos os pedidos, eles comeram quase em silêncio. André, procurando as palavras para dizer o que queria, e ela, alimentando a ideia que vinha da fascinação de que o tinha sob seu domínio. E assim, com cada um alimentando os próprios pensamentos, fizeram a refeição.

Eu, como observador de tudo, acompanhava os envolvidos, torcendo e orando pelo desenrolar daquela teia espiritual.

Havia, ao lado deles, as companhias que os alimentavam. Ela, por sua vez, era seguida por uma legião de espíritos lascivos e orgulhosos, que a instigavam e alimentavam a ideia de que ele era um escravo sexual.

Dentre os espíritos ali presentes, um me chamou a atenção. Notei que a maioria dos irmãos adoecidos que estavam ao lado dele eram os que Luísa havia, em sua ignorância, "pagado" em retribuição a André destruir seu casamento. Contudo, aquele espírito em forma de mulher que ia de um para outro sugestionando ideias que os levariam ao descrédito e à falência dos compromissos desta encarnação era diferente.

Ela mostrava-se com um vestido branco, característico das épocas romanas, muito bonita. Resolvi, pedindo permissão à equipe a qual eu acompanhava e era liderada por Bastião, me aproximar. Como ele já conhecia minha vontade de entender a vida eterna e seus belíssimos métodos de ensinamento, permitiu que me achegasse, sem me mostrar a nenhum dos envolvidos.

Delicadamente, liguei minha mente àquela irmã, que, mesmo mistificando uma imagem bela, exalava o odor característico de quem ainda se mantém ligada às trevas mentais.

— Ela pensou que, novamente, iria manipular e ficar com ele. Não vai! Eu já disse que ele vai morrer só, doente, e sentirá eternamente toda a dor que causou.

Rindo alto, ela aproximou-se de Luísa.

— Nesta, vou alimentar o orgulho e a cobiça presentes nela. Ela acha que ele a ama. Coitada! Ele não ama ninguém, pois nunca foi capaz. Vou destruir todos vocês. Nem precisava me mandar ajuda pra acabar com o casamento dele com aquelazinha. Você só não sabia que estou aqui pra estragar o seu lado também.

Esses eram os pensamentos dela que, chegando perto de Luísa, alimentavam o orgulho e a fascinação da moça.

— Jogue seu charme. Sabe que ele não resiste aos seus encantos! Convide-o a se deitar com você. Você é mesmo uma meretriz de alma! Sabe como arrastar um homem, ainda mais este que não tem escrúpulos.

Luísa, afinizada com esses pensamentos fixos, assimilou todas as palavras da moça, que, imediatamente, foi ao ouvido do André e sugestionou:

— Esta é a mulher com quem você se deitou e que destruiu sua vida. Vai querê-la novamente? Mande-a embora sem dó nem piedade. Ela é da vida, não liga para isso. Não tenha dó nem compaixão.

Na verdade, André estava confuso. Olhava Luísa à sua frente e ora sentia por ela um carinho imenso, ora uma raiva desmedida. Ora sentia desejo, ora sentia desprezo. Balançando a cabeça, afastou os pensamentos de raiva. Não podia ofendê-la de qualquer forma.

Assim que depositou a xícara na mesa, ele sentiu a mão dela sobre a sua. Logo em seguida, Luísa perguntou:

— Vamos para minha casa? Estou com muitas saudades de você e acho que está precisando de um banho e de uma massagem relaxante.

A pergunta tinha uma carga de sedução que o deixou triste e sentindo o peso dos dias que se sucederam, em que não conseguira ter paz.

Lembrou-se de Bárbara e da criança e, mantendo esta imagem em sua mente, procurou ser firme.

Desvencilhando-se da mão dela, respondeu de forma tranquila e sem pausa.

— Luísa, eu nunca lhe dei esperança nem lhe pedi fidelidade e compromisso. Fomos ficando, e nem sei como me deixei levar e me envolver daquela forma. Mas, como você deve saber e, se não sabe, vou lhe contar agora. Minha esposa descobriu nossa aventura, e estamos passando por uma crise. Desculpe-me se lhe causei qualquer tipo de dúvida, mas eu amo minha esposa e não quero perdê-la. Nosso... nosso... Nem sei que nome dou... Seja lá o que tivemos acaba aqui!

Ela não acreditava no que estava ouvindo. Não era isso o que a entidade havia prometido. Diziam que ele a amava. Não era possível. Resolveu, com a ajuda de Vera — este era o nome da moça —, insistir.

— Como assim? Você está me abandonando? — A voz de Luísa demonstrava seu descrédito e o espanto diante do que ouvia.

— Não estou te abandonando, pois nunca tivemos nada além de sexo!!!

— Como assim só sexo? Você sabe que eu te amo!

Vendo que ela estava se descontrolando e querendo evitar um desgaste e uma exposição maior, ele apontou para o local e disse:

— Controle-se! Estamos em um local público.

Luísa disse um palavrão e que não se importava:

— Você está me descartando como se eu fosse uma prostituta, uma mulher que só serviu na cama, enquanto você não tinha nada melhor a fazer. — Os olhos dela estavam vermelhos de ódio.

Soltando um profundo suspiro, André ficou olhando para Luísa e sua vontade era confirmar que ela realmente não passava de um brinquedo sexual que o agradava, sempre pronta e acessível. Não podia, contudo, magoá-la daquela forma. Luísa não merecia; era uma grande mulher, mas ele não a amava.

— Não é isso. Não se menospreze! Você é linda, inteligente. Eu jamais pensei isso. Tivemos muitos momentos bons, mas quero voltar para minha mulher e minha família. Não quero mais traí-la. Não é você o problema. Sou eu que quero mudar.

Achando que não restava mais nada a dizer, André levantou-se, deu um beijo no alto da cabeça de Luísa e despediu-se.

— Me desculpe se em algum momento a iludi. Não foi minha intenção!

E, assim, André foi em direção à saída, pagou a conta e voltou para casa.

Experimentava ainda aquela sensação de confusão, mas seu amor por Bárbara e Lívia falava mais alto. Não podia negar que o toque daquela mulher o deixava confuso, por isso deveria se manter longe para seu bem.

Assim, foi direto para casa, pensando em tentar um novo contato com Bárbara. Ela não falava mais que o necessário com ele, mas hoje usaria outra tática. Sentia-se liberto, pronto para recuperar a vida que quase jogara fora.

Estava a caminho de casa e ia pensando em Bárbara e em como ela mudara com ele. Sabia que a esposa estava magoada, mas acreditava que isso passaria. Ele iria se esforçar, pois amava aquela mulher.

Com um suspiro, lembrou-se da imagem da amante em seus braços, pensamento que, por alguns momentos, o dominou. Sentia quase fisicamente o calor e a volúpia daquele corpo.

Sem dúvida, Luísa era uma amante maravilhosa e o atraía fortemente. Chegou a sentir saudades e arrependimento de tê-la magoado, mas sabia que, se não tivesse agido assim, fraquejaria. Era necessário.

Com todos esses pensamentos conturbados, ele chegou a casa.

Lá, encontrou Bárbara entretida com Lívia na sala. As duas brincavam com lápis de cor e papel. Assim que ele entrou, a menina foi correndo em direção ao pai e jogou-se em seus braços.

Bárbara permaneceu onde estava e somente o cumprimentou com um balançar de cabeça.

Fingindo que não havia notado a indiferença da esposa, André foi até ela e, abaixando-se, deu-lhe um beijo no rosto.

Bom dia, meu amor!

— Bom dia! — Foi o que, timidamente, ela respondeu.

Não estava esperando uma aproximação por parte dele. Desde a fatídica conversa que André não havia mais se aproximado dela.

— Está com fome? Quer tomar um café? — perguntou.

— Comi lá no hospital — respondeu ele, envergonhado de contar-lhe mais uma mentira. Sabia, contudo, que não poderia dizer que estava com Luísa.

— Vou tomar um banho e descansar um pouco. O plantão foi tenso!

Como Lívia ficava chamando sua atenção para o brinquedo e quase não o deixava falar, André achou uma boa desculpa para ficar ali próximo e deixou-se ficar um pouco mais com as duas.

O cansaço físico, contudo, dominou-o. Assim, uns quarenta minutos depois, ele despediu-se e foi para o quarto, prometendo que à tarde fariam mais desenhos.

— Quando? De tarde? — perguntava a criança em sua inocência.

Rindo, André pegou-a no colo e deu-lhe vários beijos, que produziram na alegre criança uma sonora gargalhada.

— Quando sua mãe deixar! É ela quem manda aqui! — E piscou para a esposa.

— Quando, mamãe?

Pegando a filha do colo do pai, Bárbara intercedeu, pois sabia que a filha era insistente. Queria uma resposta de tempo compreensiva à sua idade.

— Meu amor, agora o papai irá descansar um pouco. Esqueceu que ele trabalhou bastante? Assim que o almoço estiver pronto, você poderá chamá-lo. Daí, depois de comermos, já será de tarde, e você poderá mostrar todos os desenhos que fez enquanto ele dormia. Pode ser?

Assentindo com a cabeça, a menina concordou e, dando um abraço no pai, o dispensou:

— Tudo bem, papai. Pode dormir! Quando a Tereza terminar o nosso *papá*, eu chamo. — O dedinho estava em riste, garantido que ele não esqueceria.

Rindo amorosamente da filha, ele foi para o quarto com o coração mais leve.

Observadores natos que nos tornamos, estávamos ali cuidando e orando a Deus para que Bárbara conseguisse perdoar André e que ele, por sua vez, se mantivesse imbuído de sentimentos de reconstrução, que ora alimentavam suas atitudes.

Luísa permaneceu algum tempo ali, sentada, deixando-se dominar pela raiva, frustração, pelo orgulho ferido e até mesmo ciúme.

Lágrimas banhavam seu rosto, mas ela não se importou com isso. Estava tão absorvida por seus sentimentos que não via ninguém.

— Ele vai me pagar! Vai implorar para que eu o receba de volta! Quem ele pensa que é? Aquela mulher sem graça, uma derrotada, jamais pode ser melhor que eu...

Esses eram os questionamentos de Luísa que, na verdade, só a prejudicavam e faziam aumentar sua dor.

Pensava na “mãe de santo”. Ela tinha de dar conta. Prometera que André seria seu. Ela o queria e o teria a todo custo.

Luísa não via ninguém, muito menos Raimundo, que estava aguardando o horário de uma consulta e resolveu esperar tomando um café. Reconheceu-a imediatamente e estava observando toda a cena.

Vendo o desespero daquela mulher, Raimundo, em prece, pediu auxílio. Sentia necessidade de aproximar-se e oferecer-lhe apoio, mas não sabia o que fazer.

A vontade de abraçá-la e acalentá-la era imensa. Não entendia de onde vinha aquele ímpeto.

Sentindo a presença amorosa de seus mentores, pediu-lhes orientação e ouviu que aguardasse um pouco, fosse até lá e oferecesse ajuda a Luísa.

Assim, ele esperou um pouco que ela se acalmasse e, pedindo uma água, rogou ao Pai que permitisse que fosse fluidificada, colocando ali medicamentos calmantes. Depois, foi em direção à mesa da moça.

Agora, ela não chorava mais. Mantinha os olhos fixos em um ponto imaginário, sem, contudo, mover-se. Raimundo sabia que ela sofria, mas não podia fazer nada a não ser oferecer seu ombro, como sempre fazia a quem precisava.

Não sabia o que o movia, mas sentia um carinho imenso por aquela criatura. De forma insegura, com passos curtos, atravessou o ambiente e foi até ela.

— Bom dia! — disse, timidamente.

Ela, assustada, saindo do transe em que estava, olhou para aquele homem parado à sua frente com uma garrafa de água e um copo e, de pronto, respondeu:

— Não pedi água, muito obrigada! — Balançando a cabeça, tentava se lembrar se havia feito algum pedido.

Rindo da expressão de espanto dela, Raimundo apressou-se a desfazer o engano.

Colocando o copo e a água diante de Luísa, disse:

— Me desculpe! Realmente, você não fez pedido algum. Eu que achei que talvez aceitasse um copo de água.

Olhando para ele sem entender nada e não o reconhecendo, Luísa começou a achar que se tratava de uma cantada, e tudo o que ela não precisava era de um homem fazendo-lhe gracejos naquele momento. Respirando fundo, ela começou a falar de forma impaciente e com a mão fez sinal para que ele se afastasse.

— Olhe, minha manhã não está sendo fácil, e a última coisa que eu quero é alguém com gracejos, por favor!

A cara de espanto de Raimundo, ao ouvir a reprimenda um tanto grosseira de Luísa, a fez acreditar nas palavras dele. Ele, então, começou a falar, interrompendo-a:

— Acalme-se, por favor! Nem por um segundo pensei em lhe passar uma cantada. Somente achei que precisasse de uma água. Talvez não me reconheça, mas eu sou trabalhador da casa da Mãe Rosa. Eu a conheço de lá e somente gostaria de ajudá-la. Me desculpe! Não queria lhe causar um mal-estar.

Pela natureza amorosa de Raimundo, ele sentiu que estava invadindo a intimidade da moça e já ia se afastando, quando ela rapidamente o chamou:

— Desculpe! Não o reconheci mesmo. Por favor, sente-se aqui. Preciso de companhia.

Na verdade, ela queria saber informações sobre o trabalho, porque começava a achar que aquela mulher havia roubado seu dinheiro. E, naquele momento, ele era um presente, uma fonte para ela saber o que queria.

Raimundo, sem saber que a moça, dona de uma inteligência ímpar e um pensamento rápido, já havia, em segundos, visto nele uma oportunidade de investigar a mãe de santo, sentou-se.

— Por favor, sente-se! — Olhando para a água ofertada, agradeceu a gentileza.

Sem desconfiar que a moça queria saber informações e no ímpeto de ajudá-la, ele sentou-se junto dela.

— Eu lhe peço desculpas. Nem mesmo sei por que fiz isso, mas a vi aqui e senti vontade de me aproximar. Garanto, contudo, que em momento algum me veio a ideia de cortejá-la.

Sorrindo, Luísa começou a observar o rapaz sentado à sua frente. Sentia sinceridade na voz dele, mas, como não confiava nos homens, achou melhor fingir que acreditava nele.

— Você mora por aqui? Disse que trabalha no centro de Mãe Rosa, correto?

Sorrindo, ele explicou que não morava ali e, sim, que tinha uma consulta agendada para dali a uns vinte minutos. Havia parado na padaria para fazer um lanche.

— Na verdade, trabalhar no centro é modo de falar. Sou voluntário. Estou lá para auxiliar a dona Rosa.

— Faz tempo que você frequenta o centro?

— Menos de dois anos, creio — respondeu ele, pensativo, pois, realmente, não lembrava bem há quanto tempo estava lá.

— Mas você vê os espíritos? — A pergunta dela demonstrava sua real falta de conhecimento.

A expressão de curiosidade que ela fez causou no rapaz uma sonora gargalhada, que foi acompanhada por ela.

Olhando para Raimundo enquanto ele ria, Luísa notou como ele era bonito. Era um moreno alto, de corpo atlético, porte e gestos altivos, dentes alvos, todos alinhados, e lábios delineados. Ela achou uma graça as covinhas que se formavam quando o rapaz ria.

— Está rindo de mim? — perguntou ela.

— Desculpe, é que você fez uma expressão muito engraçada quando perguntou dos espíritos.

— Ah... — Foi a resposta dela.

— Perdoe-me! Mas, respondendo à sua pergunta, falo com eles e os vejo algumas vezes.

— Nossa! E você não tem medo...? — Fez uma pausa, tentando lembrar o nome dele, mas percebeu que não sabia. — Você me disse seu nome?

— Não, pior que não! É que começamos de forma meio torta. — Rindo os dois da situação, eles se apresentaram.

Raimundo explicou um pouco mais de seus dons, de forma bem leve, mas, olhando o relógio, viu que faltavam apenas dez minutos para sua consulta.

— Nossa conversa está ótima, mas tenho de ir. Está quase no horário da consulta.

— Ah, sim! Esqueci que você tinha compromisso. A conversa estava tão agradável.

— Sim, foi bom ter vindo falar com você.

— Eu digo o mesmo. Foi muito bom conhecê-lo.

Sentindo uma vontade imensa de não se afastar dela, Raimundo tratou de emendar:

— Mas, se estiver livre hoje à noite, podemos sair e continuar a conversa. — Os olhos amendoados dele a fixavam, quase implorando para que ela aceitasse.

Pensando um pouco, Luísa se deu conta de que não tinha nada a perder e, se não saísse com ele, ficaria em casa pensando naquele traidor. Por fim, aceitou o convite.

Assim, os dois trocaram os números de telefones e combinaram um local para se encontrarem logo mais à noite.

Envolvidos, os dois não viam os amigos espirituais em festa com aquele reencontro de almas tão amadas. Ele tinha a função de apoiá-la e mostrar-lhe os caminhos do Cristo. Árdua tarefa, mas ele havia se preparado e estava pronto para, ao menos, tentar.

Na hora acertada, Raimundo a aguardava no local combinado. Trajava uma camisa de manga na cor branca, calça escura e um sapato escuro. Os cabelos estavam alinhados, e a barba, feita. Usava também um perfume amadeirado para completar.

Estava nervoso com o encontro, mas não entendia bem o porquê. Não tinha nenhum tipo de atração pela moça e orava ao Pai para entender o que acontecia. Até aquele momento, contudo, não obtivera nenhuma resposta.

Ele chegou quase meia hora adiantado e tinha dúvidas se ela iria. Ouvira na casa de Mãe Rosa que era médica e uma mulher ocupada. Talvez nem fosse, mas, mesmo assim, ele ficou ali, angustiado, esperando-a.

Luísa, a seu turno, esquecera-se do encontro. Passara o dia remoendo e sofrendo o fora que levara de André. Não admitia que ele tivesse preferido "aquelazinha".

Somente quando já eram dezenove horas, Luísa lembrou-se de que havia combinado o encontro com o rapaz. Seu desejo era não ir, mas queria saber se aquela senhora era uma charlatã e acreditava que ele fosse o caminho. Apressou-se e, colocando a primeira roupa que encontrou, partiu ao encontro de Raimundo. Acabou atrasando-se mais de quarenta minutos.

Raimundo já estava conformado, achando que jantaria sozinho. Dando de ombros, fez o pedido e estava aguardando a chegada da comida, enquanto, calmamente, tomava uma taça de vinho.

Olhando o ambiente, notou vários adereços da cultura italiana. Tinham combinado de se encontrar em uma cantina e, naturalmente, havia diversos artigos que lembravam o país da Europa. Alguns deles lhe chamavam a atenção pela beleza e cor.

Estava, assim, contemplando a decoração e tentando adivinhar de que região provinha, quando Luísa chegou ao lado da mesa.

— Desculpe-me! Eu me atrasei!

Assustado com a chegada da moça, Raimundo levantou-se apressadamente e, cumprimentando-a, puxou a cadeira para que ela se sentasse.

— Boa noite! Não a vi chegar!

— Vi que estava olhando fixamente para a parede. — Sorriu ela, meio matreiramente.

Rindo, ele completou:

— Estava pensando na origem daqueles objetos. Já ia perguntar ao garçom de onde vieram.

Fazendo um aceno para o garçom, aguardou a chegada deste para fazer o pedido de Luísa. Explicou que, achando que ela não iria ao jantar e que comeria sozinho, decidiu pedir.

Acompanhando-o no vinho, Luísa fez o pedido do jantar e ali ficaram conversando amenidades.

Luísa queria saber da vida dele e não entendia o que estava acontecendo. Já havia saído com muitos homens para jantar, e todos, fora seus colegas de faculdade, sempre tinham um apelo sexual. Acreditava que tinha um ar de "mulher fácil", que pendia os relacionamentos para esse lado. Com aquele rapaz, contudo, era diferente. Parecia que ele somente queria sua amizade e não sentia que ele estivesse atraído por ela, o que a intrigava e a agradava.

— Você não tem namorada? Mora com quem?

— Moro sozinho! Minha família mora em Campinas, mas vou sempre que posso para lá. Tenho aqui alguns parentes, mas não tão próximos. E, quanto à pergunta sobre namorada, a última que tive não me deixou boas marcas nem saudade.

Seu tom de voz era calmo, mas esse não era um assunto fácil para ele.

— Como assim? — perguntou ela, curiosa.

Ele riu, mais dela do que de si. Havia percebido que Luísa era espontânea e curiosa.

— Assim... Serei bem breve, sem detalhes! Certo dia, depois de mais de um ano de namoro, descobri que ela estava mantendo um relacionamento com um colega de trabalho. Corrigindo! Não fiquei sabendo! Eu a encontrei aos beijos e abraços com ele. Nada agradável! — O tom de Raimundo era de conversa encerrada.

Luísa ficou olhando para ele e pensando em como era possível alguém trair um homem belo e querido como aquele.

— Lamento pela decepção. — Foi somente o que conseguiu falar, já pensando em si.

— E você? Tem alguém? — perguntou ele, fingindo não saber das oferendas para amarrá-la a um homem casado.

Luísa sabia que ele estava sendo simpático, pois o terreiro de Mãe Rosa era pequeno e todos deveriam saber de sua situação. Também sentia que ali estava um ser em quem podia confiar. Talvez o único em sua vida agora. Eram até engraçadas a simpatia e confiança que ele despertava nela.

— Como você percebeu hoje pela manhã, eu recebi um tremendo fora, mas sei que ele vai voltar.

Aproveitando a deixa, Luísa iniciou o assunto que a levara até ali.

— Você trabalha como voluntário na casa de Mãe Rosa, isso?

— Sim, mais ou menos isso!

— Já a conhecia antes?

— Não, na verdade um conhecido me convidou para ir ao centro e acabei incorporando no meio do salão. Então, ela me socorreu e ao obsessor e, a partir desse dia, comecei a fazer um tratamento. Assim, fui ficando.

— Você incorporou? Como é isso?

A curiosidade de Luísa era verdadeira. Ela ficava intrigada com as coisas "sobrenaturais", inclusive em sua profissão, em que via pessoas com diagnóstico clínico que as levaria a óbito, mas se recuperavam sem nenhuma explicação. Enquanto outras, que nada tinham de comprometedor, sucumbiam e morriam.

Avaliando como iria explicar a Luísa o fenômeno da incorporação, Raimundo pensou um pouco.

— Muitas pessoas acreditam que outros espíritos entram em um corpo, mas, na verdade, o fenômeno da incorporação não é bem isso. Todos nós somos antenas capazes de captar as mensagens que vêm do Alto, no entanto, em alguns a "antena" parece estar desligada ou virada para outro lado — ele explicava de forma lúdica, o que prendia a atenção dela. — Assim, quando estamos sintonizados com boas energias, captamos as mensagens do bem e, quando não estamos, captamos as mensagens dos que se afinam conosco. A incorporação é somente um jeito de captar essas mensagens. É, de forma grosseira, um acoplamento daquele que deseja ou precisa transmitir uma mensagem, o que acontece através do médium, que é quem transmite o recado.

— Mas você se lembra de tudo? Você vê o espírito perto?

A conversa foi interrompida pelo garçom, que vinha servir o jantar. Depois, pedindo licença, o rapaz se afastou.

— Você havia me perguntado...? — questionou Raimundo.

— Se você vê os espíritos que incorpora...

— Às vezes, sim. Em outras, só sentimos a energia deles. É muito complicado te explicar assim, porque é muito complexo.

— Mas como você começou? Como descobriu que era médium?

Raimundo notava que Luísa realmente queria saber. Não imaginava que, por detrás de todas aquelas perguntas, ela só queria saber se estava sendo enganada. Não queria brigar com Mãe Rosa sem armas, pois isso não seria inteligente.

Ele, então, começou a explicar os fenômenos que presenciava desde pequeno e como havia chegado até Mãe Rosa, narrativa que Luísa ouvia tranquilamente.

A conversa fluía entre os dois de forma natural.

— Então, você está lá para aprender. Você não sabe ainda como ela faz as coisas? — A pergunta tinha um tom de desânimo e decepção.

— Não é que eu não saiba... Na verdade, eu estudo o Espiritismo e leio muitos livros. Já ouviu falar de Allan Kardec? Leio as obras básicas dele e assim vou aprendendo. Mas, na verdade, queria saber como ela trabalha.

— Hum?!

Sorrindo, ela viu ali a oportunidade de perguntar.

— Então, você está ali aprendendo isso? Ela é boa nessas coisas de espiritismo?

A pergunta dela foi feita em um tom bem casual, e ele nem percebeu a dubiedade.

— Acredito que, dentro do contexto, sim. Na verdade, tudo é muito incerto. Ela sabe manipular energia, tem conhecimento, mas a chamada "macumba", como o povo entende, que seriam velas, despacho e mel, essas coisas são muito subjetivas.

— Como assim? Me explique melhor!

— Vou explicar como eu entendo e a partir de tudo o que eu li, e não pelo que eles dizem. Ou seja, vou explicar com minhas palavras.

Parando para respirar, Raimundo começou a tentar dar vida à sua ideia do que seria a manipulação de energia, cuidando para não ser mal interpretado.

— Imagine você... Me desculpe, mas você sabe que eu conheço seu caso.

Luísa não respondeu. No fundo, ficou envergonhada. Somente balançou a cabeça afirmativamente.

— Você foi lá, fez seu pedido, e os espíritos fizeram o deles à dona Rosa para fazer o dito "trabalho". Você pagou, e eles se ligaram a você e aos demais envolvidos. Assim, eles ficam ali, rondando todos vocês para que façam o que eles querem. Atiçam pessoas para fazer maledicência, provocam acidentes, ira, todos os sentimentos de baixa vibração. Até aí, tudo bem? Você entendeu?

— Sim, entendi que eles ficam perto da gente — dizendo isso, ela se virou para os dois lados, como se conferisse se havia alguém ali. Não lhe era agradável esse pensamento.

Vendo aquilo, ele não se conteve e soltou uma gargalhada, que demorou a ser controlada. Ela também acabou gargalhando.

— Cruzes! Não diga mais que eles estão perto de mim, pois morro de medo!

Após controlarem o riso, ele comentou:

— Eles não lhe farão mal. Você só sentirá a presença deles e ouvirá seus conselhos se estiver aberta para isso. Já ouviu falar que "macumba só pega em quem acredita"? Na verdade, não é bem assim. No entanto, se você colocar na sua cabeça que está sob essa influência, coisas acontecerão. Os espíritos são insistentes e não têm pressa. Vão rondá-la até que você abra uma brecha, e, assim, eles conseguirão agir.

— Deixe-me ver se entendi. Você diz que só "pega" em quem permite? A possibilidade de não "pegar" em André aguçou-lhe ainda mais a atenção.

— Sim, basicamente isso. Quando fico triste e irritado, amargo e chorando, eles aproveitam esse momento. Nunca ouviu alguém dizer "orai e vigiai"?

Ela balançou a cabeça afirmativamente.

— Então é isso! Quando estamos ligados a Deus e com fé, nada nos atinge nem abala. Sendo assim, essas energias ruins não são capazes de nos desestruturar.

Aquelas ideias eram totalmente novas para ela, que precisaria de tempo para entendê-las. Estava confusa com tanta coisa que ele lhe dizia e, mesmo que tudo ainda fosse meio fantasioso para ela, sentia confiança em Raimundo. Não sabia de onde. Talvez fosse da forma macia e tranquila como ele ensinava.

— São os espíritos que lhe ensinam essas coisas?

— Algumas! Outras, como lhe disse, eu estudo nos livros de Allan Kardec e nos livros escritos por Chico Xavier. Já ouviu falar dele?

Como ela disse que não, Raimundo, pronta e apaixonadamente, contou o que sabia daquele mineiro simples e abnegado.

Conversaram tanto que não viram a hora passar. Ele, olhando o relógio, viu que passava das vinte e três horas.

— Meu Deus! Olhe as horas! — disse, mostrando o relógio.

Ela, arregalando os olhos, espantou-se. As horas haviam passado rapidamente e a conversa tinha fluído de forma agradável.

Rindo, pediram a conta e, comentando como haviam se entretido e como a noite fora agradável, se despediram, comprometidos a repetirem aquele agradável encontro.

— Você irá à casa de dona Rosa amanhã? — perguntou ela na despedida.

— Sim, estarei lá a partir das dezoito horas! Você irá? — Ele tinha certeza da resposta pela cena que presenciara.

— Sim, com certeza! Ela terá que me explicar algumas coisas — disse de forma firme.

Assim, despediram-se, sabendo que se reencontrariam no dia seguinte.

Os dois foram cada um para seu lar, com pensamentos totalmente diferentes. Ele estava leve. Não sabia por que, mas seu coração alegrava-se em ver aquela quase estranha sorrir. Sentia um carinho terno por Luísa, mas logo afastou os pensamentos dela e começou a pensar nos afazeres do dia seguinte.

Já Luísa, acostumada a ter jantares com homens que a desejavam sexualmente, ficou intrigada com aquele que nem por um segundo a tratou como "mulher", mas sim como uma amiga, sem fazer nenhum elogio ou gracejo. Isso a intrigava, no entanto, sentia que ele era diferente.

Assim, adormeceu pensando naquele rapaz bonito, deixando de lado a raiva e o rancor, que se misturavam com a paixão e a vontade de fazer André sofrer e que ainda a dominavam.

Nenhum dos dois imaginava a alegria que os espíritos amigos sentiam naquele momento. Raimundo não tinha ideia de como havia feito o bem naquela noite.

Luiz, o protetor de Luísa, aproximou-se de Bastião com os olhos cheios de lágrimas e, pegando nas mãos do amado preto-velho, abraçou-o amorosamente, depois a mim e aos demais.

O sentimento de gratidão aquecia o coração de todos os envolvidos. Assim, convidados por Luiz, elevamos nossos pensamentos em prece:

— Amado e fiel Pai, que não se descuida dos seus e que nos dá chances infinitas de retorno aos passos do Cristo, estamos aqui para Lhe agradecer pela oportunidade de ajudar, apoiar e ver florir a semente plantada do Seu amor. Nossos amados filhos, ainda crianças envoltas em ilusões da carne, hoje têm chances grandiosas de vencer a si e a subir um pequeno e valioso degrau na evolução de suas almas. Obrigado pela oportunidade de nos ajudar e conduzir. Sabemos que as dores da carne são insuportáveis, por vezes criadas por simples caprichos e sentimentos menos nobres, como o orgulho e a vaidade. Permita-nos livrá-los dessas ervas daninhas pelos caminhos saborosos do amor e não no lamaçal da destemperança e da desilusão. Abençoe, Senhor, a todos os envolvidos, dando força, fé e sabedoria!

A pequena prece de gratidão foi acompanhada por todos que ali se encontravam e que trabalhavam para que os envolvidos pudessem se libertar das amarras das ilusões da carne.

Assim, com o coração renovado pelo sentimento de fé na sabedoria divina e na gratidão de saber que ela ali se manifestava, nos afastamos, cada um seguindo suas obrigações.

Bastião e eu saímos na companhia de Luiz, pois havia um pequeno trabalho de esclarecimento a ser feito com Luísa, e aquele momento, em que ela não estava tão revestida de mágoa, deveria ser aproveitado.

Acompanhamos a moça até sua residência e aguardamos o adormecimento do corpo físico e o despertar de sua consciência espiritual.

Ao se libertar do corpo, o primeiro pensamento dela foi em André, visto o grau de obsessão que sentia. Estava decidida a ir em busca dele, mas foi contida por seu protetor que lhe chamou a atenção:

— Luísa! Luísa! Desperte seus sentidos! Preciso falar com você, filha amada.

Meio confusa ainda, ela balançou a cabeça como se procurasse entender o que estava acontecendo.

— Querida, sou eu, Luiz!

Ouvindo seu nome e a voz amorosa de seu mentor, ela, olhando em seus olhos, tal qual criança que encontra a mãe, se jogou em seus braços e se pôs a chorar desesperadamente, contando, entre soluços e rapidamente, tudo o que havia acontecido.

— Ele me ama. Tenho que conseguir fazê-lo entender isso, mas, antes, quero que ele sofra. André terá de se rastejar aos meus pés.

Ela falava de forma ininterrupta, sem dar chance ao amigo espiritual de tentar acalentá-la. Sua ideia estava fixa em fazer o outro sofrer. Luísa havia desenhado em seu perispírito os sentimentos de ciúme, inveja e orgulho.

Não víamos amor. Havia somente o orgulho ferido por ter sido, na sua visão limitada, preterida e humilhada.

Em pensamento, o protetor daquela alma infantil e sofrida, totalmente envolta em pensamentos e sentimentos ruins, nos pediu auxílio e foi prontamente atendido.

Ela não nos via, pois não tinha condições de perceber nada. Estava centrada em sua dor. Assim, com as mãos estendidas, Pai Bastião iniciou uma prece pedindo auxílio ao mais Alto:

— Senhor, sua filha sofre e não aceita Seus desígnios. Por isso, envolta por pensamentos e sentimentos destrutivos, busca na vingança o bálsamo para suas dores, não se apercebendo que somente o amor constrói e reconstrói. Permita-nos, neste momento, acalentar e ajudar essa alma enferma a ver a infinidade de possibilidades de alegrias terrenas que se abrem para ela. Acalme seu espírito e a conduza à seara de seu amor. Pai de misericórdia e amor infinito, nos permita adormecer essa alma e levá-la para tratamento espiritual, para que, refeita, não amealhe maiores débitos!

Enquanto o mentor proferia uma sentida prece que vinha de seu coração, percebi que o quarto se iluminara com cores verde e violeta, indo diretamente para o chacra coronário da paciente. Aos poucos, Luísa começou a sentir-se cansada e adormeceu nos braços do seu protetor, que, a pegando no colo, convidou os amigos a acompanhá-lo ao hospital onde ela receberia tratamento magnético. E assim o fizeram.

Capítulo 5

Na casa de André, as coisas não estavam saindo como ele desejava.

Bárbara, abrindo brechas, deixava-se torturar e influenciar pelos espíritos enviados por Luísa. Não conseguia ouvir a voz do marido, que se irritava e sentia dentro de si crescer uma raiva incontrolável. Não tinha noção do mundo espiritual. Assim, aceitava todas as sugestões dos amigos menos esclarecidos.

Já havia se passado dois meses do fatídico dia em que descobrira a ligação amorosa dele. Nesses dois meses, André havia tentado falar, argumentar, se aproximar, mas Bárbara não lhe dava nenhuma oportunidade.

Ela não dizia nada, mas, todas as vezes que ele saía para trabalhar, a chama do ciúme e a recordação da traição reacendiam.

Tereza, sua fiel escudeira, tentava, em vão, convencê-la a dar uma nova chance ao marido, mas, para Bárbara, a cada dia que passava, percebia ser impossível.

Não sabia o que iria fazer. Não tinha emprego nem diploma, mas tinha de resolver. Assim, num dia, voltando das compras de mercado, passou por uma casa e viu que se tratava de um escritório de advocacia. Bárbara parou, entrou e, sem dizer nada a ninguém, procurou pelo profissional para que pudesse resolver seu problema ou pelo menos a orientasse sobre seus direitos de mulher traída.

André, por sua vez, mesmo diante da frieza da mulher, não imaginava o que se passava na cabeça dela e que ela desejava separar-se dele, inclusive porque não tinha salário. Na sua cabeça, isso não ocorreria.

A decisão dela, contudo, já estava tomada! Bárbara resolveu separar-se dele; apenas precisava adotar as providências legais.

Conforme a advogada a orientara, ela teria direito a uma bela pensão do marido — para ela e para a filha do casal —, sendo a traição uma forte arma para solucionar mais facilmente a situação.

Assim, sendo aconselhada pela advogada acerca dos documentos necessários e após agendar um horário de retorno, saiu mais leve do escritório.

Olhando a placa, agora mais detidamente, viu que havia três advogados naquele escritório: dois homens e a mulher que a atendera, doutora Nadir, que era muito bonita e distinta. Todos tinham o mesmo sobrenome, o que aguçou a curiosidade de Bárbara. Depois perguntaria se eram irmãos.

Não falaria nada com André até resolver tudo com a advogada. Inclusive, essa fora uma recomendação da doutora Nadir.

Pensando na mãe, resolveu que teria de contar a ela, mas tinha medo de sua reação. Naquele tempo, uma mulher divorciada não era vista com bons olhos, sendo até mesmo indesejada nas igrejas e em outros lugares considerados familiares. Isso, contudo, não incomodava Bárbara, que nem pensava nisso! Queria realmente se afastar de André, pois a proximidade com ele a estava fazendo mal.

Em sua mente, Bárbara já havia decidido que pediria a ele que saísse de sua casa e a pensão, pois era um direito seu. Afinal, tinha abandonado tudo para ficar com ele. Somente havia completado o segundo grau, mas podia encontrar trabalho.

Dando um suspiro profundo, pensava que tudo ficaria bem.

Às vezes, a própria frieza a surpreendia, pois isso não era típico de sua personalidade. Achava, porém, que era em decorrência do choque vivido.

Na verdade, ela não fazia ideia das companhias que possuía naquele momento. Havia uma legião de espíritos, quase todos encarregados de pôr fim ao relacionamento dela, acompanhando-a.

Esses espíritos haviam tentado de todas as formas influenciar e envolver André para que saísse de casa e fosse até Luísa. Ele, contudo, estava resoluto e tinha uma determinação, que vinha da certeza do amor que sentia por Bárbara e de que iria reconquistá-la. Abominava a ideia de perdê-la.

Tanto é que, após o ocorrido, alterou seus plantões e pouco via Luísa. Ela, por sua vez, tentara por duas vezes uma aproximação, mas André fora até rude, dizendo que não a queria mais e não sentia nada por ela.

Vendo que Luísa não se afastaria se não a tratasse assim, ele resolveu que seria grosseiro. Mesmo com o coração oprimido, não lhe queria mal. Gostava e admirava aquela mulher, mas tudo havia sido um erro, que deveria ser cortado pela raiz.

Assim, os três envolvidos se mantinham dentro de suas resoluções. André, trabalhando e tentando reconstruir a família; Luísa, lutando espiritualmente para destruir o casal; e Bárbara, envolvida pelas teias lançadas por Luísa, estava pronta para mudar o rumo de sua encarnação.

SEGUNDA PARTE

Capítulo 1

Luísa, mesmo com ajuda espiritual para que se libertasse da obsessão que tinha por André, não conseguia ouvir ninguém.

Adoecera a olhos vistos. Emagrecera e perdera o viço e a beleza. Somente pensava e queria que as coisas acontecessem rapidamente, que ele a procurasse e se humilhasse para ela voltar.

André achava que Luísa havia desistido, mas o que ele não sabia era que, às vezes, ela ficava quase a noite inteira parada na frente da casa dele, observando o movimento, e o seguia até o hospital.

Seu grau de desequilíbrio era tamanho que, em seu pensamento, ele não a queria porque já havia encontrado outra.

Não acreditava que André havia resolvido que não teria outra relação amorosa. Em sua cabeça, pela amante que tinha sido, isso era impossível.

Nos dois meses que se passaram, Luísa aproximou-se muito de Raimundo, a quem tinha como um bom amigo, que tentava de todas as formas ajudá-la a enfrentar e sair disso, sem nenhuma cobrança nem segundas intenções. Ele era um homem maravilhoso, pensava ela. Não entendia como não tinha uma namorada.

Ela ia todas as semanas ver a mãe de santo para cobrar a resolução do que havia pedido, e sempre lhe pediam calma.

Dona Rosa, que se dizia vidente, afirmava que o casal não estava bem. Somente não entendia a razão de André não estar com Luísa, pois via que gostava dela.

Assim, com essas informações, Luísa mantinha sua esperança alimentada, jogando preciosas cargas de energia em todo esse processo.

Raimundo, que orava muito por ela, pois nutria por Luísa um afeto verdadeiro, somente ouvia de Pai Bastião que orasse, pois, infelizmente, ela ainda não estava pronta para ser auxiliada.

A moça precisava dele, em orações e presença física, afirmando que Raimundo tinha uma grande missão com ela.

Assim, todos os dias após suas aulas e quando ela não estava de plantão, Raimundo ia ter com ela. Ou saíam para comer ou somente conversavam na casa dela.

Naquele dia, ele estava na sala de reuniões dos professores, analisando uns documentos da escola e algumas provas dos alunos, quando uma professora nova, com a qual quase nunca havia conversado, chegou.

Ela entrou educadamente e, pedindo-lhe licença, sentou-se do outro lado da mesa.

A sala era grande e havia nela armários e uma mesa redonda, que acomodava de doze a dezesseis pessoas.

A professora nova sentou-se e perguntou se sua presença atrapalhava, e ele, prontamente, respondeu que não. Estava somente corrigindo provas e preenchendo diários de aulas. Sorrindo, ela disse que era a parte que mais detestava.

Os dois começaram a conversar, e a moça, que aparentava ter de vinte e cinco a vinte e sete anos, chamava-se Dalva e era titular das matérias de Matemática e Química para os alunos secundaristas.

Assim, enquanto faziam o trabalho burocrático da profissão, começaram a conversar. Como os alunos haviam sido dispensados por conta de um problema com a bomba d'água que deixara a escola desabastecida nos banheiros e nas torneiras, resolveram adiantar os trabalhos e ficaram conversando ali por quase duas horas.

Foi quando ele, retirando da sua mochila um diário, deixou cair um exemplar de *O Evangelho Segundo o Espiritismo*, que Dalva viu rapidamente.

À época, o Espiritismo era visto com maus olhos, como se não fosse uma doutrina de amor e conforto. Tendo isso em vista, Raimundo guardou o livro, esperando sinceramente que ela não tivesse visto. Mas, para sua surpresa, ela havia visto e, sorrindo, disse:

— Não precisa guardar o Evangelho com toda essa pressa. Você é espírita ou somente está carregando peso?

Como a pergunta havia sido feita com bom humor, Raimundo descontraiu-se e respondeu no mesmo tom:

— Esses dias, mais para peso do que para guia!

Os dois riram da piada e, a partir daí, esqueceram os diários e as provas, passando a conversar sobre a doutrina e suas experiências com ela.

Raimundo descobriu que Dalva frequentava um centro espírita kardecista, em que sua tia era a diretora. Ficava um pouco afastado do centro da cidade, mas ele ficou encantado com o que ela contou e desejoso de conhecer o local.

— As sessões abertas acontecem todas as terças, às sete horas da noite, e aos sábados, às sete e meia. Se quiser, posso ir com você no sábado. O que acha? Não me proponho na terça, pois tenho aula até as nove da noite.

— No sábado, seria perfeito para mim, Dalva!

Assim, combinaram a visita ao centro para o sábado, que seria dali a quatro dias.

Olhando para o relógio, viu que Luísa passaria em dez minutos para pegá-lo. Como Raimundo não tinha carro, mas a amiga mais abastada tinha, ela sempre fazia o serviço de "chofer", como ele vivia brincando.

Naquele dia, parecia que Luísa estava muito pior. Estava irritada, ranzinza e falava somente de sua decepção amorosa e de sua sede de vingança.

Raimundo sabia, em seu íntimo, que ela não gostava de André. Luísa somente estava com o orgulho ferido, contudo, sabia que, se lhe dissesse isso, perderia a amiga querida.

Ele, então, deixou que Luísa falasse por uns dez minutos. Falava mal dos espíritos, de dona Rosa, que só mentia, enfim, de tudo e de todos.

Enquanto Luísa desabafava, Raimundo permanecia em prece. Nesses momentos, desanimava, mas sentia a presença amada de seu amigo Pai Bastão. Naquele instante, ele estava ali, sorrindo amorosamente.

"Filho, o Pai se alegra com seu amor e sua paciência. Alimente-a! Olhe para esse espírito amigo que está ao seu lado como um ser adoecido e lembre-se das palavras do Mestre: 'Os sãos não precisam de médicos'[19]".

A conversa era toda mental, e Luísa falava tão continuamente que nem percebeu que o amigo estava alheio aos seus lamentos.

"Eu sei, Pai, mas ela não quer aceitar minha ajuda. Está tão obcecada por essa vingança que não vê nada à sua frente. Às vezes, me sinto inútil."

"Meu filho, nunca diga isso! Se ela está aqui desabafando com você é porque você é o remédio certo na hora certa. Não aceite essa energia negativa que ela traz e plante mais uma vez a semente do amor, como vem fazendo.

---

19 Lucas 5:31-32.

Chegará a hora em que ela vai perceber que somente o amor é necessário e deve ser propagado. Façamos uma prece a ela", propôs o guia espiritual.

Eu, como espírito bisbilhoteiro, não me fazia ser visto. Somente acompanhava e, com amor, vibrava em favor daqueles a quem acompanhava e já me afeiçoava. Assim, acompanhei com o coração transbordando amor a prece do preto-velho em favor de todos:

"Pai de amor e misericórdia, agradecemos Sua presença no meio de nós. Agradecemos pela possibilidade de exercitar nossas virtudes, estendendo nossa mão aos que mais necessitam. Senhor, cegos pelo orgulho e pela vaidade, os irmãos encarnados cavam com suas mãos montanhas de sofrimento e amargura! Senhor, dê a nós, seus pequenos servos, a grandeza da sabedoria de poder auxiliar e orientar essa alma querida que não consegue ver todas as grandes coisas que acontecem em sua vida. Que não consegue nem mesmo agradecer pelo dom da vida e pela possibilidade de estar aqui. Peço, neste momento, em que de mãos estendidas emanamos energias salutares, que ela possa olhar ao seu redor e ver a infinidade de oportunidades. Que ela possa sentir a rudeza da vida, quando, com seu dom, ela acolhe e cuida de um irmão doente em seu trabalho e possa aprender a ver a dor do próximo, aplacando, assim, a sua. Ajude-nos a aprender a respeitar o livre-arbítrio dos irmãos, não querendo, assim, mudar os rumos traçados pela inteligência suprema. Obrigado, mais uma vez, pela oportunidade de servir e aprender a amar, pois somente o amor constrói e alimenta."

Abraçando seu protegido e depositando um beijo na cabeça da moça, Pai Bastião afastou-se, não mais se fazendo ver. Não que tenhamos nos retirado; somente nos afastamos um pouco.

Voltando sua atenção à amiga, Raimundo disse que estava morrendo de fome, desviando-se do assunto André e passando a discutir onde iriam e o que queriam comer.

Luísa andava comendo pouco e emagrecera a olhos vistos. Analisando aquela mulher ao seu lado, ficou pensando em como ela podia ser tão linda.

Estava maltratada, meio desleixada nesses últimos dias, havia emagrecido uns cinco quilos, mas continuava linda.

Após sugestões, Luísa sugeriu que fossem a uma pizzaria conhecida deles e para lá se dirigiram.

Lá chegando, ele tentou de todas as formas mudar o rumo do assunto, mas Luísa não conseguia se desligar. Falava de André, de sua ingratidão e indiferença e também dos "trabalhos" feitos por dona Rosa, que, até aquele momento, não haviam dado resultado.

— Ela me prometeu que seria rápido. Eu dei tudo o que ela me pediu e, até agora, nada! Ele continua morando lá com aquela sonsa e sem graça da mulher dele!

As palavras de Luísa vinham cheias de ódio e revolta, sentimentos de vibração pesada que chegavam a ferir o amigo, que, devido à sua alma bondosa e à mediunidade aflorada, experimentava no corpo físico seus efeitos como flechas vibratórias.

Orando em pensamento, Raimundo pedia proteção ao Alto. Queria ajudá-la, mas, verdadeiramente, não sabia mais o que fazer.

Em meio à sua prece, lembrou-se do convite feito pela colega professora e decidiu convidar Luísa para ir com ele.

— Você tem plantão no sábado? — perguntou de supetão, assim que ela deu uma trégua em sua lamúria.

— Sábado durante o dia. Saio por volta das sete horas da noite, por quê?

— Não teria como você sair um pouco mais cedo?

Parando um pouco para pensar, ela respondeu que poderia sair às seis horas e questionou novamente o que ele tinha em mente.

Respirando fundo, Raimundo começou a contar a conversa com a colega e o convite para ir ao centro que ela frequentava e que ficava em um bairro afastado. Por isso tinham de ir mais cedo, pois ele achava que a sessão começaria às sete da noite.

Luísa não se interessou muito pelo programa, pois não queria ir a um centro espírita. Queria que eles dessem logo aquilo pelo qual ela havia pagado, mas, por gostar muito da companhia do amigo e vendo que ele demonstrava o desejo de ir, concordou.

Então, combinaram ir ao centro direto do plantão dela. Ele se encarregaria de pegar o endereço certo.

O clima da mesa acabou mudando um pouco, e o assunto trilhou outros caminhos. Entre os dois, o sentimento do amor verdadeiro alicerçava-se a cada dia sem que percebessem.

Luísa era uma alma que precisava ser amada. Necessitava de um companheiro para poder caminhar ao seu lado. Não tinha problemas na vida profissional. Em todas as suas recentes encarnações sempre havia procurado trabalhar e se manter, contudo, era carente de ser amada.

Não via nem conseguia desvencilhar-se do padrão vibratório de implorar pelos sentimentos de alguém e deixava que sua cegueira emocional a colocasse em posição de pedinte emocional.

Em suas últimas encarnações, todas ao lado de Bárbara e André, Raimundo a acompanhava com seu carinho e amor, mas Luísa preferia buscar o afeto em braços que somente desejavam seu corpo físico.

Desta vez, o Pai permitiu que colocássemos os dois juntos, Raimundo auxiliando-a, confortando-a, para que ela conseguisse entender o significado do amor. Entender que amor nada tem a ver com sexo e, sim, com companheirismo.

Todos esses ensinamentos foram a mim repassados por Pai Bastião Velho, enquanto olhávamos o casal fazendo sua refeição e conversando.

Ele explicou ainda que chegara a hora de Luísa conhecer o verdadeiro Espiritismo, que vem da caridade e do amor e não alimenta a ignorância dos irmãos desencarnados. Ou seja, chegara a hora de ela crescer e Raimundo começar a realmente trabalhar na espiritualidade.

Ouvindo-o em silêncio, somente agradeci ao Pai. Já me afeiçoara verdadeiramente àquelas pessoas e orava fervorosamente para que elas se equilibrassem e cumprissem suas missões.

Capítulo 2

No sábado, conforme fora combinado no decorrer da semana, Raimundo estava na saída do hospital, esperando a amiga para irem juntos ao centro. Dalva, bondosamente, se oferecera para acompanhá-los. Iria com o marido e já os aguardava em um ponto específico do caminho.

Assim, seguiram, levados pela curiosidade e para a libertação de suas almas, sequiosas de sabedoria e paz.

O centro espírita era, como Dalva havia dito, bem simples. Ficava em um bairro bem afastado e funcionava em uma casa que fora adaptada para receber as pessoas.

Tudo estava limpinho, e as cadeiras de madeira haviam sido dispostas em filas, com um pequeno espaço na frente, que deveria servir de palco para os palestrantes.

Não havia imagens nem tambores. O aparelho de som tocava uma música bem suave, somente orquestrada, que tinha a função de harmonizar as mentes, para que, assim, pudessem se conectar com as energias do Alto.

O ambiente era todo preparado para que a paz reinasse, e Raimundo, de pronto, agradou-se do que viu. Já sua companheira procurou com um olhar de censura ver defeitos.

Achou tudo muito calmo. Estava acostumada com o terreiro de dona Rosa e sentiu-se insegura. Luísa mal sabia que todos os dois locais eram dignos da presença do Cristo, somente se diferenciando pela forma de trabalhar.

Como chegaram um pouco mais cedo, encontraram os trabalhadores terminando de organizar o local, colocando água em um recipiente e uma toalha branca na mesa que ficava no palco.

Assim que entraram, uma senhora de meia-idade logo os avistou e, com um sorriso estampado no rosto, foi ao encontro deles.

Abraçando um a um — iniciando por Dalva —, a senhora nos recebeu dando as boas-vindas. A simpatia que Raimundo sentiu pela senhora foi instantânea. Já Luísa, com sua alma mais endurecida, gostou dela, mas preferiu ficar na retaguarda.

— Sejam bem-vindos! Hoje, temos a reunião aberta ao público. Vocês já foram a uma palestra espírita ou é a primeira vez?

Rindo, Dalva e o marido fizeram gracejos dizendo que seria a primeira visita deles. Dona Cleuza, com o mesmo sorriso amoroso, entrou na brincadeira e respondeu:

— Já que esta é a primeira vez de vocês, vou explicar-lhes como funciona. — Rindo, pegou Luísa pela mão e, convidando a todos, apresentou-lhes o centro, enquanto explicava a sistemática do trabalho. — Nosso centro trabalha com a Doutrina de Kardec. Fazemos estudos sistemáticos todas as segundas à noite e aos sábados à tarde. Às terças e aos sábados à noite, realizamos as reuniões públicas, em que estudamos a visão espírita sobre vários temas de nossa vida, bem como a vida após morte e tudo que cerca nossa amada doutrina.

Toda a explicação foi realizada enquanto ela nos levava para o fundo da sala.

Aqui temos a sala de passe, onde, após a palestra, os médiuns passistas aguardam os pacientes. Rindo, dona Cleuza olhou bem nos olhos de Luísa e Raimundo e disse:

— Na verdade, penso que os que esperam ali para aplicar o passe são os verdadeiros pacientes. O trabalhador de uma casa espírita é sempre o mais necessitado de cura, sendo sua perseverança testada a todo o instante.

Nenhum dos quatro ousou interromper as explicações da doce senhora, que mostrou aos convidados todas as disposições do centro, que era bem simples, composto apenas de uma sala de reuniões, uma sala de passes, banheiros e uma cozinha no fundo.

Quando o grupo chegou à cozinha, os olhos de dona Cleuza brilharam ao descrever aquele ambiente que continha dois fogões e muitas panelas.

— Aqui está o xodó de titia, não é, minha amada?!

Dizendo isso, Dalva soltou sua mão das mãos do marido e abraçou a tia.

— Mais que meu xodó! Aqui está a realização de um pequeno sonho, que espero que cresça e floresça. — Os olhos da senhora estavam úmidos de emoção.

— Esta cozinha é recém-construída e estamos montando tudo. Na verdade, ganhamos da sociedade a maioria das panelas e esses fogões profissionais.

— Pretende montar um restaurante? — perguntou Luísa, interessada na história.

Rindo francamente, Dalva e sua tia explicaram que ali seria um local onde fariam comida para ser entregue aos mais necessitados nas praças e nos abrigos.

— Na verdade, já fazemos a sopa, que é distribuída na praça central todos os sábados. Fazemos, contudo, numa proporção bem menor, na casa de minha tia, e agora produziremos aqui. — Com os braços abertos, mostrou a cozinha como se pudessem abraçar aquele local abençoado e tão aguardado por elas.

Em meio à emoção das mulheres, Luísa e Raimundo deram-se as mãos sem perceber, mergulhando na vontade daquelas pessoas de fazer o bem. Os dois não disseram nada. Somente ficaram ali, de mãos dadas, ouvindo e sentindo-se pequenos diante de tudo o que era partilhado pela diretora daquele lugar.

Olhando para o relógio, Dalva lembrou a tia do horário da reunião. Dona Cleuza, sorrindo, pediu desculpas:

— Perdoe-me, queridos! Eu me empolgo quando adentro este local. Foram anos ansiando e trabalhando por isso. Vamos para o salão, pois já está quase na hora, e a espiritualidade não se compraz com atrasos.

Foram, então, para a sala, onde dona Cleuza iniciou a palestra com a passagem bíblica do semeador:

— Na parábola do semeador, que saiu a semear os ensinamentos do Mestre, vemos que ele não se prende ao resultado de suas sementes. Pelo contrário, ele compreende que os terrenos são diferentes e sua fertilização é individual. O terreno, que é nosso coração, tem o tempo certo de florescer e dar frutos. As ervas daninhas, que, por vezes, são nossas próprias imperfeições morais que alimentamos, configuram os verdadeiros entraves para que não germinemos e não nos tornemos a verdadeira figueira a que Jesus se refere na outra parábola.

Fazendo uma ligeira pausa, continuou:

— Queridos irmãos, temos oportunidades de nos tornar uma semelhança do Cristo em todos os momentos de nossas vidas. Temos que colocar em prática o que já sabemos em nosso coração. Ser terreno fértil significa ouvir a palavra e praticá-la. Inicialmente, pode ocorrer de errarmos, de cairmos em armadilhas, contudo, somos capazes de abafar os espinhos e regar a semente e, a partir daí, nos tornar terreno fértil...

A palestra, que durou quase uma hora, transcorreu sem que os presentes percebessem o passar do tempo, tamanha a sutileza e clareza das palavras da preceptora.

Após profunda e emocionada prece, Luísa e Raimundo foram para o passe magnético, saindo de lá com a sensação de bem-estar e leveza.

Luísa, que não tinha a mediunidade aflorada, somente se refez energeticamente, sem perceber a movimentação dos amigos espirituais.

Já Raimundo, com seu jeito calado e observador, aguçou sua visão e, em prece, pediu aos seus mentores a permissão de ver e ouvir o que fosse necessário. Assim, viu, desde a chegada, uma luz branca que vinha do Alto banhando aquela casa. Viu também os espíritos abnegados, que trabalhavam incessantemente fazendo a limpeza das pessoas, bem como a luz que vinha da mentora da diretora daquele lugar.

Sentiu uma forte emoção quando a mentora de dona Cleuza o abraçou e, em pensamento, disse:

"Demorou, mas você chegou em casa, filho! Seja bem-vindo ao trabalho! Precisamos muito de você e de sua amiga!"

Neste momento, Raimundo viu seu protetor, que, ao lado dela, somente sorria.

Raimundo, na hora, não entendeu, porque ele sempre disse que chegaria o momento de realizar outro tipo de trabalho mediúnico. Sabia que a casa de Mãe Rosa era necessária por algum motivo. Ainda possuía dúvidas acerca do motivo, mas, em seu coração, algo lhe dizia que era o resgate de Luísa. Mas isso somente o tempo lhe diria.

Na despedida, abraçando Dalva e Cleuza, garantiu-lhes que aquela era a primeira vez que ali estavam, mas que não se preocupassem pois não seria a última. Pelo contrário!

— Eu sei, meu filho! Precisamos de vocês dois! — respondeu a senhora, de forma amorosa.

Já no carro de Luísa, assumindo a direção, Raimundo questionou como ela estava e qual impressão tivera do local.

— É bem diferente da casa da Mãe Rosa.

Rindo, ele tornou a perguntar:

— Isso eu sei. Nem precisa falar. Quero saber se você gostou!

Rindo, ela respondeu diante do que já conhecia dele:

— Gostei, mas achei meio chato. Gosto das músicas da Mãe Rosa e do fato de que lá nos esclarecem sobre o que perguntamos. No entanto, voltarei aqui com você, porque sei que não vai me dar sossego.

A frase fez os dois caírem na risada. Ela tinha percebido a emoção de Raimundo e sabia que ele gostaria de voltar ao centro e a arrastaria mesmo contra a sua vontade. Então, pelo carinho e amor que tinha pelo amigo, iria sem muito reclamar.

— Credo, parece que sou um monstro e que a obrigo a fazer coisas!

Olhando fixamente para ele, Luísa fez uma careta de espanto e, dando um pequeno tapa em seu braço, continuou em tom de deboche:

— Ah, *tadinho*! Nem faz isso! Pensa que não percebo suas tramoias para que eu faça o que você quer, seu cínico! Mas quero saber o que você viu lá. E não adianta me dizer que não viu nada, pois não acredito nisso. Já o conheço um pouco.

— Vi algumas coisas — respondeu e parou. Luísa aguardou alguns instantes e insistiu. Sabia que ele não gostava de comentar o que via através de sua mediunidade.

— Fale! Largue de ser chato! Eu não vejo nada! Se você não me contar, fico como boba.

Pensando que ela estava certa e que não havia problemas em relatar sua visão, Raimundo contou-lhe tudo o que testemunhara.

Ela ficou pensativa por alguns instantes e comentou:

— Deve ser bom ver tudo isso. Queria também ter esse dom, mas não vejo nem sinto nada. — Rindo, ela completou: — Não sirvo nem para isso!

— Não diga bobagens! Você tem o poder da cura em suas mãos! Deus a abençoou com a possibilidade de estudar para poder curar e aliviar as dores dos seus irmãos em sofrimento. Este também é um dom mediúnico e nobre. Na sua profissão, você faz germinar a semente do amor ao próximo. No exato momento que o ouve, busca acalentar e lhe dar esperanças.

As palavras de Raimundo tocaram o coração de Luísa de uma forma que ela nunca imaginara. Em silêncio, absorveu as doces palavras e ficou pensando em sua vida profissional. Lembrou-se de alguns pacientes que ela acalmara com sua presença, filhos e filhas que vinham desesperados com medo de perder seus entes queridos e que ela abraçara.

Notando o silêncio da amiga, Raimundo manteve-se quieto.

Depois de alguns minutos, ela, apertando a mão de Raimundo que estava sobre o câmbio do carro, amorosamente agradeceu:

— Obrigada, meu amigo, por existir em minha vida. Por me fazer perceber que não sou o lixo humano que eu mesma quero ver em mim.

A emoção das palavras dela tocou fundo o coração daquele rapaz humilde, que somente agia com ela como seu coração pedia.

— Seria por que você também me faz muito bem?

Lágrimas corriam pela face de Luísa, que deixou as frustrações e tristezas eclodirem em seu pranto sofrido. O choro dela era de comover, tal a avalanche de lágrimas e soluços que saíam de seu peito.

O choro reprimido de Luísa — ela não se permitia demonstrar fraqueza ne frente dele ou de qualquer pessoa — fez Raimundo apiedar-se da moça.

Parando no acostamento e desligando o carro, ele a abraçou, fazendo-a repousar a cabeça em seu ombro.

Acariciando os cabelos negros e lisos daquele ser que ele tanto queria bem, Raimundo sentiu uma emoção enorme invadindo seu ser. Um desejo verdadeiro de ajudá-la a ser feliz.

— Acalme-se! — Era o que ele pedia.

Na verdade, Raimundo mantinha-se em prece e pedia a intercessão dos irmãos do Alto. Pedia também sabedoria para dizer as palavras certas e poder ajudar aquela irmã em desequilíbrio.

— Tudo irá se resolver! Eu estou do seu lado. Você não está sozinha, Luísa.

As palavras amorosas de Raimundo eram ditas com tanta doçura e com uma carga de amor tão forte que causavam nela um efeito contrário.

Na cabeça de Luísa os sentimentos de frustração e solidão entorpeciam seus pensamentos, e, naquele momento, as lágrimas de revolta que ela tanto vertera nos últimos dois anos, principalmente nos derradeiros meses, eram substituídas por tristeza e vazio. Lágrimas vertidas por aquele que ela julgava ser o amor de sua vida, mas que a desprezava, sem se importar com seu sofrimento. Isso lhe doía ainda mais, razão pela qual ela chorava de forma copiosa.

Colocando-se em oração, Raimundo calou-se e ficou acariciando os cabelos de Luísa em silêncio, deixando somente seu coração falar.

Luiz, o protetor de Luísa, estava ao seu lado emanando pensamentos de amor e derramando sobre os dois grandes energias benfazejas. Enquanto isso, Pai Bastião, que estava junto deles o tempo todo, mostrou-se ao irmão Luiz, que, em pensamento, agradeceu a presença do mentor e dos amigos que o acompanhavam.

Após um amoroso cumprimento, o preto-velho sugeriu uma prece em favor dos envolvidos, porque via também que Raimundo estava se desarmonizando.

— Elevemos nosso pensamento, nos comunicando com o mais Alto — disse ele, conclamando todos a proferirem, mentalmente, uma profunda prece. Nunca se esqueçam do poder e do socorro que vem com a prece.

Ele fez uma breve pausa e continuou:

— Pai, lhe rogamos por nossos filhos, que sofrem as consequências das ilusões pretéritas e colhem emoções pesadas, alavancadas pelo desconhecimento do Seu amor. Que a luz que vem do Senhor e de Seu amor penetre os corações aflitos, mostrando-lhes que os erros merecem conserto e não lágrimas. As lágrimas aliviam a alma, mas devem sempre preceder o próximo passo, que é o perdão de si mesmo. Que eles consigam abrir as portas dos próprios corações e sejam capazes de se banhar na fé e na perseverança de que o hoje é uma bênção e o amanhã é a nossa melhor possibilidade de corrigir o que não pudemos hoje. Rogo-Lhe ainda por nós, amado Pai, que nos permita ter sabedoria dentro desta ignorância que ainda cerca nossos sentidos, para poder ampará-los e orientá-los, ajudando a retirar os espinhos que eles plantam e, obrigatoriamente, devem colher, amenizando, assim, as feridas e as chagas de seus corações em pleno aprendizado. Que assim seja!

Lágrimas de emoção banhavam a face do orador, e de suas mãos e do seu peito saíam luzes de várias cores, atingindo os dois encarnados. As mesmas luzes também saíam dos corações dos outros espíritos que ali se mantinham em prece.

Aproximando-se de Luiz, Pai Bastião o abraçou e também a Arsênio, o guardião mais próximo de Raimundo.

Eu me mantinha sempre atento a tudo, como um mero aprendiz do bem.

Os três entabularam um diálogo sobre seus protegidos:

— Arsênio e Luiz, meus irmãos, temos que manter vigilância sobre nossa menina, para que ela não se afaste deste caminho. Tudo está seguindo o que foi determinado pelo Alto. Infelizmente, a alma dela é rebelde e está lutando entre o mal que habita e o bem que quer fazer morada — dizia Bastião.

— Infelizmente, irmão Bastião, ela ainda carrega enraizada dentro de si essa possessão por André. E o orgulho, que ela alimenta ferozmente, a impossibilita de progredir e enxergar todas as oportunidades que o Pai lhe proporciona. — Era Luiz que tristemente apontava a causa dos sofrimentos da irmã encarnada.

— Mas, graças a Deus, Raimundo se mantém focado em seus propósitos de auxílio e resgate. Ele ainda não tem a firmeza de pensamentos e não percebeu os próprios sentimentos por ela. Mas, dentro em breve, esse sentimento se tornará tão forte que ele não poderá escondê-lo de si. Tenho medo, pois que aí começarão seu martírio e sua provação, acaso não o faça na hora certa — disse Arsênio.

Entendendo o que o irmão Arsênio queria dizer, Bastião apertou levemente seu braço concordando, pediu vigilância e garantiu que estaria sempre próximo, apoiando e auxiliando.

— Filhos, eles vencerão! Espero que nesta encarnação, mas a vida é eterna e devemos respeitar as limitações das almas dos irmãos encarnados que caminham sempre a passos lentos. Precisamos manter viva a vontade de trabalho ao próximo e germinar a semente da caridade que brotou nos corações, pois que assim poderemos ajudá-los a vencer suas imperfeições, ou melhor, estando no centro espírita será mais fácil levar o consolo.

Todos concordaram com o que ele disse e ficaram conversando mais algum tempo sobre o progresso de seus pupilos.

Enquanto eles dialogavam, eram retiradas as energias mais densas do casal, que permaneceu ali abraçado por um tempo, até que Luísa, desvencilhando-se dos braços do amigo, enxugou as lágrimas e, mais refeita, pediu desculpas por sua descompostura.

— Me perdoe, não costumo me descontrolar assim. — O tom de sua voz demonstrava que ela estava mesmo envergonhada do acesso de choro.

Amorosamente acariciando a mão dela, que repousava sobre o colo em sinal de arrependimento claro, ele a repreendeu:

— Não há a perdoar, Luísa! Somos amigos! E amigos, pelo menos o que entendo desse significado, são ombros que se apoiam, braços que nos confortam quando precisamos, e companhia para festejar nossas vitórias particulares.

Sorrindo timidamente, ela assentiu, deixando novas lágrimas caírem.

— Obrigada! Você é a melhor coisa que me aconteceu nesses últimos tempos, desde que André me virou as costas e passou a me tratar como se eu fosse lixo. Agradeço a Deus por você estar comigo.

Olhando fixamente nos olhos dele, Luísa pediu:

— Não me abandone também!

Sem conter o riso, Raimundo abraçou-a novamente.

— Nem que você me toque daqui, vou fugir. Você terá de me suportar até meus derradeiros dias. Sou seu amigo.

Rindo, ela, sem graça, afastou-se dele e começou a enxugar as lágrimas.

Raimundo, disposto a mudar o rumo daqueles pensamentos, resolveu puxar outro assunto:

— Estou morto de fome! Vamos comer um delicioso cachorro-quente?

— Acharia muito estranho que você não estivesse com fome. — Os dois riram, e ele tomou a direção, colocando o carro em movimento.

A noite transcorreu sem maiores acontecimentos, e não tocaram mais em assuntos doloridos.

Após deixar o amigo em casa, Luísa seguia em direção à sua residência, quando a imagem de André voltou à sua mente. A saudade apertou seu peito, e ela decidiu rumar até a casa dele.

Parando na frente da casa, ela ficou maltratando-se ali. A residência de André estava quase às escuras, e somente uma luz se mantinha acessa. Parecia do quarto, mas ela não sabia ao certo.

Seus pensamentos de ódio, ciúme e revolta a atormentavam. Naquele momento, ela alimentava ainda mais o ciúme, que é um péssimo companheiro e a fazia imaginar a cena do casal se beijando e estando juntos.

Lágrimas de dor corriam por sua face. A descarga de energia tóxica que ela produzia para si era grandiosa, desarmonizando todo o seu sistema nervoso e físico.

O guardião de Luísa tentou orientá-la de várias maneiras a não ir para aquele local e ir para os recantos do seu lar. Ali, ele pedia que ela se afastasse da casa e seguisse seu caminho, mas o orgulho dela falava mais alto que qualquer sentimento.

Naquele momento, Luísa estava acompanhada de várias entidades que não mediam esforço para destruí-la. Espíritos que se compraziam em espalhar o mal, e, dentre todos os que estavam tentando induzi-la a se autodestruir, estava Clotilde.

Ela, que havia tempos estava rondando Luísa, mas sem conseguir ter acesso aos seus pensamentos, agora quase se acoplava ao perispírito da outra. Clotilde gargalhava, tamanha era a sua alegria em ver o estado em que Luísa se encontrava.

Em pensamento, Luiz havia pedido a ajuda de Bastião, e eu, como seu fiel companheiro, o acompanhava ali.

A presença negativa daquele espírito piorava a situação de Luísa. Enquanto os dois protetores emanavam energias para tentar anular a influência daquele espírito, eu fiquei observando-a. Depois, perguntaria sobre ela.

Clotilde, que, se estivesse encarnada, deveria ter a idade física de uns quarenta e cinco anos, vestia-se com trajes já bastante desgastados e sujos e tinha os cabelos em desalinho. Pela vestimenta, deveria ser proveniente dos idos do século 17. Seus olhos pareciam duas chamas acessas. Eram vermelhos e assustadores e deles pareciam sair faíscas de tanto ódio.

A energia de ódio que vinha dela e era direcionada a Luísa causou-me certa repulsa por aquela irmã. Assustando-me com minhas sensações, elevei meus pensamentos e, pedindo perdão ao Pai por minha pequenez, coloquei-me em prece pela irmã que deveria estar nessa busca de vingança há séculos, sem perceber o mal que causava a si mesma.

Aproximando-me dos dois amigos que se mantinham em vigilância e com pensamentos elevados, eu, mesmo envergonhado de minha fraqueza momentânea, me mantive a auxiliá-los.

Infelizmente, eles pouco conseguiam ajudar Luísa, que vibrava em perfeita sintonia com aquela mulher.

— Você foi desprezada, como merece! Você é um lixo humano! Não serve para nada!

Clotilde repetia sem parar essas frases, que eram captadas e aceitas por Luísa.

— Você não tem mais nada a fazer neste mundo! Lembra-se de quantos maridos você já roubou? De quantas famílias já destruiu? Você merece morrer e deixar as pessoas em paz! Por que não se mata?

Clotilde não estava só. Tinha junto a si uma falange de espíritos, que, na mesma sintonia que ela, se achegavam a Luísa e tentavam lhe emanar pensamentos suicidas.

O ataque à irmã era tão grande que meu coração se condoía. Em prece, coloquei-me de joelhos e elevei meus pensamentos, rogando a Deus em seu benefício.

— Pai, que tudo sabe e nos permite, com seu amor, fazer nossas colheitas, sei que essa amada filha destilou muita dor por suas encarnações pretéritas. Sei também que ora sua mente se abre para ouvir as descargas de ódio, por conta da culpa que ela carrega dentro de si. Peço, porém, ao Senhor, amado Pai, que afaste da mente dela a ideia de destruir a própria vida. A irmã precisa se fortalecer e de ajuda e socorro neste momento, para que possa resgatar seus débitos, sem, contudo, prejudicar seu adiantamento moral e o daqueles que a querem tanto mal. Eles estão enganados, Senhor, acreditando que a vingança lhes dará prazer ou aplacará suas chagas. Somente o amor cura e reconstrói. Peço-Lhe, Pai, por todos esses envolvidos, para que não mais prejudiquem a si próprios e não angariem mais débitos uns com os outros.

Terminada a oração e abrindo os olhos, vi irmão Bastião ao meu lado com lágrimas nos olhos, me abraçando, assim que me coloquei de pé.

— Meu filho, como me sinto feliz de ver como sua alma tem evoluído. Neste momento, seu coração abriu-se verdadeiramente para o amor ao próximo. Você foi capaz de sentir o amor verdadeiro, que é aquele que nos permite sentir a dor e entender o irmão sem julgamentos e cobranças.

Se eu já estava emocionado, fiquei ainda mais. Vi que tudo é aprendizado e que realmente nos libertamos de amarras quando conseguimos nos revestir da dor alheia.

Luísa estava quase dominada pelas energias de Clotilde e somente ela poderia romper esse elo por meio do seu querer, que, naquele momento, estava subjugado também pela mudança da faixa vibratória.

A espiritualidade superior, quando era permitido, utilizava vários meios para nos auxiliar. Sendo assim, como não era possível desligar Clotilde e se a situação perdurasse, Luísa, possivelmente, cometeria uma insanidade contra a própria vida, resolveram manipular energias para que um evento externo a retirasse do estupor em que se achava.

Passava por ali um carro dirigido por um vizinho de André. Vendo o veículo parado e uma mulher sozinha àquela hora, o senhor guardou seu carro e, gentilmente, buscando oferecer ajuda, foi até ela.

Batendo de leve na janela de Luísa, viu que a moça estava em prantos. Ela, inicialmente, se assustou, acreditando ser um assalto. Apavorada, acabou dando um grito bem alto.

— Boa noite! Está precisando de alguma ajuda?

Vendo que ela se assustara com sua presença, Clóvis, imediatamente, se desculpou:

— Desculpe-me. Vi que estava parada aqui e achei por bem vir lhe oferecer ajuda.

Ainda se refazendo, Luísa estava com a mão sobre o peito.

— Ave! Você me assustou! — disse ela, refazendo-se.

— Perdoe-me! Somente quis ajudá-la, mas quase a matei — disse ele, que era um senhor de meia-idade e de espírito brincalhão e alegre.

Olhando para Clóvis e um pouco mais refeita, Luísa ensaiou um sorriso tímido. Enxugando as lágrimas, retrucou ainda mal-humorada.

— Obrigada, está tudo bem. Não se preocupe! Tenho coração forte.

O tom carrancudo das palavras ditas deixou claro àquele senhor que se tratava de problemas do coração. Uma briga de casal ou um amor não correspondido.

Vendo que a intervenção do homem lhe tirava o domínio sobre sua vítima, Clotilde soltou vários impropérios e, com muito ódio, partiu para cima dele. Ela, contudo, não conseguiu atingir seu intento, que era fazê-lo se afastar, pois não tinha acesso a ele.

Clotilde não via que a espiritualidade havia criado ao redor dele algo como uma bolha de energia brilhante, que não permitia que suas energias densas atravessassem. Clóvis estava protegido não somente por seus bons pensamentos, como também por servir, naquele momento, de instrumento do amor do Pai, em pleno socorro ao próximo que precisava de seu amor fraternal.

A equipe espiritual do bem estava manipulando as energias de todos ali, inclusive as de Clotilde e de seus amigos, que, sem perceberem, cansados e fatigados com a vida de trevas e desilusão que levavam, recebiam atendimento e eram socorridos.

Muitos foram levados para tratamento no plano espiritual, e somente os mais endurecidos se mantiveram ali. Clotilde, tão centrada em sua vingança, não captou as energias benfazejas nem o recolhimento de seus comparsas.

— Ela não percebe a onda de energia revigorante que lhe emanamos? — questionei, ao ver que o corpo fluídico de Clotilde repelia as energias de variadas cores que eram captadas por alguns dos desencarnados e também pelos encarnados que agora conversavam mais tranquilamente.

Luísa, sabendo que o homem era vizinho de André, quis colher alguma informação sobre a vida do casal.

— Há quanto tempo o senhor mora aqui?

— Há mais de vinte anos. Fui um dos primeiros da rua.

— Então, o senhor conhece as pessoas que moram aqui. Sabe se há alguma casa para venda?

Pela vivência de Clóvis, ele tinha certeza de que ela não estava interessada em comprar casa alguma, não àquela hora da noite. Algo, contudo, o impedia de sair dali e não viu problema em conversar com a moça. A noite estava agradável. Um vento delicioso tornava ainda mais prazerosa a conversa com aquela linda mulher.

— Que eu saiba não há, mas conheço todos os moradores desta rua. É bem tranquilo viver aqui.

E, assim, foi apontando casa por casa e dizendo os nomes dos moradores.

— A maioria tem filhos por aqui?

— Sim, temos muitas crianças nesta rua. Elas quase sempre estão correndo de lá para cá, só não as menores.

Escolhendo as palavras para que ele não percebesse seu interesse, Luísa perguntou sobre a casa dos vizinhos dele e se havia crianças lá.

— Os vizinhos deste lado são dois senhores de mais idade. Os filhos já estão casados e creio que nem morem mais na cidade. Já a família deste lado tem uma filha ainda bem pequena. Eles são bem cuidadosos com ela, que só sai com a mãe ou a babá.

— Não tem pai?

Rindo da pergunta dela, Clóvis entendeu que, sem dúvidas, ali havia algo.

— Tem sim, mas ele é médico. Nunca fica em casa. Não vejo meu vizinho, mas as mulheres estão sempre em casa.

— Ah! — Foi o que Luísa conseguiu responder. Queria perguntar mais alguma coisa sobre o casal, mas não tinha como. Acabaria, assim, levantando suspeitas.

Olhando para o relógio, o senhor disse que já estava adiantado em seu horário e que sua esposa logo iria ver o que se passava.

— Vendo que não precisa de minha ajuda, vou recolher-me.

— Claro! Desculpe-me se estava tomando seu tempo e lhe causando problemas com sua esposa. — Ela realmente ficou envergonhada.

— De forma alguma, não se preocupe! Você não me causou aborrecimento algum. Fico feliz que não tenha sido nada.

— Obrigada pela preocupação.

Estendendo a mão, que Clóvis apertou fortemente, Luísa agradeceu novamente e se despediu, ligando o carro e indo em direção à sua casa.

Enquanto ela se afastava dali, Clotilde a acompanhava sentada no banco de trás do carro. Rindo, pensava que aguardaria o momento certo.

— Você é maldade pura e abrirá uma brecha rapidinho! — A onda de xingamentos de Clotilde era intensa, e ela tinha o prazer de dirigi-los a Luísa com verdadeira fúria.

Irmão Bastião e eu também acompanhávamos a moça, protegendo-a de si mesma naquele momento frágil.

Assim que Luísa adentrou a casa e se preparava para o descanso necessário, sempre com Clotilde por perto, em alerta para atacá-la, perguntei a irmão Bastião e a Luiz qual era o elo que as mantinha juntas e por que Clotilde somente conseguia acesso com a permissão da outra.

Colocando o braço amorosamente sobre meu ombro, o querido amigo explicou-me calmamente:

— Dentro de uma visão limitada dos seres em evolução, nossa querida Clotilde é uma das vítimas da lascívia e da beleza de Luísa, que, em uma de suas encarnações, destruiu a paz e harmonia da vida conjugal dela, fato que a levou à miséria e à depressão, causando, inclusive, o suicídio indireto de um dos filhos de Clotilde na época. Quer ver o quadro? — perguntou-me, e eu rapidamente aceitei. — Feche os olhos e concentre-se nela. Vou mostrar-lhe o quadro vivido.

Obedecendo, fechei imediatamente os olhos e, em prece, pedi ao Pai a permissão de invadir a vida pretérita daquelas pessoas.

O quadro foi se abrindo em minha mente e, de forma rápida, consegui ver uma moça linda, loira, provavelmente originária de países europeus, correndo e brincando, depois se casando e vivendo um sonho: uma cerimônia cheia de pompa e alegria. Logo mais, vi Clotilde, um pouco mais velha, com três crianças à mesa e o esposo, todos convivendo harmoniosamente. Depois, surgiu a imagem linda de uma moça exuberante, com os olhos de um azul maravilhoso, cabelos ruivos, filha de um empregado que, sem ordem e licença, encantou Jonas e o fez afastar-se da família.

Clotilde sofrera imensamente, pois o marido tinha verdadeira fascinação por Luísa, que, dona da situação e sem sentimentos verdadeiros por ele, somente se aproveitava de seu dinheiro, fazendo dele seu joguete.

Durante anos, eles foram amantes, e toda a sociedade sabia. Depois que se envolveu com Luísa, Jonas passou a maltratar a família. Se Clotilde insinuasse qualquer coisa, ele tornava-se violento e batia nela e nas crianças.

O filho mais novo, uma criança de alma sensível, foi se retraindo com toda aquela violência do pai e com a tristeza da mãe, que somente sabia se lamentar e chorar. O menino, então, acabou morrendo em decorrência de uma doença banal.

Ele, na verdade, motivado pela vontade de morrer, tinha parado de comer, o que lhe propiciou a doença.

Clotilde morreu ainda jovem, mas com uma aparência envelhecida, motivada pela tristeza que acumulava. Foram anos alimentando o ódio por Luísa e desejando uma forma de acabar com sua vida.

Na época, Luísa não buscava esconder seu desprezo pela mulher traída. Pelo contrário, fazia questão de espezinhar e machucar a outra.

Ainda naquela encarnação, Luísa era apaixonada por André, com quem mantinha um relacionamento paralelo. Como ambos eram pobres, ser amantes lhes bastava, pois aproveitavam-se do dinheiro de Jonas, que sabia dos casos da amante, mas não tinha forças para abandoná-la.

— Viu agora o porquê da simbiose[20]?

— Sim, há um acerto entre as duas, um reencontro que a vida terá que promover.

— Sim, mas não da forma como Clotilde espera. A culpa inconsciente que Luísa carrega de ter destruído este e outros casamentos, levando pessoas à ruína emocional, a faz aceitar todas essas investidas.

— Na verdade, ela pensa isso de si. Luísa acredita que não merece uma vida normal e se melhorar. Não consegue ver que a misericórdia divina lhe bate à porta para que ela entenda o verdadeiro valor do amor e vivencie isso de forma plena. Em outras vidas, nossa amiga já desenvolveu várias virtudes, como o amor que dá aos seus pacientes e o cuidado com os necessitados, contudo, por conta das necessidades sexuais e de sua baixa autoestima, não consegue entender a diferença entre amor e uma simples e dolorosa paixão.

---

20 O simples fenômeno da morte não modifica o estado moral e intelectual de quem desencarna; mas, ao contrário, faz o desencarnado sentir-se exatamente como sempre foi quando vivo, razão por que a satisfação daqueles objetivos se torna imperiosa para o Espírito inferior. Assim, na medida em que são alimentadas fixações que interessem a ambos os parceiros, fica estabelecido um vínculo, criando-se a dependência mútua em que se comprazem e que acaba por transformar-se em "necessidade". Esta parceria em geral prolonga-se por tempo indeterminado, já que é estabelecida passiva e voluntariamente, embora sem que os parceiros percebam que são os próprios promotores daquela situação. O encarnado busca continuamente alimentar-se das forças inferiores do desencarnado, o qual encontra nele a "ponte" para manter vivas as sensações físicas a que se escravizou. Muitas vezes o vínculo é tão forte e alimenta-nos a insânia com tal intensidade que a sua supressão repentina poderia provocar-nos a falência, quiçá a desencarnação. Esta **simbiose**, muito mais frequente do que se possa imaginar, é a causa, em grande proporção, dos sofrimentos na crosta planetária, onde o homem pouco afeito às atividades espirituais elevadas prefere ignorar a realidade que o aguarda e render-se aos doces embalos dos gozos materiais e paixões mundanas, atendendo, com esta atitude, ao desejo do parceiro desencarnado e transferindo-lhe as sensações por ele esperadas" (FEDERAÇÃO ESPÍRITA BRASILEIRA. **Reformador**: Revista de Espiritismo Cristão, Rio de Janeiro, ano 120, n. 2.077, abr. 2002).

Assentindo com a cabeça, fiquei em silêncio pensando em como somos pequenos e nos deixamos levar pelo sexo desvairado. Lembrei-me de mim mesmo. Revivi em silêncio o quanto, na última encarnação em minha juventude e até mesmo depois de casado, não pensava duas vezes em vivenciar os prazeres do sexo sem compromisso. Hoje, desencarnado, tenho a consciência de que a troca energética do casal vai muito além dos poucos momentos entre quatro paredes. A energia do outro se acopla ao parceiro, sendo ela boa ou ruim, e pode lhe causar desequilíbrio.

Se as pessoas pudessem ver a quantidade de energia envolvida, elas, com certeza, seriam mais cautelosas.

Desligando-me dos dolorosos pensamentos dos meus erros, comecei a prestar atenção ao atendimento energético que a equipe estava aplicando em Luísa, que se preparava para dormir.

Capítulo 3

Na casa de André, ao contrário do que Luísa pensava, as coisas não iam bem. Bárbara mal falava com ele, e, mesmo com todas as tentativas de aproximação, ela não conseguia mais ouvir a voz do marido. Não alimentava mais pensamentos de morte, mas, sim, de se divorciar dele.

Já havia preparado tudo. A advogada de Bárbara estava com a ação pronta. Naquele fim de semana, ela iria para a casa da mãe, que vivia a cerca de 100 quilômetros dali. Ficaria umas duas semanas. Como tinha dito para André, ele levaria as duas e depois as buscaria.

A real intenção de Bárbara, contudo, era sair dali, antes mesmo que ele recebesse a notícia. E assim ela fez.

Já estava com sua mãe fazia uns três dias. As duas estavam tomando café tranquilamente enquanto Lívia dormia, quando ela resolveu contar tudo à mãe.

Narrou a história rapidamente, de um só fôlego, para que a mãe não a interrompesse.

Soltando um profundo suspiro, finalizou a narrativa.

— É isso... estou deixando meu marido.

A mãe de Bárbara era uma pessoa muito sofrida, mas mantinha dentro de si a alma em profunda comunhão com Deus. Ficara viúva cedo e desde sempre vivia para sua única filha.

Tomando um gole de café, pediu ao Pai sabedoria para ajudar Bárbara. Via que ela sofria muito e, apesar da calma que demonstrava enquanto lhe contava a história e sua decisão de se separar, sabia o quanto a filha amava André.

Soltando a xícara de café, Irene segurou a mão trêmula da filha e, apertando-a amorosamente, começou a falar:

— Primeiramente, quero dizer que você não deveria ter me escondido tudo isso. Eu estaria do seu lado, como estou agora. Sou sua mãe e o que me importa é sua felicidade, com ou sem André.

As palavras da mãe provocaram, inicialmente, lágrimas silenciosas em Bárbara. Depois, uma avalanche de emoções represadas tomou conta de si, que agora se sentia protegida para extravasar.

Levantando-se, Irene abraçou a filha, que, ainda sentada, depositou a cabeça no colo da mãe e deixou as lágrimas saírem sem medo.

Irene somente acariciava os cabelos da filha e pedia-lhe calma. Esperou o tempo dela, e as ondas de soluços foram se acalmando.

— Desculpe-me, mãe! Não queria fazer essa cena.

Sorrindo, de forma a acalmar a filha, Irene soltou-se dos braços dela e foi em direção ao fogão com a intenção de fazer um chá de melissa para acalmá-la.

— Filha, você é humana! Acharia muito suspeito se não estivesse triste. Você é apaixonada por aquele homem, e ele por você. Tenho certeza disso.

— Está enganada, mãe. Ele não me ama.

Suspirando, Irene pensou em como pessoas machucadas como Bárbara, em seus sonhos e sentimentos, não conseguem ser racionais.

— Querida, independentemente de suas decisões e dos erros injustificáveis de André, acredito que os sentimentos dele sejam verdadeiros.

— Se ele me amasse de verdade, não teria me traído. Mãe, ele tinha uma amante! Não era uma aventurazinha! E nem sei se ainda não se deitam juntos e ficam comentando: "A trouxa ainda está acreditando em você? A idiota da sua mulher ainda se deita com você?". — As palavras de Bárbara estavam carregadas de despeito e de uma carga de revolta. — As pessoas daquele hospital, todos... Todos, mãe, riem de mim, lançam chacotas: "Lá vai a corna!".

Ao dizer todas essas palavras, Bárbara teve um novo acesso de lágrimas. Agora, não mais de tristeza, e sim de revolta e raiva.

— Ele me humilhou, me fez de besta! Eu a conheço. Ela esteve uma vez em minha casa. Eu servi o jantar para ela! Devem ter rido muito de mim, da coitada que nem estudo tem. Os dois médicos falando da dona de casa.

A mãe, valendo-se da experiência de vida que tinha, começou a avaliar a filha e suas emoções.

Era claro que o sentimento que ela tinha agora era de revolta. Bárbara sentia-se humilhada, diminuída pela traição e pela condição de superioridade social da outra.

— Filha, você sabia que a vida é um constante exercício do perdão? Querida, você está magoada, por isso não está conseguindo raciocinar com clareza.

— Para o que ele fez não há perdão, mãe! Ele me traiu, me humilhou. A senhora sabe o que é isso?

As palavras traziam toda a revolta de uma mulher ferida em sua fidelidade. Na verdade, a dor que ela sentia era muito maior que a que exprimia. Bárbara sentia em seu coração a chaga das traições de vidas passadas, em que dera muitas chances ao marido e o vira sempre cair nas valas da luxúria e da lascívia.

— Mamãe, acredite! Ele não merece perdão.

Abraçando-se à filha, Irene deixou que ela chorasse e, entristecida com tudo aquilo, sem saber como ajudá-la naquele momento, verteu lágrimas doloridas junto com ela.

Os dias foram passando vagarosamente naquele lugar. A única coisa que alegrava as mulheres era a presença de Lívia, que era capaz de preencher o tempo das duas.

A advogada já havia falado com André, que se recusava a aceitar a separação sem ao menos conversar com Bárbara.

Capítulo 4

— Alô? Neste número falo com o senhor André?

— Sim, é ele! Pois não?!

André estava se arrumando para ir para o hospital, quando o telefone tocou. Sem esperar que Tereza atendesse, dirigiu-se para a mesinha de canto onde o aparelho ficava.

— Aqui é a secretária da doutora Nadir, advogada de sua esposa. Ela me pediu para agendar um horário para conversar com o senhor. Quando teria um horário disponível?

— Como assim advogada da minha mulher?

O coração de André parecia querer sair pela boca, de tanta surpresa e pavor. Que assunto sua esposa teria com uma advogada?

— Senhor, o que a doutora me adiantou e me pediu para lhe dizer é que se trata do divórcio do casal. Mais que isso, somente falando com ela. Desculpe-me.

As palavras ditas educadamente pela moça caíram como uma bomba na cabeça de André, que, sem perceber, lançou vários palavrões ao telefone. Garantindo que havia um engano e que ali ninguém estava se separando, desligou o telefone, sem nem se despedir da moça.

Ficou ali prostrado, sentado na cadeira que ficava ao lado do telefone. Com a cabeça entre as mãos, chorou copiosamente.

A tristeza e a decepção consigo mesmo o consumiam, bem como o medo de perder a mulher que ele amava, sua companheira.

Lembrava-se do sorriso meigo, do carinho, da paz que ela lhe trazia, e, a cada pensamento, seu coração sofria e a culpa se abatia sobre ele.

Tereza, que ouvira a conversa, pois André não falava ao telefone, e, sim, gritava, ficou em oração. Já levara os nomes dos patrões ao centro espírita que frequentava e havia pedido oração, pois estava acontecendo uma verdadeira batalha espiritual, que eles teriam de vencer. O amor teria de falar mais alto. E assim ela orava em benefício do casal.

André ficou um bom tempo parado. As lágrimas cessaram de cair, mas sua alma estava em um verdadeiro turbilhão. Depois de ir ao banheiro, saiu para trabalhar. Não tinha como ir falar com Bárbara naquele dia nem nos dois próximos, a menos que conseguisse uma pessoa para substituí-lo em sua escala. Estava de plantão, mas, assim que conseguisse uma folga, iria atrás de sua família.

Pensou em ligar, falar com a esposa, mas desistiu da ideia. Tinha de conversar pessoalmente com Bárbara, mostrar seu amor por ela e pela filha e o quanto estava arrependido. Então, decidiu deixar para conversarem dali a uns dias, pois teria tempo de colocar as ideias em ordem.

Com a tristeza, André abria brechas para os irmãos que o rodeavam investirem sobre ele e lançarem ideias contrárias aos seus sentimentos.

Indo para o hospital, começou a pensar em Luísa, não mais com raiva, pois via que ela não tinha culpa. A imagem daquela mulher linda, sensual e apaixonada por ele voltou com força total à sua mente, de uma forma que o desejo que tinha por ela ficou forte em seu corpo.

Lembranças das noites que passaram juntos o fizeram sentir muitas saudades dela.

— Como estará Luísa? — Há tempos, André não a via nem falava com ela.

Balançando a cabeça, como se assim pudesse afastar os pensamentos, disse a si mesmo em voz alta:

— Seja sensato! O que quer saber dessa mulher? Cuide de sua vida!

Mas os pensamentos são fortes e rápidos e muitas vezes não os dominamos. Assim, permaneceu lembrando-se dela.

Na verdade, André não conseguia perceber os espíritos de energia densa ao seu lado, agindo de forma a lançá-lo de volta aos braços de Luísa.

“Deixe de bobagem! Vai ficar correndo atrás de uma mulher que não o quer, tendo uma mulher dessa, que faria qualquer coisa para voltar ao seu lado?! Lembra como ela era? Fazia tudo o que você queria. Como você vai largar uma mulher dessa?”

O espírito encarregado de lançar os pensamentos em André estava quase acoplado a ele, jogando palavras e pensamentos sobre Luísa.

Quase chegando ao hospital, André viu uma criança passar correndo. Era uma menininha bem parecida com a filha. Com essa visão, seu pensamento se voltou à família, e ele lembrou-se de Lívia.

Esse foi o momento em que seu mentor se aproximou e enquanto o envolvia com seu amor, abraçando-o, pediu gentilmente ao seu ouvido:

— Filho, lembre-se sempre de seus compromissos e do amor que essas pessoas têm por você. Elas estão magoadas por coisas que você plantou. A erva daninha que ora se mostra dominando sua colheita deverá ser arrancada pelo amor, para que, assim, as flores voltem a dominar todo o terreno.

As palavras do mentor não foram ouvidas com a nitidez que foram ditas, mas a imagem e o som do sorriso da filha e a voz melodiosa lhe pedindo colo foram suficientes para que seu padrão vibratório se elevasse.

— Jamais vou desistir de minha família. Bárbara está magoada, e com razão. Vou atrás dela o mais breve possível!

Com esses pensamentos resolutos, adentrou o hospital e trabalhou com carinho com todos os pacientes.

Uma fé e confiança habitavam seu peito. Ele acreditava que nada destruiria sua família e lutaria até o fim por ela.

Mergulhando no trabalho, procurou esquecer todos os problemas, atendendo os pacientes que chegavam com suas dores físicas e da alma.

Infelizmente, André não tinha olhos de ver que, em algumas pessoas, se mostravam somente os desvarios de sua alma doente. Se assim conseguisse, poderia ir diretamente até a causa da doença e não somente em seus efeitos.

Nos intervalos das consultas, André foi ao encontro de seus colegas para pedir que um deles trabalhasse em seus plantões e, assim, ele conseguisse ficar livre na tarde do dia seguinte.

André saiu radiante da sala de um deles. Na noite seguinte, estaria na casa da sua sogra, com sua mulher e filha. Lá, faria o possível para colocar uma pedra naquele assunto.

Quando ia saindo apressado, trombou com Luísa. Teve de ampará-la, tamanho fora o choque.

Segurando-a em seus braços, sentiu o fogo da paixão atravessá-lo. Como aquela mulher mexia com seus sentidos!

Ficou alguns segundos meio abraçado a ela e, olhando em seus olhos, teve de se concentrar para não beijá-la ali mesmo.

Balançando a cabeça, como se saísse de um transe, ele soltou-a e, rapidamente, pediu-lhe desculpas pelo incidente.

— Desculpe-me, Luísa! Não a vi. Se machucou?! — O tom era de preocupação.

Ela estava tão surpresa e emocionada que somente balançou a cabeça em sinal negativo.

Sentir o corpo dele tão próximo e o perfume característico de André reabriram todas as suas feridas, aguçando seu desejo.

Luísa ficou olhando nos olhos dele, procurando um sinal de que a saudade também lhe angustiava o peito, porém, sua torpeza emocional não permitia nada.

— Você está bem? — Ele tornou a perguntar.

— Não! Você está? — respondeu ela.

Como era um homem inteligente, André percebeu que a pergunta não tinha a ver com o incidente.

Pensando por alguns segundos, André poderia dizer a ela que sentia sua falta, mas conhecia aquela mulher ardente e maravilhosa, sabia que ela acabaria voltando para sua vida, e não era isso que seu coração queria. A sensação de "quase" perda de sua mulher o fazia refletir e ver que aquele sentimento animalesco não trazia nada de bom para ambos.

André acariciou o rosto de Luísa, pois a amava de seu jeito. Ela era uma pessoa especial.

— Luísa, não tenha dúvida alguma de que, se não houvesse Bárbara e Lívia em minha vida, eu estaria ao seu lado. Mas tenho uma família, e o preço de ficar longe é muito grande. Você é uma das mulheres mais lindas, ardentes e especiais que conheço. É uma profissional que todos admiram pela responsabilidade, pelo compromisso e amor aos pacientes. Você os conquista e conquistará também uma pessoa que mereça estar ao seu lado, se já não o fez. Olhe para o lado e verá que há alguém louco para tê-la e fazê-la feliz. Você merece ser feliz.

Como Luísa estava em silêncio e, vendo que lágrimas ameaçavam brotar, ele, tocado por um sentimento de carinho, a abraçou e disse:

— Você merece um companheiro, não ser a outra na vida de alguém. Você é maior que tudo isso, não cabe em um abraço escondido. É uma joia e tem que ser mostrada com orgulho.

Afastando-se, André colocou o rosto dela entre suas mãos e, olhando-a fixamente, deu um beijo em sua testa.

— Não pense que lhe quero mal, ao contrário! Quero que seja feliz.

Dizendo isso, André afastou-se também com lágrimas nos olhos.

Amava Luísa de outra forma. Talvez como uma companheira. Mas, infelizmente, seu coração pedia para que ficasse com sua família.

André não fazia a mínima ideia de como falaria tudo aquilo a Luísa e muito menos sabia qual seria a reação da moça, que não esperava ouvir aquelas palavras carinhosas vindas dele.

"Ele está diferente", pensou Luísa, que ficou ali no corredor, com lágrimas escorrendo por sua face, sem se importar com quem a visse olhando-o se afastar de cabeça baixa. Depois, a médica entrou em sua sala de consultas e de lá seguiu para o consultório.

Pediu para a secretária que suspendesse as consultas por alguns momentos. Precisava se recompor, e, como o encontro havia sido no corredor, a moça já imaginou qual era o motivo.

Luísa ficou sentada sozinha, durante cerca de meia hora. Não conseguia chorar nem pensar, pois estava entorpecida.

André havia sido extremamente carinhoso. Era a primeira vez que ele agia assim desde que se tornaram amantes. Ela via carinho nele. André sempre estava com pressa, querendo apenas saciar seus desejos. Nunca o vira como hoje.

Ali, ela teve a certeza de que não era um simples objeto. Mas em que isso importava?

Luísa somente saiu de seus pensamentos torturantes quando a secretária bateu à porta, perguntando se poderia mandar o próximo paciente entrar.

— Sim, me dê apenas dois minutos e pode mandá-lo entrar.

Nem ela nem André entenderam a onda de amor que envolveu aquele encontro. Não conseguiram ver a legião de irmãos abnegados, que estavam tentando auxiliá-los a despertar o sentimento fraternal, para que, assim, passassem a se ver além do corpo.

André fora intuído a mostrar a Luísa o quanto ela era valiosa e que sua alma era maior que a beleza do corpo, já utilizado como arma em tantas e tantas vidas.

Somente o amor poderia fazê-los se libertar e progredir.

— Bem, irmão Bastião, conseguimos despertá-los. Agora é com eles, creio.

Abraçando-me pelo ombro e convidando-me a visitar outras paragens, o amado mentor me disse sorrindo:

— Mais ou menos com eles. Plantamos a semente do amor em seu consciente terreno, mas essa planta já está enraizada há muito tempo dentro deles. Nesta encarnação, eles têm de aprender que o verdadeiro amor de um homem por uma mulher é provado quando não passa por cima dos sentimentos do outro. Eles devem respeitar compromissos assumidos e serem amigos.

Pensando sobre o que disse e tendo grande curiosidade, perguntei:

— Toda plantação tem sua colheita, certo?

Respondendo afirmativamente com a cabeça, irmão Bastião já se preparou para a leva de perguntas do amigo, que ansiava conhecer a intimidade dos trabalhos de ajuda aos irmãos encarnados. Queria saber como a justiça divina funcionava.

— Pelo que vi nas telas mentais de Clotilde, Bárbara, André e da própria Luísa, devido ao sexo e à paixão física que há entre eles, nunca respeitaram ninguém. Ao contrário, arrastaram muitos em vários erros, sofrimentos e até mesmo suicídios. Estou certo?

— Sim, mais uma vez está certo! — Irmão Bastião já sabia aonde ele queria chegar, mas aguardou sua pergunta.

— Pelo que percebi, Luísa e André machucaram pessoas por onde passaram. Roubaram e, direta e indiretamente, também mataram. Daí lhe pergunto: eles não teriam de fazer suas colheitas?

— Vejo que eles têm uma boa profissão, com salários bons e oportunidades imensas de serem felizes. Desculpe-me, amigo, tenho até vergonha de formular esta pergunta...

Realmente, via-se que ele estava acanhado e, sentindo piedade daquele amigo que trilhava as lides de suas próprias imperfeições, resolveu ajudá-lo.

— Quer saber onde está a sabedoria divina? — perguntou o mentor carinhosamente, enquanto o outro respondia com um balançar de cabeça.

Sorrindo amorosamente e abrindo os braços, o mestre mostrou o local onde estavam.

— Em tudo isso! A justiça divina está em tudo e nos permite reviver situações onde falhamos, para que possamos agir de forma diferente e provar a nós mesmos e ao Pai que nos despimos daquelas frestas em nosso ser. No caso em questão, eles já depuraram a questão profissional. Falo de André e Luísa. Há muito, eles são pessoas comprometidas com o lado profissional. Em outras existências, já buscaram auxiliar pessoas com seus ganhos e são corretos em seu labor, seja qual tenha sido. Hoje, eles colhem os frutos de seu empenho, que é resultado de muito estudo nas colônias onde viviam para aprender sobre o corpo humano e trabalhar na Medicina, tendo tranquilidade financeira para que pudessem, contando com a misericórdia divina, aparar as arestas da paixão destruidora que sempre tiveram um pelo outro.

Parando um pouco de falar, o irmão fechou os olhos, como a se concentrar para dizer algo. Mas, em vez disso, somente apontou para uma mulher que entrava no consultório de Luísa naquele momento.

— Olhe com atenção os sentimentos envolvidos e me diga. — Isso foi quase uma ordem.

Voltando totalmente sua atenção, volitei para perto de Luísa e procurei acompanhar a consulta.

Levantando-se de sua cadeira, Luísa atravessou a sala e recebeu a paciente com um abraço.

Era Cláudia! Seu pai era um senhor muito doente que havia tempos Luísa atendia. Às vezes, ele nem podia ir ao consultório, então a filha ia até o hospital somente para pedir-lhe socorro.

Cláudia era uma moça pequena, bonita e educada. Tinha por Luísa uma imensa gratidão pelo carinho e cuidado com seu pai, que apresentava uma imensidão de problemas físicos. Eram pessoas sem posses, que viviam de forma precária.

— Bom dia, Cláudia! Sente-se. Aconteceu algo com seu pai?

— Bom dia, doutora! Desta vez, sou eu mesma. Estou com muita dor no corpo.

— Só dor no corpo?

— Não, a garganta está trancada. Não consigo comer.

A concentração de Luísa e o sentimento de cuidado e responsabilidade faziam com que de seu peito saíssem luzes de cor violeta e azuis em direção à moça.

— Faz quantos dias isso?

— Uns três dias.

— Teve febre?

— Sim, minha mãe disse que estava bem alta.

— Cláudia, eu não acredito que você estava com febre e dor há tanto tempo e não veio me procurar. Vamos ali. Vou te examinar.

Deitando-se na maca, a moça se prestou a receber os cuidados da médica, bem como broncas, como se fosse sua mãe.

Terminado o exame, Luísa constatou que era uma infecção na garganta e passou os remédios certos. Em seguida, despediu-se da moça, pedindo que a secretária a acompanhasse até a farmácia do hospital para pegar os medicamentos.

— Mande lembranças a todos! Diga a seu pai que qualquer hora apareço lá.

Assim que Luísa iniciou o novo atendimento, ele me pediu que prestasse atenção novamente.

Era uma mãe, que olhava para a médica com certo receio e desconfiança. Seu filho estava doente, Luísa estava tratando o menino, contudo, Maria não sabia por que não gostava daquela médica tão atenciosa e que salvara a vida do seu amado filho.

— Mãe, como ele está?

— Melhorou bastante, doutora! As feridas da boca melhoraram. Ele até está comendo!

— E a febre? Teve de novo?

— Não teve. Estou dando o remédio como a senhora pediu.

— Ah, muito bem! Coloque-o ali na maca para que eu o examine.

Rodolfo era um bebê de quase dois anos. Tinha febre alta, o que possivelmente se refletia nas aftas que saíam em toda a sua boca. Pelos exames, Luísa acreditava que o menino tinha alguma infecção estomacal, e era essa a linha de tratamento que vinha seguindo.

— Mãe, pode vestir nosso mocinho. Vamos nos sentar ali de novo — disse, apontando para as cadeiras que ficavam em frente à sua mesa.

O consultório era bem simples. Havia uma mesa com duas cadeiras para os pacientes e acompanhantes e uma cadeira para o médico. Um pouco mais afastadas, separadas por um biombo, ficavam a maca e uma mesinha ao lado com o material de assepsia.

— Bem, ele realmente melhorou bastante. Está bem-disposto, até engordou uns graminhas — disse, sorrindo, enquanto anotava os dados na ficha.

Luísa conversou bastante e de maneira carinhosa com a mãe do menino, explicando de forma didática, pois que a moça também era de origem humilde. Pediu, por fim, que voltassem em quinze dias, caso a criança não tivesse febre. Com essa promessa, a mulher se despediu.

Irmão Bastião, colocando a mão em meu ombro, puxou-me para um canto da sala e, falando por meio do pensamento, continuou sua explicação anterior:

"Você notou alguma diferença no tratamento dado para algum dos pacientes?"

"Não! Ela trata a todos com respeito e muito cuidado. Luísa realmente se preocupa com eles."

"Sim, ela quer ajudá-los. Sente a dor do próximo e usa sua profissão para reparar, com amor e sem pedir nada em troca, as 'maldades' que cometeu em suas vivências anteriores. Notou alguma diferença nos pensamentos de Cláudia e nos de Maria?"

"Sim! Cláudia é grata e não tem problemas com Luísa, mas a outra, a mãe da criança, apesar de reconhecer a bondade e a eficiência da médica, ainda tem um pé atrás com ela. Senti uma onda de repulsa."

"Parabéns! Você está se saindo muito bem! A repulsa e a gratidão são facilmente explicadas. Cláudia não foi vítima de Luísa em suas encarnações passadas, logo, somente recebe o amor que ela tem pelos pacientes. Já Maria foi vítima das artimanhas e da veia sexual desregrada de Luísa em uma das últimas encarnações."

A fisionomia do mentor entristeceu-se com as lembranças daquela época. Ele continuou:

"Naquela encarnação, Luísa fez o que pôde para se tornar amante e destruir o casamento de Maria somente por capricho. Ela a fez sofrer muito. Depois que o homem — este mesmo que hoje a desposa novamente — estava apaixonado e correndo atrás dela, Luísa o 'devolveu à família', pois não o queria mais. Ela era muito bonita, caprichosa e livre."

Não me contendo, questionei:

"O senhor viveu na Terra nessa época?"

Sorrindo tristemente, ele respondeu:

"Sim, como não? Eu fui um dos muitos apaixonados e abandonados por essa dama."

Desanuviando a face, ele caiu em gargalhada, o que fez sair de seu corpo fluídico uma luz brilhante em direção a ela.

Não entendi o que eram aquelas luzes, mas depois um amigo do astral me esclareceu que eram energias do perdão, que são emanadas inconscientemente, sempre que esse sentimento é verdadeiro.

Mas, voltando à conversa, não me fiz de rogado e perguntei ao irmão Bastião sobre seu envolvimento com Luísa.

Balançando a cabeça em sinal de que sabia que as perguntas viriam, pois já me conhecia, ele esclareceu:

"Praticamente todos os envolvidos nesta encarnação, inclusive os desencarnados como eu, precisam da libertação amorosa de alguns compromissos mal cumpridos para seguirem evoluindo."

Dando uma pequena pausa, continuou:

"Não lhe direi que ficamos presos uns aos outros, nos impedindo, assim, de evoluir, porque isso não é a verdade. A evolução e o aprendizado são individuais. Mas, às vezes, nos prendemos aos laços amorosos e acabamos nos comprometendo a auxiliar os que se perderam, que ficaram para trás no processo evolutivo. Por essa razão, ficamos estacionados por algum tempo."

Como eu continuava a fixá-lo com aquele olhar de interrogação — eu havia me despido da maledicência e do julgamento, mas não da curiosidade —, ele se pôs a contar:

"Luísa sempre usou sua beleza para encantar e tirar proveito. Nunca teve pudores com sexo ou compromissos. Em época pretérita, eu era um rico comerciante. Naquele tempo, vivíamos na Europa, e ela era filha de um feirante. Não que essa fosse a designação na época. Ela sempre ia com o pai entregar os produtos pelas casas dos mais abastados. A família trabalhava bastante, porém seus ganhos não eram altos. Apaixonei-me por Luísa e dei um jeito de mandar um homem de minha confiança para saber dela. Tinha apenas quinze primaveras."

Naquele instante, fixando meu pensamento nos de irmão Bastião, consegui, com a permissão dele, é claro, ter a visão do desenrolar da situação com meus olhos espirituais. E, naquele momento, entendi o profundo compromisso que ele tinha consigo mesmo de ajudá-la a seguir um novo caminho.

Pelo que meu amado amigo e mentor me mostrou, ele, na época, seduziu a moça com seu dinheiro e sua posição na sociedade, comprando o pai e a mãe da jovem, fazendo dela sua amante e transformando-a, por fim, em uma libertina.

Acostumada a vender o corpo para ele, Luísa passou a ver o sexo como moeda de barganha para tudo o que queria. Em sua vida pretérita, ela teve vários amantes e corrompeu muitos garotos por quem se interessava e pagava por sexo.

Ela pagava aos rapazes mais novos por quem se interessava para ter prazer, pois o sexo com seu amante era-lhe motivo de tormento. Agia assim também por vingança, pois que pagava esses rapazes com o dinheiro que ele lhe dava.

Nesta vida, Luísa conheceu André e acabou corrompendo-o com o sexo fácil. Já nesta época, ela apaixonou-se por ele, que, por sua vez, somente se afeiçoou aos prazeres da carne que ela lhe proporcionava.

Naquela encarnação, a linda moça morreu em virtude de uma doença da época, aos trinta e dois anos.

Em outra oportunidade, os três encontraram-se novamente naquele amor doentio e mal curado e sucumbiram também aos apelos do sexo e do dinheiro.

Em uma nova encarnação, contudo, o amoroso Bastião retornou como pai da moça, numa ligação que o faria respeitá-la e amá-la, sanando ainda compromissos assumidos com sua esposa da época, a qual traíra com Luísa, machucando-a emocionalmente.

Quando a menina foi crescendo e se tornando uma moça, a cobiça e possessividade de Bastião cresceram também. Ele não via mais sua filha e, sim, a mesma Luísa de sempre, o que o fazia usar de sua força física e de sua autoridade sobre a moça. Quando ela completou treze anos, ele passou a abusar sexualmente dela e a manteve isolada.

A mãe, no início, não percebeu as ações do marido, mas, depois de algum tempo, entendeu o que se passava. Tentou fazer algo, porém não tinha poder nem força física para isso.

Assim, o tempo foi passando, e Luísa tornou-se novamente amante dele. Agora, ele era seu pai e amante.

Aproveitando-se de uma viagem a negócios do pai, Luísa, com a ajuda da mãe, que a queria longe, juntou seus pertences e fugiu de casa. Nunca mais souberam dela, mesmo com a busca incessante de Bastião.

A jovem foi para Roma, uma cidade em que poderia ter melhor sorte, mas, como não sabia fazer nada, novamente passou a vender seu corpo e se aproveitar dele.

Nessa encarnação, o coração de Luísa não se condoía com nada; estava empedernido, tamanhos eram seu desamor, sua tristeza e solidão.

Luísa teve sucesso como prostituta e tirou dinheiro de homens casados que se apaixonaram por ela. Um deles, em especial, um pobre ajudante da casa onde ela trabalhava, se apaixonou perdidamente pela moça, mas ela não se dava o trabalho de olhar para ele. O rapaz era pobre, Luísa não acreditava no amor entre um homem e uma mulher, e sim no proveito que poderia vir disso.

Nessa vida, o rapaz era nosso querido Raimundo, que permaneceu ao lado de Luísa como um bom amigo, amando e cuidando dela durante toda aquela encarnação e hoje ele também se mantém ao seu lado.

Abraçando-me ao meu amigo, o agradeci pela confiança em mostrar-me suas quedas, em encarnações das quais ele não se orgulhava.

"Meu querido amigo, nossa progressão moral, infelizmente, se dá pelos tropeços e pelas quedas. Nessas duas vivências, não consegui agir ao lado dela com zelo e respeito e acabei a induzindo a quedas e tristezas profundas. Hoje, tento ajudá-la a superar muitas delas.

"Todos nós temos, sem exceção, máculas em nosso passado, molas propulsoras para nosso estado emocional de hoje. O Senhor sabe que não o culpo ou condeno. O sexo e os vícios são ainda uma difícil batalha que os encarnados têm que vencer."

A emoção estava incrustada na voz dele, que, de cabeça baixa, continuou:

"Sim, meu amigo. Pesada carga! Poderia mostrar-lhe outras encarnações em que estive ao lado dela, mas o importante é que consegui vencer esse desejo e hoje tenho pela querida irmã o sentimento de amor de um pai."

Olhando para o corpo fluídico de Bastião, vi luzes de variadas cores. Eram energias tão delicadas e reconfortantes que inundaram o ambiente, atingindo até mesmo a mim. Fiz, então, uma singela prece em agradecimento ao Pai por me proporcionar vivenciar aquele momento.

Eu sentia naquelas energias emanadas pelo amigo Bastião a remissão de suas culpas, como se ali ele realmente se libertasse. Ele realmente havia aprendido o que era amar uma pessoa.

Envolvidos naquela emoção, não percebemos a presença de uma doce senhora ao nosso lado, tão submersos que estávamos em nossa conversa.

Ao vê-la, Bastião estendeu-lhe a mão, que ela pegou imediatamente e, abraçando-o, deixou que lágrimas abundantes caíssem por seu rosto.

Eu, que não havia entendido, fiquei em oração. Acreditei que se tratava de alguém comum à vivência pretérita dos dois e, vendo que era um momento só deles, dei um passo para trás para permitir-lhes a intimidade do abraço.

Após alguns minutos, os dois começaram a sorrir. Soltando-se do abraço amoroso, meu amigo chamou-me para perto deles.

— Querido amigo, como nada é por acaso, nem mesmo nossas lembranças passadas, vivi neste instante o momento que mais aguardava dentro da Eternidade.

Os dois espíritos estavam de mãos dadas. Notei que a senhora não tinha o corpo fluídico brilhante como o dele.

— Essa irmã que veio ao nosso encontro é Carmem, minha companheira das encarnações que recordamos há pouco e que eu, por ignorância e desequilíbrio, magoei e entristeci.

Soltando-se da mão dele, Carmem deu um passo à frente e me deu um longo e amoroso abraço. Senti nela uma energia de alegria e amor imensurável em palavras.

— Sim, fui Carmem — disse ela e, olhando para ele, continuou: — Há muito, venho tentando perdoá-lo por todo o erro que nos fez — disse apontando para Luísa. — Com ela eu já me reconciliei há muito. Sei que ela teve várias oportunidades de se melhorar e não quis, mas, na verdade, é a maior vítima de suas fraquezas. Ela ainda sofre.

Voltando para próximo dele, Carmem colocou-se diante de Bastião, e, pegando nas suas mãos, os dois ficaram ali, de mãos dadas, comunicando-se apenas com o olhar.

Como eu sabia que ali se encerrava uma etapa da vida deles e que os dois precisavam conversar, pedi-lhes licença e me retirei.

Depois, Bastião contou-me que havia muito pedia perdão àquela irmã, que não conseguia se libertar de todo o mal que ele tinha lhe causado, principalmente na vida em que foram os pais de Luísa. Ela culpava-se por não ter protegido e salvado a moça das loucuras dele e também das maldades que ele promoveu depois que a filha fugiu de casa.

Tomada pela fúria e pelo ciúme, espancava a mulher, bebia e a obrigava a realizar suas loucuras e seus desvarios sexuais. Tinha amantes com as quais desfilava diante dela, sem se importar com seus mais íntimos sentimentos.

Naquele dia, no entanto, Carmem fora levada até ali por amigos espirituais e viu que ele melhorara e não tinha mais qualquer sentimento por Luísa, o que a fez perdoá-lo e se predispor a retornar.

Se tudo corresse bem e dentro dos planos da espiritualidade maior, Carmem iria para o ciclo familiar de Luísa, para que os laços fossem realmente refeitos. Ela aguardava ansiosamente a oportunidade.

A providência divina entendia que aquele não era o momento. Carmem retornaria para os braços de Luísa, mas ainda estavam analisando de que forma e em que momento.

Bastião, diferentemente das duas moças, ao assumir seus erros e fazer deles uma escada de aprendizado, evoluiu e não necessitava mais reencarnar. Só o faria se assim desejasse.

Capítulo 5

Enquanto isso, na vida material, André conversou com seus colegas de profissão e conseguira se desvencilhar de seus plantões para ir ao encontro de Bárbara. Estava decidido a trazer sua família de volta para casa. Amava a esposa e adorava a filha. Seu coração estava apertado, mas tentaria de tudo.

Já fazia dois dias que a advogada entrara em contato com ele, que ficara de retornar. Antes, no entanto, decidiu que tentaria de tudo. Sabia que errara, mas não se permitiria perdê-las sem lutar.

Tomou um banho, perfumou-se, pegou duas mudas de roupa e saiu em direção à casa de sua sogra.

André trabalhara à noite, assim, saiu o mais cedo possível do hospital, pois queria tomar café com a esposa e a filha.

A casa ficava a cerca de uma hora e meia de distância de onde vivia, trajeto que ele percorreu o mais rápido possível.

Eram sete e meia da manhã quando André chegou ao bairro da sogra. Havia passado em uma padaria e comprado várias coisas de que elas gostavam.

A casa da sogra de André era simples e não muito grande. Ficava ao fundo do terreno e, na frente, havia um gramado imenso, onde ele viu espalhados os brinquedos de Lívia. A residência, toda pintada de branco, não era cercada de muros; havia somente uma cerca baixa de balaústres pintados de azul. O coração do médico parecia que iria sucumbir, tamanha era a taquicardia.

Ele estacionou o carro. Sabia que a sogra já estaria acordada, pois tinha o costume de levantar-se bem cedo. Abrindo o portão de madeira, André foi entrando e chamando-a pelo nome.

Não sabia qual seria a reação dela. Por mais que fosse uma senhora ponderada e muito amorosa, certamente estaria magoada com ele e talvez nem o quisesse receber.

Tomado por esse sentimento, André reteve o passo e aguardou que ela o atendesse. Anteriormente, teria aberto a porta e entrado, sem cerimônia.

Parado na varanda, ficou ouvindo os passos que se aproximavam da porta. Respirando fundo, pediu auxílio a Deus e aos santos de seu conhecimento, porque ali se iniciava sua prova de fogo.

A dona da casa, que estava na cozinha terminando de passar o café em seu coador de pano, ouviu uma voz chamando-a e o portão se abrindo. Não estranhou muito, pois os vizinhos costumavam fazer isso. Secando as mãos e ainda com um guardanapo entre elas, encaminhou-se até a porta da sala.

Qual não foi sua surpresa e sua alegria ao se deparar com André, que vinha com os braços carregados de coisas, embrulhos de presentes e sacolas de comida.

— Meu filho, quanta coisa! Deixe-me ajudá-lo para poder abraçá-lo, pois assim não terá jeito — disse ela em tom alegre.

As palavras amorosas foram o suficiente para que ele desabasse aos prantos. Estava preparado para ser recebido com pedras.

Ela, pegando as coisas das mãos do rapaz, colocou-as sobre o sofá que ficava ao lado da porta e abraçou-o amorosamente.

— Acalme-se! Você está em casa, e tenho certeza de que o amor prevalecerá sobre todos os outros sentimentos.

Aos poucos, ele foi se acalmando.

— Me desculpe! Não consegui me segurar.

Sorrindo, ela estendeu-lhe a mão e puxou-o para dentro de casa, pois ele ainda permanecia de pé no batente da porta.

— Venha! Vamos ver essas delícias que você trouxe. Ah, o pecado da gula!

A frase, seguida de uma careta, fez os dois rirem. Ambos sabiam que ela comia o tempo todo. Parecia uma formiga e não se envergonhava de sua gulodice.

Era uma senhora de cinquenta e três anos, magra e bonita. Não se casara novamente porque não queria. Dizia que se casara uma vez e que já fora o bastante.

Assim, pegando as sacolas de pão e os bolos, eles foram para a cozinha e juntos arrumaram a mesa.

Bárbara estava dormindo, e acharam melhor esperar que ela despertasse sozinha.

André estava ansioso para falar com a esposa, mas antes queria conversar com a sogra.

Quando já estavam sentados fazendo o desjejum, André iniciou o assunto de cabeça baixa.

— Bárbara contou à senhora...?

Tomando um gole de seu café, ela depositou a xícara na mesa e, olhando para ele, respondeu que sim.

Já reparara que André estava mais magro e bem abatido. Notara também que, assim como sua filha, o genro estava sofrendo. Em pensamentos, agradeceu a Deus por isso. Pensava: "Se está sofrendo é porque ama. E se está aqui, é porque a quer de volta". Isso a deixou feliz.

Irene sabia que teria de ajudá-los, pois sua filha era teimosa.

— Ela me contou que você se envolveu com uma colega de trabalho, uma médica.

— Sim... — ele confirmou sem levantar a cabeça, mantendo os olhos pregados em uma colher que estava em suas mãos e com a qual ele brincava nervosamente.

Vendo a dificuldade que ele tinha de falar, Irene permaneceu calada, aguardando que o genro estivesse pronto.

Irene era uma mulher católica, de fé viva, que tinha o olhar amoroso para seu semelhante. Com alma nobre, preferia ajudar em vez de julgar. Era também sensitiva e, embora não conhecesse esses termos, sabia que conseguia captar as emoções das pessoas com certa facilidade. E o que sentia era que aquele coração estava em profundo arrependimento e se maltratando com a culpa.

Sensibilizada, Irene colocou sua mão sobre a de André e disse amorosamente:

— Se o fere contar, não precisa. Não temos de rememorar nossos erros.

A amorosidade nas palavras de Irene fez, novamente, lágrimas dolorosas descerem pela face de André.

Em prece, agradeceu ao Pai. Sabia que não era o maior merecedor do amor e da misericórdia divina. Era um católico não praticante, pensava ele, mas Deus não o estava castigando. Via que estava tendo uma chance e que Irene seria sua grande aliada.

Neste momento, Bárbara adentrou a cozinha e encontrou-os calados. Irene segurava a mão de André, que se mantinha de cabeça baixa.

Os dois ouviram quando ela entrou na cozinha e olharam em sua direção no mesmo momento.

Bárbara, por sua vez, permaneceu estática, pois não imaginava que o marido estivesse ali. Ficou com vergonha, pois estava toda desarrumada e ainda de camisola.

André, ao contrário, achou-a linda. Talvez não a tivesse visto tão linda. Ela havia parado no corredor, perto da porta. Como o corredor atravessava a casa, recebia o reflexo do sol, o que dava um efeito de luminosidade a Bárbara.

Assim como a primeira vez em que a viu, ele ficou encantado e soube que a amaria pelo resto de sua vida.

Bárbara, com o coração aos saltos, não tirava os olhos dele.

Irene, percebendo a situação, resolveu ajudar a filha, que parecia não ter o que fazer. Não sabia se entrava na cozinha ou corria. Se o clima não estivesse tenso, ela teria desatado em riso, mas se conteve. A cena era um tanto emblemática.

— Filha, venha! Sente-se! — disse Irene.

Levantando-se e pegando a filha pela mão, Irene colocou-a sentada diante de André, na cadeira ao lado da sua.

— Olha que banquete temos de café da manhã! Seu marido nos presenteou! Fora a surpresa deliciosa de sua presença conosco. Nossa, esqueci de perguntar... Estou ficando velha mesmo ou a gula ao ver as sacolas me turvou a mente... Você veio para passar o fim de semana conosco, não foi? Ou esta é somente uma visita? — perguntou Irene.

Sorrindo, meio atrapalhado e envergonhado, ele limpou as lágrimas e respondeu:

— Vim passar o fim de semana com minha família.

André disse essas palavras olhando fixamente para Bárbara, que baixou a cabeça e se concentrou em se servir.

Não andava comendo muito e só se alimentava quando a mãe a obrigava. Estava, contudo, tão nervosa que começou a comer desesperadamente.

Viu que a mãe começou a contar as traquinagens de Lívia, assunto que foi aliviando a tensão e tornando o café da manhã um momento abençoado de refeição.

— Obrigada, meu São Benedito e minha Nossa Senhora, por atender ao meu pedido — dizia em prece a dona da casa.

— Amém! — respondi.

Desde o momento em que André decidiu ir em busca da reconstrução de sua família, a equipe de muitos amigos espirituais estava trabalhando em prol da harmonia do casal.

Em desdobramento, estávamos promovendo encontros do casal, para que, livres da roupagem material e sem as interferências grotescas da vida física, pudessem, juntos, revitalizar os compromissos assumidos e se libertar das mágoas.

— Agora, como a todo momento, é com eles. — Era Bastião quem interrompia meus pensamentos.

— Sim, nobre amigo! Acredito que, dentro da permissão divina, os amados trabalhadores fizeram tudo o que podiam.

— Sim. Olhe! — Mostrou-me.

Bastião referia-se aos irmãos adoecidos que, influenciados por Luísa, tinham a função de desviar as pessoas.

— Pobres almas! — Em sua voz, Bastião deixava transparecer a tristeza de ver aquelas almas presas à ilusão da necessidade de extrair energia das coisas materiais que lhes eram oferecidas e também presas à falsa alegria de provocar desunião.

Carlos, o mentor de André, aproximou-se e juntou-se a eles.

— Desejo sinceramente poder ajudá-los.

Enquanto falavam, eles foram se aproximando de um grupo composto por cinco homens. Um deles, mais feroz, se intitulava o líder e era acompanhado dos outros, que atendiam às suas ordens.

Eles estavam do outro lado da rua, ensandecidos, pois havia uma proteção invisível criada pelos amigos espirituais ao redor da casa de Irene, que eles não podiam ultrapassar.

Ficamos ali, em silêncio e sem sermos notados. Eles não podiam nos ver nem sentir nossa presença, devido ao grau de adiantamento em que nos encontrávamos. Ficamos, então, ouvindo suas estratégias de ataque.

— Não podemos entrar na casa. Veja que, do coração daquela velha, sai essa luz que protege a casa. Ela é protegida pelo povo do Cordeiro. — O tom era duro.

O homem era Bruno, que havia séculos vivia na erraticidade. Tinha pendências com André, mas, na verdade, sua alma se comprazia em fazer maldades a qualquer pessoa.

Seus seguidores eram almas sofridas, que não tinham o mesmo grau de maldade que o líder. Notamos pela leitura de seus pensamentos que dois deles estavam aterrorizados e consternados. Haviam desencarnado de forma violenta — pois levavam na Terra uma vida ligada ao crime —, assim estavam cansados.

— Estão vendo aqueles dois? — perguntou Bastião apontando para os irmãos menos esclarecidos. Estão prontos para o socorro. Observem seus pensamentos.

Concentrando nos nos homens, não percebemos que Bastião, já em pensamento, solicitara uma equipe de socorro, que rapidamente veio atender ao pedido.

— Oremos por essa dádiva, amigos! — Convidou nosso amigo, enquanto a equipe socorrista desligava os irmãos do grupo e os convidava a acompanhá-la. Eles realmente estavam prontos. Aceitaram o convite para partirem a um lugar de aprendizagem, mesmo temerosos da sanha do líder.

Então, começou a prece:

— Pai amoroso e justo, obrigado por nos dar a possibilidade de ajudar, amar e ver com os olhos do amor o desejo de progresso do irmão. Que possamos sempre, sem julgamento, sem apontar dedos ou simplesmente questionar, estender as mãos e abraçar o irmão cansado, que sofre e se arrepende. Somos caminheiros nesta seara do progresso. Que todos possamos um dia atingir a perfeição da alma, em que o amor será o revestimento de nosso ser e a caridade será nossa mãe, e a misericórdia, nosso pai. Obrigado pelo socorro ofertado nesta hora! Que os irmãos, que neste momento aceitaram ser socorridos e levados para sua casa, se fortaleçam na fé que alimenta nossa alma. Obrigado, Senhor, por aceitar nossa humilde oferta de trabalho, que não é nada diante de Sua misericórdia de nos aceitar como somos e entender que o caminhar é lento e que cair e levantar fazem parte de nossa essência. Abençoe a todos os envolvidos nesta teia evolutiva. Permita a todos o resgate necessário.

— Que assim seja! — respondemos todos nós, que, de coração enternecido e com lágrimas nos olhos, acompanhávamos a pequena oração de agradecimento.

Para os humanos, o resgate dos irmãos foi questão de segundos. A equipe socorrista, composta de espíritos abnegados, está sempre em vigília, aguardando o momento bendito de levar um irmão de volta à pátria espiritual. Assim, com o chamado de Bastião, eles se aproximaram e, criando um campo magnético ao redor dos dois, se fizeram ver, convidando-os amorosamente para acompanhá-los. Houve certa resistência, pois tinham medo de represálias. Sofriam ameaças constantes de que, se fugissem, seriam encontrados e castigados. Pobres almas, aprisionadas em si mesmas.

Assim, foram adormecidas e levadas a um hospital espiritual para que, primeiramente, fossem tratadas e depois pudessem estudar as coisas do espírito.

Bruno, o líder, estava tão absorvido que não notou a falta dos companheiros. Estava ocupado blasfemando e lançando xingamentos contra as pessoas, frases de baixo calão, que nós renunciaremos de replicar, tamanho o padrão vibratório deprimente.

Os três comparsas, então, ficaram vibrando energias deletérias durante todo o tempo em que André permaneceu na casa de Irene, sem conseguir atingi-lo ou a qualquer um dos moradores.

O dia transcorreu em uma energia agradável. Passado o choque inicial, o casal começou a conversar mais educadamente, e, aliada a isso estava a presença da criança, que, assim que acordou e ouviu a voz do pai, saiu em verdadeira disparada.

— Papai, papai! — Vinha ela, correndo pelo corredor.

O desespero da menina causou lágrimas e risos.

— É você?!

Ajoelhando-se, André abraçou-a e, pegando a garotinha no colo, rodopiou com ela, que gargalhava de alegria.

— Mamãe, papai venho me buscar!

O olhar de contentamento da garotinha era claro.

Rindo meio sem jeito, André afastou um pouco o corpo da filha para poder olhar nos olhos dela e, dando um beijo demorado em sua bochecha, respondeu:

— Vim convidar você e sua mãe para voltarem para casa, mas ainda não sei se a vovó vai deixar, se ela ainda está com muitas saudades.

Aproximando-se do ouvido dela, falou baixinho como se fosse um segredo:

— Você poderia me ajudar com elas.

Sorrindo, Lívia respondeu ao ouvido dele da mesma forma.

— Vou pedir — disse, fazendo uma caretinha matreira e colocando as duas mãozinhas na boca.

A menina não sabia da extensão do problema que a família vivia, mas seu espírito estava consciente de sua responsabilidade em ajudá-los no compromisso assumido por eles.

Tamanha era a saudade que sentia do pai que Lívia fazia de tudo para que ele suprisse todas as suas necessidades e vontades. Assim, foi André quem serviu o café à filha, fez o leite, deu banho na menina e penteou seus cabelos. Bárbara somente ficou ao lado deles, auxiliando-os.

— Lívia não é fácil! Parece que quer me mostrar que o pai é o máximo — disse Bárbara à mãe, quando as duas estavam sozinhas na cozinha.

— Filha, ela ainda é um bebê; não entende nada. Lívia só está com saudade do pai.

— E querendo que ele saia com ela para passear. Já disse isso umas cinco vezes.

Rindo, as duas continuaram a conversar.

Olhando de soslaio, Irene observou que Bárbara estava tensa com a situação, mas seu sorriso não escondia que estava feliz com a presença de André.

Acreditava que a decisão dele de ir até lá havia sido correta e lhe pediria que esperasse um pouco mais para conversar com Bárbara, que fosse ganhando terreno. O momento certo chegaria.

A sugestão de que André fosse com calma, ganhando a confiança de Bárbara, fora intuída pelos mentores que ali estavam e sabiam o que se passava no coração daquela doce mulher.

Bárbara estava passando por um momento gravíssimo em seu crescimento moral e espiritual. Ela cumprira um grande compromisso, que era o de manter a fé e não tirar a própria vida, como fizera, direta e indiretamente, nas últimas três encarnações.

Ela crescera, mas ainda tinha resquícios de traição, e a dor que sentia era mais forte que ela. Em seu inconsciente formava-se a ideia fixa de que André não era digno de sua confiança, que a trairia sempre e que, na verdade, não havia deixado Luísa.

O perdão real é necessário para que voemos livres por nossas experiências e ele ainda não estava presente no coração de Bárbara.

Lágrimas teimavam em descer por sua face, então, não querendo chorar na frente da mãe e muito menos diante do marido e da filha, Bárbara saiu em silêncio da cozinha e foi para o banheiro.

Lá, derramou um doloroso pranto. Ela não conseguia perdoar o marido. Era mais forte que ela, pensava recorrentemente.

"Por que ele me traiu? Onde eu errei? Não fui mulher o suficiente? Oh, meu Deus, por que ele fez isso comigo? Por que o Senhor permitiu? Nunca fiz nada para merecer toda essa situação".

Por mais que nós, da erraticidade, tentássemos, não era possível nos aproximar de Bárbara. A onda de energia densa que ela criava ao redor de si nos impedia de nos aproximar.

Ao redor dela foi se formando uma energia como se fosse uma onda de fumaça escura, que saía de seus poros. A cada pensamento de revolta e de mágoa, essa energia ia se tornando mais densa.

Como o mentor de Bárbara, assim como nós, não conseguia se aproximar dela, devido ao desequilíbrio da moça, nos colocamos a orar em seu favor, pedindo que a misericórdia divina acolhesse nosso pedido e enviasse auxílio.

Sem que os envolvidos percebessem, ouvimos batidas insistentes na porta do banheiro.

— Mamãe, mamãe! Abra a porta!

Enxugando as lágrimas, Bárbara foi até a pia e, abrindo a torneira, começou a lavar o rosto.

As batidas e os chamamentos continuavam insistentes.

— Calma, filha! Mamãe já vai abrir.

Enquanto tentava melhorar o aspecto do seu rosto — não queria que ninguém visse que ela havia chorado —, Bárbara ouviu a voz amorosa do marido.

— Filha, se acalme. Sua mãe já sairá. — Em seguida, virou-se para a esposa e disse: — Bárbara, desculpe! Estamos te aguardando na sala! — André desculpou-se e foi se afastando com a menina, que ia resmungando.

Como Bárbara sabia que era questão de minutos para a filha bater novamente à porta, fixou os olhos no reflexo no espelho, arrumou os cabelos e, soltando um profundo suspiro, saiu em busca dos dois.

Olhando para Eugênio, que me sorriu agradecido, eu disse:

— Uma estratégia tão simples! Podíamos ter pensado nela antes!

Todos nós, trabalhadores do Cristo, rimos.

— Ainda bem que somos em muitos e um sempre tem uma excelente ideia! Somos uma verdadeira equipe! — respondeu Eugênio, sorrindo.

A ideia no caso era intuir a filha a procurar pela mãe, retirando Bárbara daquela faixa de padrão vibratório baixíssimo.

— Aproveitando que Bárbara se desligou por alguns instantes daqueles pensamentos, vamos aplicar um passe magnético em nossa menina?

O convite foi feito por Eugênio e aceito por todos os presentes.

Assim, nós nos dirigimos para perto de Bárbara, que estava com Lívia e André na sala da casa. Os três estavam sentados no chão, olhando para um brinquedo que André trouxera.

— Filha, é um quebra-cabeça.

— Eu sei, mamãe, mas é difícil. Sem você, eu não sei fazer. — A frase foi acompanhada de uma cara de piedade, dita de cabeça baixa.

Olhando para André, os dois tentaram esconder o riso. Lívia era assim desde bebê. Quando queria ajuda, fazia charme e até os olhos da menina ficavam marejados.

Queria os dois ao seu lado, brincando com ela.

— Tudo bem, a mamãe vai ajudá-la. Ficarei aqui pertinho. Mas quem vai ajudar a mamãe da mamãe com o almoço?

A menina, não querendo se dar por vencida, fingiu que não ouvia e continuou procurando a peça.

— Não estou encontrando, mamãe.

— Lívia, falei com você! Quem ajudará a vovó?

Sem responder e sem levantar os olhos do brinquedo, a criança somente balançou os ombrinhos.

Vendo que não tinha acordo pacífico, André, escondendo o riso, disse:

— A mamãe vai te ajudar um pouquinho e depois vai ajudar a vovó. Assim ninguém fica triste, pode ser?

Como o silêncio permaneceu, André tornou a perguntar e teve como resposta um leve balançar de cabeça.

Assim, os três ficaram brincando por vinte minutos até que Bárbara foi para a cozinha ajudar a mãe.

O dia transcorreu em harmonia, e todos evitaram falar qualquer coisa que pudesse atrapalhar aquela paz.

Irene aproveitou um momento em que Bárbara foi ao banheiro com Lívia e pediu ao genro que tivesse paciência, pois achava que ela ainda não estava preparada.

— Querido, se possível, não toque naquele assunto agora. Deixe Bárbara se fortalecer mais um pouco. Pra que tanta pressa? A paciência é uma virtude.

Assentindo com a cabeça, André ficou pensando que a sogra estava certa. Iria com calma. Se Bárbara não lhe desse abertura agora, sabia que era questão de tempo.

— A senhora está certa!

Estava um tempo agradável, e André convidou-as para saírem para comer uma pizza e, à noite, os quatro foram passear.

Instintivamente, quando desceu do carro, André estendeu a mão e entrelaçou a sua na de Bárbara, que teve o ímpeto de puxá-la, mas achou melhor não.

Sentia um calor tão bom vindo dele, que se deixou ficar ali, e, assim, se encaminharam para o restaurante.

O lugar era elegante e bem aconchegante e havia nele um cantinho para entreter as crianças. Assim, ficaram somente Bárbara, Irene e André à mesa. O assunto discorreu de forma agradável, e nenhum dos três tentou tocar no assunto. Parecia que todos tinham medo do que viria.

Comeram em harmonia, tomaram um bom vinho e depois rumaram para casa.

Como a criança estava exausta por todo o movimento do dia, dormiu no colo da avó, no banco de trás, assim que entrou no carro.

Cada um que ali estava tinha o pensamento voltado para aquele momento, em que todos iriam se recolher.

Irene estava pensando em como dizer a André que não forçasse a situação com Bárbara. Já a moça estava tensa, pois não sabia como o marido iria se comportar e não queria brigar com ele. Tudo estava tão delicioso: a companhia, o abraço. Lágrimas teimosas queriam saltar de seus olhos, e ela lutou bravamente para contê-las.

André, por sua vez, já havia decidido que aquele era o caminho e que iria se conter ao máximo, mesmo ardendo de desejo de tê-la como mulher.

Conhecia a alma nobre da esposa, acreditava que o caminho estava aberto, mas tinha que reconquistá-la e não tinha pressa.

Chegando à casa da sogra, ele apressou-se a pegar a filha no colo e ficou esperando Irene abrir a porta da casa.

A menina estava visivelmente suja e precisava de um banho.

— E agora? O que faremos? Ela está imunda. — A piedade nas palavras de André era inquestionável.

Bárbara ainda quis insinuar que iria limpá-la com um pano úmido, mas foi veemente proibida pela mãe.

— Imagina! A criança está dormindo tal qual um anjo. Coloque-a na cama desse jeito. Só tire a roupinha apertada, e amanhã eu trocarei a roupa de cama. Aonde já se viu acordar o bebê?!

Rindo da sogra, André levou a criança para a cama, e, sem fazerem barulho, ele e a esposa trocaram a roupa da garotinha e a colocaram no berço, que havia na casa desde o seu nascimento para quando ela fosse visitar a avó. Na verdade, já estava na hora de trocá-lo por uma cama.

Saindo do quarto, apagaram a luz, deixando apenas o abajur ligado. Encostaram a porta, deixando uma fresta aberta para que pudessem ouvir qualquer barulho.

Na casa de Irene, havia somente três quartos. Naquele momento, um era ocupado por Lívia e lá não havia uma cama, o outro era o de Irene, e o último fora mobiliado para o casal.

Irene estava na sala pensando em como iria falar com André, mas ele, notando o ar de constrangimento das duas, se antecipou:

— Irene, você teria um colchão para que eu durma aqui na sala? Ou melhor, somente um travesseiro e uma coberta? Posso dormir no sofá mesmo.

As duas trocaram um olhar rápido. Bárbara, sem perceber, soltou um suspiro de alívio.

— Por que você não dorme no quarto de vocês, e Bárbara dorme comigo? Minha cama é de casal e cabe nós duas. Pode ser, filha?

— Sim, acho perfeito! Suas coisas já estão lá. Assim, você descansa melhor.

— Vocês que sabem. Já dormi em tantos sofás bem ruins.

— Não, já está decidido! Bárbara, ajude André a se organizar no quarto e depois, se quiser, vá dormir comigo. Já estou indo. Aquele vinho me deixou altinha.

Rindo, a amorosa senhora depositou um beijo na face de cada um e foi para seu quarto.

Em seu coração, Irene rezava para que a filha não aparecesse, mas, para sua tristeza, tinha certeza de que ela iria.

— Vamos lá. Vou pegar minhas coisas e arrumar a cama para você.

Chegando ao quarto, Bárbara pegou suas coisas e as depositou sobre a cama. Dirigindo-se até o guarda-roupa, ela tirou de lá um travesseiro para o marido e colocou uma fronha nova, enquanto ele retirava a colcha da cama.

O pensamento de André estava a mil por hora, assim como seus batimentos cardíacos. Queria pedir à esposa que ficasse, mas não tinha coragem.

Ela, amorosamente e sem pressa, arrumou a cama para ele, que ficou a olhá-la, sem se mover.

Assim que terminou de arrumar a cama, Bárbara pegou sua roupa de dormir e já ia se despedindo, quando André, não aguentando, a puxou pela mão, a abraçou e beijou seus cabelos. Ele a manteve assim, presa em seus braços, e não ficou com vergonha de deixar as lágrimas caírem na frente da esposa. Chorou copiosamente, abraçado a ela.

Nenhuma palavra foi dita.

Após um tempo abraçados e deixando as lágrimas se misturarem, ela se afastou. Não estava preparada para se entregar àquele homem. Havia muita dor em seu ser. Não confiava mais nele.

— Me deixe ir — pediu Bárbara, com a voz sumida.

— Não, fique! Prometo que não vou tocá-la. Somente durma aqui — disse André, olhando nos olhos dela. Pelo que vivera com ele, Bárbara sabia que ele não a forçaria nada.

— Não sei... não seria precipitação?

— Não, somente quero senti-la ao meu lado, por favor! Não quero brigas nem acredito que este seja o momento de conversarmos e decidirmos nosso futuro. Você e eu precisamos nos fortalecer para conversarmos.

Balançando a cabeça afirmativamente, ela baixou os olhos e aceitou, timidamente, o convite do marido.

Rindo alto, ele a abraçou.

— Obrigado por esse voto de confiança.

Soltando um sorriso tímido, Bárbara foi tomar banho e se vestir.

Estava cansada e sabia que ele também deveria estar exausto. Tomou um banho rápido e logo foi para a cama, encontrando-o já deitado.

— Já fui ver Lívia. Está tudo bem! — Ele avisou, porque sabia que ela perguntaria ou iria até lá para conferir se a menina dormia. Era quase um ritual noturno para ela.

Somente ela saberia dizer o misto de emoções que estava dentro de seu ser. Seu consciente queria estar ali. Emocionava-se com a oportunidade de tê-lo ao seu lado, mas seu inconsciente, levado pelas lembranças de vidas pretéritas, a advertia para que fugisse, pois ele era um traidor recorrente.

Bárbara sentia um amor tão grande por André e, ao mesmo tempo, uma aversão, como se ele pudesse destruir tudo, começando pela sua esperança na vida.

Era uma briga interna que somente ela poderia resolver.

Bárbara deitou-se ao lado do marido, que puxou a coberta que dividiriam e a cobriu. Aproximando-se, ele a abraçou.

— André, você prometeu! — A voz de Bárbara demonstrava seu medo.

Puxando seu corpo para mais perto, ele disse, carinhosamente, ao ouvido dela:

— E vou cumprir! Somente quero dormir com você em meus braços.

Ainda temerosa da presença dele, mas não querendo nenhum atrito, ela se deixou ficar ali, abraçada pelo marido.

Lágrimas silenciosas desciam por seu rosto. A dor em seu peito era tamanha, e Bárbara não sabia ainda se teria forças para perdoá-lo.

Em oração, buscou pelos seus protetores.

"Senhor! Oh, minha Mãe Maria! Por favor, me ajude a entender isso e a perdoar!", esse pensamento se repetia em sua mente.

Sabia que o marido não queria o fim do casamento, isso era óbvio. Mas, e a moça e o relacionamento deles? Como poderia perdoá-lo e confiar nele novamente?

Torturando-se mentalmente, Bárbara adormeceu.

Já André tinha no coração as esperanças renovadas. O fato de, aos poucos, estar ganhando terreno alimentava suas expectativas de reconquistar a esposa.

O dia que se seguiu não foi diferente do outro, recheado de carinho e atenção com a filha e a esposa.

Já eram quase dezesseis horas, quando ele começou a arrumar as coisas. Havia perguntado se Bárbara queria ir com ele ou se preferia ficar um pouco mais com a mãe.

Ela, timidamente, disse que preferia permanecer. Assim, André, sem mais perguntas, entendendo que ela precisava de tempo, disse que iria trabalhar e que, no mais tardar na sexta à noite, estaria de volta.

Assim, colocando as coisas no carro, tendo as três mulheres paradas ao lado a observá-lo, ele se aproximou.

Abaixando-se, pegou a filha no colo e a beijou, dando as recomendações de pai.

— Obedeça à mamãe e ajude a vovó com as coisas da casa. Não quero saber de brinquedos espalhados nem de bagunça. Escutou, mocinha?

Virando o rosto e olhando para a avó como se procurasse apoio, Lívia se comprometeu a cuidar de tudo.

Beijando-a e dando nela um forte abraço, André recolocou a filha no chão. Depois, abraçou a sogra e a agradeceu pela ajuda.

Por último, voltou-se para Bárbara e abraçou-a fortemente. E, ao seu ouvido, disse baixinho:

— Você é a mulher da minha vida! Te amo mais que tudo e voltarei para buscá-la.

Dando um selinho na esposa, que ficou estática, sem atitude diante das breves e profundas palavras, André entrou no carro e, dando ré, se pôs a caminho de casa.

Capítulo 6

Luísa, a seu turno, já não tinha o coração repleto de esperança e não vinha se sentindo bem. A tristeza, agora, refletia-se em seu corpo físico. Havia uma semana que não tinha ânimo para nada.

Se não fosse seu leal e amoroso amigo não teria nem mesmo se alimentado. Passara o fim de semana em casa, deitada, prostrada, alegando dores nas costas e na garganta. Raimundo, contudo, via uma tristeza profunda em seus olhos.

Via também pelos olhos da alma[21] os "cobradores" espirituais, que, aos montes, sugavam as energias de Luísa e lhe incutiam ideias derrotistas.

Raimundo tentava, em vão conversar, fazer leituras com ela, mas não estava tendo sucesso. Chegou a convidá-la para ir ao centro de dona Creuza, contudo, não conseguiu seu intento.

Luísa mantinha-se quieta, dizia que estava se sentindo fraca e, na condição de médica, se automedicava.

Naquele momento, as esperanças, na verdade, estavam se esgotando, e os irmãos equivocados tomavam conta dela. Luísa estava num quadro de obsessão[22] doloroso. Lágrimas escorriam por sua face a todo instante.

Raimundo permanecia ao lado dela a todo o momento que podia. Acabou levando roupas para a casa de Luísa e ocupou o quarto ao lado do dela.

---

21 Sua visão mediúnica, também conhecida como clarividência.

22 "A obsessão é a ação persistente ou o domínio que alguns Espíritos logram adquirir sobre certas pessoas. É praticada pelos Espíritos inferiores, que procuram dominar. Apresenta caracteres muito diversos, desde a simples influência moral, sem perceptíveis sinais exteriores, até a perturbação completa do organismo e das faculdades mentais". KARDEC, Allan. **O Livro dos Médiuns**. 1. ed. Brasília: FEB, 2019.

Fazia três dias que ela se recusava a levantar-se da cama e até mesmo a fazer a higiene pessoal. Comer, então, somente sob muita insistência.

A preocupação de Raimundo era de que ela atentasse contra a própria vida. Ele perguntou-lhe sobre parentes e pessoas que poderiam ir visitá-la, porque, nesses casos, ter o apoio da família seria muito importante. Luísa, então, lhe confidenciou que fora criada por uma tia e que essa doce senhora já partira para a erraticidade havia aproximadamente dez anos. Ela não tinha contato com o tio nem com os irmãos de criação, que foram os que lhe restaram desde essa época.

O pai de Luísa falecera em um grave acidente, quando ela tinha apenas três anos de idade. Somente o conhecia por meio de fotos e não se lembrava dele, contudo, sabia que ele não a aceitara como filha e que a mãe morrera de câncer quando Luísa era mocinha.

Raimundo, então, entendeu que era a pessoa mais próxima dela no momento. E foram naqueles dias em que, cuidando e tentando animá-la a sair daquele estado de letargia, ele percebeu o quanto amava aquela mulher e que faria tudo por ela.

Luísa não tocava no nome de André, mas de vez em quando, acusava Mãe Rosa e esbravejava contra os espíritos que a haviam enganado. Queria ir lá de todas as formas cobrar pelo serviço que "havia pagado".

Mesmo que Raimundo lhe explicasse que a revolta somente fazia esses espíritos se voltarem contra ela, de nada adiantava.

Luísa chegara a ligar para a casa da senhora, que respondeu que as coisas não eram assim e que havia faltado fé a ela, fato que fez Luísa revoltar-se mais ainda, lançando pragas e xingamentos contra a pobre senhora, que, usando de seu livre-arbítrio, se equivocava no uso da mediunidade com a qual Deus lhe ofertara. Caberia a Deus cobrar o mau uso da mediunidade e não a Luísa lhe desejar o mal.

— Aquela velha vai arder no fogo no inferno! Quero que ela morra seca! Ladra! E quanto aqueles espíritos que ela diz ver e falar, são um bando de mentirosos, que devem sofrer e padecer! Odeio aquela mulher, e ela pagará por tudo o que me fez. — Estes eram os melhores desejos de Luísa para com mãe Rosa.

Raimundo tentava não julgá-la. Ficava ao lado dela, emanando-lhe energia benfazeja. Contudo, a energia que vinha de Luísa estava dificultando o socorro, pois ela não queria ser socorrida. Isso fortalecia os espíritos equivocados, que, cada vez mais, se ligavam a ela.

Naquele momento, ela dormia, e Raimundo estava na cozinha. Havia pedido uns dias de licença da escola e só retornaria dali a quatro dias. Enquanto fazia o jantar, orava fervorosamente aos seus mentores. Sentia-se fraco e não sabia mais o que fazer para ajudar Luísa e a si mesmo. Sentia o ataque dos irmãos de forma quase física, porquanto todo o seu corpo se ressentia daquela batalha espiritual.

Na verdade, todas as vezes em que se aproximava dela, Raimundo era atacado e ameaçado. Havia vários irmãos ao redor dela lhe fazendo cobranças, em especial, havia uma mulher. Ele já a conhecia! Chamava-se Clotilde! Tentava, nesses dias, conscientizá-la do mal que causava a si mesma, mas era em vão.

— Oh, Deus de infinita bondade! Peço-Lhe sabedoria para poder auxiliá-la. Peço aos meus amigos espirituais que possam me ajudar e que o Pai permita que possamos afastar esses amigos, levando-os ao lugar de merecimento e amparo. Senhor, são irmãos que precisam ser socorridos! Eles não entendem que, dentro desse processo de dor, desse círculo vicioso de ferir e cobrar, somos os que mais pagamos. Pai, me ajude a libertar a todos. Que Sua luz amorosa aqueça os corações, que, ora congelados, esqueceram a verdadeira caridade. Esqueceram que o perdão é o mais nobre e libertador sentimento.

Após breve pausa, Raimundo continuou:

— Oh, meus amigos espirituais, como todos sofrem! Permita-me ajudar, mostrando-me o meio de levá-los até o Senhor, Pai amoroso e justo.

A sentida prece vinha de um coração justo e bom. Lágrimas de amor e emoção escorriam pela face dele.

Sem que Raimundo percebesse, irmão Bastião aproximou-se e, amorosamente, abraçou-o, fazendo-se sentir e mansamente ser visto.

Eu, um mero observador bastante emocionado diante da carga emocional que ele emitia em sua prece, fiquei ao lado de outros irmãos que ali estavam para, com a permissão divina, levar os espíritos que estavam prontos para partir. Permaneci em prece.

— Filho! — chamou amorosamente o mentor. — O socorro vem sempre que se faz necessário e que os envolvidos tenham merecimento.

— Ah, pai! Queria muito ampará-la, fazê-la entender o mal que está causando ao seu corpo físico. Não sei mais o que fazer para ajudá-la e ajudar os espíritos que hoje acham que são vítimas e que têm algo a cobrar.

— Filho, olhe ao seu redor! — A frase foi dita enquanto o mentor levitava no meio da cozinha e, com os braços abertos, mostrava o local em que estavam.

— Acredita mesmo que não está ajudando?

Enxugando as lágrimas com as costas das mãos, Raimundo permaneceu em silêncio, somente abaixando a cabeça. Sabia que estava tentando, mas não via resultado. Não queria dizer isso ao seu mentor, espírito a quem tanto amava. Mas como os pensamentos eram muito rápidos, ele os ouvia.

— Querido filho, não pense assim. Está menosprezando o poder do amor, bem como está oscilando em sua fé. Estamos aqui diante de séculos de desamor. Não será de um minuto para outro que você conseguirá fazer todos cessarem a vingança e entenderem o poder do perdão.

Após fazer uma breve pausa, continuou amorosamente:

— Mas creia! Este desligamento mais rápido do que você pensa acontecerá. Estamos trabalhando para isso, e preciso de você, de sua firmeza e de suas orações. Aguarde. Por ora, quero que faça um chá calmante para ela. A equipe fluidificará a bebida, e colocaremos nela os remédios astrais para acalmar Luísa.

— Pai, mas ela não reage, e eu não consigo chegar perto dela. — O tom de voz era de desespero. Pelo pensamento dele passavam imagens do desencarne da moça.

O irmão Bastião sabia que o temor de Raimundo tinha fundamento, mas não poderia deixá-lo mais inseguro.

— Não alimente esses pensamentos, pois, assim, dará força aos desejos e intentos dos amigos. Na verdade, essa é a vontade deles. Querem que Luísa retorne à vida espiritual para escravizá-la e, com isso, se vingarem dela. Mas confie! Esses não são os planos do Pai, e nós faremos tudo o que estiver ao nosso alcance para que isso não ocorra. Acredite em mim. Estamos trabalhando para levar nossos amigos. É chegado o momento do resgate. Confie e espere.

— Obrigado, pai!

— Não agradeça a mim e, sim, ao Pai pela misericórdia para com todos os envolvidos. Preciso que peça aos amigos do centro que venham, assim que possível, fazer um passe energético e muitas orações. Preciso de mais médiuns com você. Mas não tenha medo, pois nada acontecerá. Permaneça ao lado dela!

— Obrigado pelo amor que tem por nós.

Rindo, o mentor abraçou-o e disse:

— Você não tem ideia do amor que tenho por vocês! Tudo se harmonizará. Creia e agradeça.

— Amém!

Raimundo viu a imagem do mentor esvaindo-se diante dele e ouviu somente sua deliciosa risada e a recomendação.

— Faça o chá e tome também. Você precisa se equilibrar.

Ainda emocionado, Raimundo permaneceu ali em prece, com o coração angustiado.

Confiava na espiritualidade que já havia lhe provado sua existência e dedicação, mas temia por Luísa. Sabia que, se a moça não desejasse a melhora, ela não viria.

Pelo conhecimento que tinha, Raimundo sabia que os amigos espirituais nos auxiliavam, orientavam e mostravam o caminho a seguir, mas respeitavam nosso livre-arbítrio. O que ele não sabia era a qual caminho esse poder do arbítrio levaria a amiga, que hoje se colocava em situação tão frágil.

Raimundo via que Luísa estava se entregando aos pensamentos derrotistas, e a desesperança alcançava seu coração de forma violenta. Ele, então, ficava ao lado dela aplicando-lhe passes reconfortantes, mas as energias não ultrapassavam a camada de fumaça negra com a qual ela se revestia.

Respirando fundo, Raimundo começou a pensar que, com esses pensamentos negativos, também estava errado.

Enxugando as lágrimas, disse a si mesmo em voz alta:

— Confiança! Se o Pai disse que ela não irá desencarnar agora, não irá! Estou dando espaço ao mal para que me domine também.

Fazendo o nome do Pai, benzeu seu corpo físico e começou a entoar os cânticos que aprendera no centro de Mãe Rosa e que homenageavam os amigos espirituais a quem respeitava e amava.

A mudança de pensamento de Raimundo não aconteceu ao acaso. Irmão Bastião e sua equipe de trabalho, mesmo se mantendo invisíveis aos olhos do encarnado, permaneceram no ambiente, fazendo a assepsia astral.

Eu, o curioso que notava tudo, acreditando que mais atrapalhava do que ajudava, fiquei gravando, com a permissão do mentor, em minha memória as imagens do que via ali.

O apartamento estava infestado de larvas mentais, provocadas pela onda de pessimismo de Luísa e que se proliferavam à medida que seu desequilíbrio aumentava. Essas larvas estavam invadindo o corpo físico de

Raimundo pelas brechas que ele estava abrindo com seu medo e sua insegurança, desequilibrando-o. O rapaz ficaria doente se não houvesse a interferência dos amigos que ali estavam.

Os espíritos cobradores que estavam ligados a Luísa também atacavam o rapaz. Uns, pela antipatia de vidas passadas. Outros, a quem ele nunca magoara, lhe desejavam mal devido à tentativa do rapaz de protegê-la.

Consegui ver que vários espíritos ovoides haviam sido implantados no corpo físico de Luísa e, se não fossem retirados imediatamente, desencadeariam doenças físicas violentas nela.

Era realmente um ataque ferrenho. Aproximando-me de Luísa, coloquei-me a observar que realmente os cientistas equivocados estavam trabalhando em desfavor da irmã, que não se valia da fé e oração para se proteger.

— Ela está totalmente à mercê desses irmãos. Apiedo-me de minha pobre menina. — O tom de pesar era de Bastião, que se aproximava de mim.

— Mas ela tem que reagir. Como a ajudaremos, se ela não crê em mais nada?

Em resposta, Bastião apontou para Raimundo, que agora se revestia de uma linda luz branca que destoava de todo o ambiente.

— Meu amado filho! Bem como os abnegados trabalhadores encarnados que virão em socorro da irmã, precisamos deles para retirar essas almas aprisionadas ao corpo dela, libertando-os.

— Como isso acontece? — perguntei mostrando o corpo dela, que, espiritualmente, estava coberto de chagas e larvas[23], que até mesmo exalavam um cheiro putrefeito, além dos irmãos em formas ovoides, que estavam implantados no cérebro, na região genital e em sua coluna vertebral.

Bastião, amorosamente, colocou o braço sobre meu ombro — como era seu costume quando queria me elucidar sobre algo — e começou a explicar o fenômeno.

— Quando nos desequilibramos e nos afastamos das leis do amor, deixamos que o mundo físico, com seus desacertos e aprendizados dolorosos,

---

23 "[...] são bacilos psíquicos da tortura sexual, produzidos pela sede febril de prazeres inferiores. O dicionário médico do mundo não os conhece e, na ausência de terminologia adequada aos seus conhecimentos, chamemos-lhes larvas, simplesmente. Têm sido cultivados por este companheiro, não só pela incontinência no domínio das emoções próprias, através de experiências sexuais variadas, senão também pelo contato com entidades grosseiras, que se afinam com as predileções dele, entidades que o visitam com frequência, à maneira de imperceptíveis vampiros." XAVIER, Francisco Cândido Xavier. **Missionários da Luz**. Ditado pelo espírito André Luiz. 31. ed. Rio de Janeiro: FEB.

abale nossa fé, desesperançando nossos corações e abrindo a guarda de nosso corpo. Todos os encarnados, sem exceção, possuem desafetos. Muitas vezes, esses desafetos estão desencarnados e de prontidão para nos atacar e nos fazer "pagar" por faltas anteriores. Esses irmãos poderiam ter escolhido o caminho do perdão, mas a grande maioria não o faz. E, assim, cria-se um círculo vicioso de desequilíbrio.

Ele fez uma breve pausa e continuou:

— Veja aquele espírito, o mais agressivo e que exige o desencarne da irmã. — Ele mostrava o espírito de Clotilde. Seu aspecto era deveras repugnante. Ela estava suja, maltrapilha, com os cabelos em desalinho, olhos avermelhados e os dentes sujos. Assemelhava-se a um ser humano que havia muito não fazia sua higiene pessoal. Se apurássemos mais nossa atenção, perceberíamos que ela exalava um cheiro fétido. — Deprimente, não?

Concordei com a cabeça, apiedando-me daquela mulher, que sofria muito mais que Luísa, que não sabia o que era a felicidade da paz.

— Essas energias que vêm de Clotilde são sentidas por Luísa por dois motivos: um, porque ela não mudou o padrão vibratório e ainda pensa que o sexo é o centro do mundo e que pode conseguir tudo com ele. O maior problema de Luísa é o fato de ter sido preterida. Ela está sentindo no coração o orgulho ferido que a atormenta. Por conta disso, abriu a mente e o corpo.

Ele fez uma nova pausa e continuou:

— Em segundo plano vem a mente culpada. Conscientemente, ela não se lembra de Clotilde, mas, em seu inconsciente, Luísa sabe o tanto que maltratou e o que provocou de desequilíbrio. Devido à culpa, aceita todos os comandos e todos os impropérios lançados pela outra.

Respirando fundo, continuou:

— É muito complexo todo esse ciclo de obsessor e obsessão. Neste caso, em especial, digo-lhe: a autoculpa faz Luísa captar a influência de Clotilde e aceitar o ataque, como se o merecesse.

— E os irmãozinhos implantados em seu corpo?

— Ah! Pobres e infelizes almas! Esses amigos que nós socorreremos em brevíssimo tempo são espíritos que desencarnaram em desequilíbrio e não aceitaram ajuda do Alto, preferindo se tornar reféns de amigos que trabalham contra o Cordeiro.

— Como seria esse desequilíbrio? — perguntei. Minha curiosidade ainda era meu defeito preferido, e eu a cativava amorosamente.

Rindo de mim, visto que sabia que eu até tentava ser menos curioso, o irmão respondeu:

— Isso é tão complexo quanto a obsessão, mas lhe darei exemplos de casos para que você entenda o fenômeno.

Na verdade, ele não me falou. Abriu em minha mente uma tela e me mostrou como se operava a formação de um ovoide[24].

Mostrou-me, para exemplificar o fenômeno, um grande líder político que, utilizando-se de seu poder, provocou guerra e matou muitos inocentes. Quando ocorreu seu retorno ao plano espiritual, ele, consciente da responsabilidade com a qual havia se comprometido e de todo o mal que causara, abateu-se pela culpa e pela vergonha. Sabia do fracasso de sua jornada, que rompera com os compromissos assumidos e, assim, em vez de progredir, somente acumulara dívidas e sofrimento.

Com o coração repleto de autocobrança, esse irmão acabou se voltando para dentro de si e se afastando ainda mais dos amigos espirituais. Foi, então, sequestrado pelos irmãos equivocados, que o envolveram a cada dia em sua própria energia de culpa, e a introspecção o fez encolher-se, transformar seu corpo em uma esfera energética, que, tal como se fosse um pequeno ovo, foi ficando cada vez menor e sem forma humana.

Ainda curioso com o fenômeno, iniciei minhas perguntas, que, amorosamente, foram respondidas.

— Pelo que entendi, esses cientistas da ignorância do amor do Cristo utilizam nossa própria fraqueza e culpa para promover esse efeito.

Balançando a cabeça afirmativamente, o irmão complementou:

— Sim, eles utilizam sua dor e sua culpa, fazendo-o somatizar esse sofrimento e se fechar em si mesmo.

— E o que é feito com esses irmãos, vítimas deste processo?

— Ah, querido amigo, muitos são os meios de utilizá-los. O mais comum e de conhecimento do homem encarnado é o de desencadear doenças físicas.

---

24 "Formação atípica do perispírito causada por um forte monoideísmo de espíritos que se mantêm em ideias fixas, alienando-se dos mais simples cuidados de integridade pessoal. Há um definhamento do corpo espiritual, com miniaturização. Esse fenômeno pode ocorrer também sob o domínio hipnótico de entidades experientes, não só por questões de ordem inferior, mas também para determinadas operações, como nos preparativos reencarnatórios. Essas informações são encontradas nas obras mediúnicas ditadas pelo Espírito André Luiz ao médium Chico Xavier." PALHANO JÚNIOR, L. **Dicionário de Filosofia Espírita**. [S. l.]: CELD.

— Como assim? — perguntei, cada vez mais interessado no assunto, porquanto, quando encarnado, não me lembrava de saber disso, tão absorto que estava com as coisas materiais. Nunca havia me interessado pelas coisas do espírito, apesar de ter sido um homem íntegro e justo.

Fiquei refletindo, buscando as nuances em que meu pequeno espírito deveria melhorar, mas a voz do irmão, esclarecendo-me, tirou-me de minhas reflexões.

— Quando esses irmãos, que trabalham na escuridão, percebem nossa fraqueza e propensão a alguma doença. Ou, mesmo quando não existe nenhuma doença física, como no caso de nossa irmãzinha, que tem o corpo astral coberto de chagas. Nesse caso, se não cuidarmos e se ela não mudar os pensamentos, surgirão doenças físicas, porque elas são, inicialmente, criadas em nosso corpo espiritual para depois se manifestarem no físico.

Continuando sua explicação, ele disse:

— No caso dela, além das energias que eles manipularam, ainda utilizaram os irmãos adoecidos e transformados em ovoides e os acoplaram ao corpo perispiritual dela. Veja!

Dizendo isso, levou-me para perto de Luísa, que se mantinha deitada em seu leito, fingindo que dormia. Ele apontou para os três corpos arredondados que haviam sido colocados no perispírito dela.

— O desequilíbrio deles, somado à aceitação dessa energia pelo encarnado, desestrutura o corpo físico de Luísa, podendo se transformar em doenças que levam até a morte.

— Nossa, essa implantação é tão grave assim? — Eu estava realmente espantado com aquilo.

— Sim, ele desencadeia um processo que eu poderia classificar, para entendimento fácil, como uma inflamação.

Percebi que o irmão tentava me explicar em uma linguagem fácil, para que eu, como leigo e aprendiz, pudesse entender.

— Na verdade, tudo se baseia na aceitação energética, porque o encarnado está vibrando na mesma sintonia que o outro. No caso de Luísa, estão utilizando esses espíritos adoecidos para produzir um mal físico nela, que concorrerá para algo grave, caso não haja um socorro imediato e uma mudança por parte dela.

— Pelo que vejo, a mudança por parte dela é essencial.

Com a mão pousada em meu ombro e dando um profundo suspiro, o benfeitor completou:

— A reforma íntima de Luísa é o único caminho. Faremos nossa parte na limpeza energética, porém, se ela não quiser ajuda, nada nem ninguém conseguirão ajudá-la.

— É uma pena isso, mas temos de respeitar o tempo de progresso de cada um — disse eu, pensativo, lembrando-me de muitos que amo e que tenho que aprender a respeitar suas decisões.

— Sim, fico feliz que tenha entendido isso! O primeiro passo para ajudar alguém é respeitar seus limites emocionais e físicos.

— Obrigado ao Senhor por me fazer ver isso. É doloroso para nós, desencarnados, mas também é uma forma de aprendermos.

Rindo, o mentor abraçou o amigo e disse amorosamente:

— Você é um bom aprendiz. Tem o essencial: o amor e a compaixão à dor do próximo. Agora vamos ajudar a minha querida filha do coração.

Ao lado de Luísa, já havia uma equipe de socorristas, que fazia o trabalho de energização nos espíritos que ali estavam. Era como se estivessem preparando-os para o socorro que viria em breve.

Fiquei observando, absorto em toda aquela movimentação que ocorria ali, ajudando no que podia.

Pensava comigo que, quando encarnados, jamais iríamos imaginar o quanto os espíritos que nos protegem trabalham em prol de nossas escolhas, porque, na verdade, eles se comprometem a nos ajudar a cumprir os compromissos que, livremente, nos consorciamos e dos quais, quando nos deparamos com a rudeza do aprendizado, queremos fugir.

E ali estava Luiz, o “anjo guardião” de Luísa, Bastião e tantos outros que manipulavam energia, faziam limpeza astral, adormecendo os que podiam para tratamento e tantas outras tarefas. Na verdade, a ajuda não era somente para Luísa e Raimundo que estavam ali, mas para todos os envolvidos, principalmente para os desencarnados, que, aprisionados, procuravam causar desequilíbrio na vida física deles.

“A sabedoria do Pai é indiscutível”, pensava eu ali no canto, fazendo minhas anotações e retirando minhas impressões.

A maior beneficiária ou os maiores beneficiários eram, na verdade, os espíritos que estavam obsidiando a paciente. Eles estavam ali, adoecidos, desequilibrados, e muitos sem ter noção do que faziam.

Chegando a essa conclusão, aproximei-me, com a permissão de Bastião, do grupo de obsessores e ali fiquei observando, sem que me notassem, suas ideias e o porquê de estarem ali.

Eram muitos! Clotilde não prendeu minha atenção porquanto já conhecia seu envolvimento, mas havia dois espíritos que chamaram minha atenção e para perto deles me dirigi.

Os dois tinham um aspecto melhor que o de Clotilde. Sua energia de raiva era quase insuportável. Uma energia densa que me fez dar um passo para trás.

Mas, respirando fundo, fazendo uma prece e pedindo autorização ao Pai, me aproximei novamente.

Descobri, em pouco tempo, que eram os líderes daquele grupo de pessoas. Suas roupas eram alinhadas, e eles até possuíam um pingente que os graduava, como se fosse uma patente de exército. Inclusive, agiam como tal em sua investida.

Naquele momento, eles estavam afastados do grupo e traçavam suas ações.

— Joaquim, quero que você faça uma varredura. Não mande ninguém, vá você. Esses idiotas não são capazes de achar nada.

— Sim, mas o que você realmente quer, Osório?

— Não creio que o Cordeiro não tenha mandado ninguém até aqui. Só não consegui vê-los ainda.

— Eu também não vi nenhuma movimentação, e isso é realmente muito suspeito. Mas olhe o rapaz! Do peito dele está saindo uma luz branca, própria de quem está do lado deles — apontava para Raimundo.

— Sim, isso me preocupa um pouco! Aquele rapaz é um idiota protegido.

As palavras vinham com uma onda de ódio, que atingiu diretamente o nobre irmão Raimundo, que, por segundos, sentiu essa energia. Mas, balançando a cabeça, pensou em Pai Bastião que o prevenira que pensasse apenas no bem.

— Louvados sejam Nosso Senhor Jesus e meus amigos espirituais, a quem peço que não me abandonem — orava o professor, enquanto fazia um chá para sua amiga e para si.

— Viu?! Tem horas que a luz dele diminui, mas, em outros momentos, ela avança e queima nossos soldados.

— Sim, Joaquim! Por isso sei que estão aqui. Eles são ardilosos e traiçoeiros, se escondem e se preparam na surdina. Não podemos perder soldados. Falta muito pouco para ela vir para nosso lado.

Apontando para Luísa, Osório deu uma sonora gargalhada, que foi acompanhada pelo colega.

Osório, ainda rindo e antevendo o fim a que se propunham, que era promover o desencarne de Luísa, viu seu companheiro sair à procura de espíritos de luz.

Permaneci ao lado de Osório, a quem atribuí maior envolvimento e vontade de prejudicar Luísa.

O bem, diferentemente do que ele havia dito, age de forma a não ser visto. Ou melhor, a faixa de ilusão a que eles se ligavam não permitia que eles vissem o imenso batalhão de amigos do bem que trabalhava em prol de todos. Assim, com a permissão divina, me concentrei no chacra frontal dele e tentei captar o porquê daquele sentimento negativo contra a moça.

Já antevia que ele era mais um envolvido no passado de Luísa, pois não teria tanto ódio sem ter sido magoado.

Aproximando-me mais, descobri que havia um turbilhão de sentimentos. Ele perseguia a moça havia várias encarnações, porquanto em uma de suas existências os dois haviam sido amantes e, como em todas as outras, ele tinha sido trocado por André.

A paixão doentia que ele sentia por Luísa o fazia sofrer imensamente. Na verdade, o que ele queria era evitar que ela se aproximasse de qualquer homem, principalmente de André.

Queria levá-la ao desencarne, acreditando, em sua mente doentia, que poderia aprisioná-la por meio da culpa que ela carregava e mantê-la junto de si.

Ele destilava ódio contra Luísa e incentivava Clotilde, que não passava de um joguete nas mãos dele para que a culpa a matasse.

Nunca imaginei o sentimento de carinho e piedade que me tomaria por aquele a quem estávamos ali para combater. Pobre alma! Estava perdido nos próprios sentimentos, que ele, um dia, conceituara como amor. Como sofria!

Senti tanta piedade dele que, em prece, me vi em prantos e tive que ser socorrido pela equipe, que me tirou dali.

Capítulo 7

Como Raimundo havia combinado, os amigos do centro espírita iriam chegar em breve. Tinha marcado para o domingo às dezesseis horas e o relógio já marcava quinze horas e trinta minutos.

Luísa estava no quarto terminando de se arrumar. Fora um custo convencê-la, e Raimundo acreditava que ela só fizera isso para agradá-lo.

Já fazia uma semana que ele estava praticamente acampando ali. Ela mostrava sinais de uma pequena melhora, mas Raimundo sabia que era somente um tempo nos ataques. Tinham que fazer aquele trabalho de limpeza.

Cortando seus pensamentos, o interfone tocou. Era o porteiro avisando que o pessoal havia chegado e pedia permissão para subir.

Enquanto eles subiam para o apartamento, Raimundo foi rapidamente bater à porta dela e avisá-la da chegada dos membros do centro.

— Estou terminando, receba-os por enquanto.

Luísa, na verdade, estava pronta. Sentada na cama, ela estava se preparando para sair, contudo, não estava com paciência para receber aquelas pessoas. Não que não gostasse da companhia delas, mas não as queria ali. Seu coração repelia qualquer contato.

Dando um suspiro de consternação, falou em voz alta:

— O que não fazemos por um amado amigo?!

Luísa não via que, ao seu lado, sassaricando para lá e para cá estava Clotilde. Ligada ao seu corpo fluídico, ela sugeria que os mandasse embora, incitando-a a ser descortês com as pessoas.

Respirando fundo e disposta a não prorrogar muito a visita, ela se levantou. Já fazia uns dez minutos que eles estavam em sua casa, e Luísa não era uma pessoa mal-educada. Assim, resolveu sair para se juntar a eles.

Creuza, a diretora do centro, estava em oração pela moça desde o dia em que Raimundo fora falar com ela. O que via era um ataque muito forte, que, se não fosse cortado, a levaria ao desencarne, atrapalhando uma linda trajetória de resgates.

Quando Luísa entrou na sala, a amável senhora viu, de pronto, a figura de Clotilde ao lado da moça.

Fingindo que não percebia sua consternação em recebê-los, pois sabia que era um sentimento proveniente do espírito desequilibrado que a acompanhava, Creuza levantou-se de pronto e, alegremente, a abraçou como uma mãe que recebe sua filha.

— Querida, que prazer ser recebida em sua casa! Obrigada pelo convite amoroso.

O abraço de Creuza desfez as armas de Luísa, que se viu em prantos naqueles braços amorosos. Nem ela mesma entendeu nada, mas o carinho e afeto desarmaram seu coração.

Lágrimas dolorosas inundavam seu rosto, e soluços sacudiam o corpo pequeno e magro daquele ser que sofria com o peso de suas decisões.

Ainda abraçada a Luísa, Creuza, em silêncio, fez um gesto para que saíssem e as deixassem a sós.

Atendendo ao pedido da nobre senhora, o grupo saiu da sala e foi se abrigar na cozinha, onde Raimundo se apressou a fazer um café. Ele acreditava que a conversa seria longa e dolorosa. Assim, passou um café para todos e fez um delicioso chá de camomila para Luísa.

Ficaram ali falando sobre amenidades e a vida espiritual. Estavam presentes Dalva e o marido, a quem Raimundo já conhecia e apreciava a companhia, e o esposo de Creuza, que ainda não havia tido a oportunidade de conhecer.

Era um homem simpático, que acreditava na espiritualidade, mas dizia não estar preparado para servir. Assim, ele somente ajudava Creuza quando ela lhe pedia auxílio.

Na sala, não havia amenidades nem conversa tranquila. Creuza, em seu íntimo, pedia a interseção dos seus mentores para que pudesse socorrer a irmã enferma. Já havia pressentido que não seria uma tarefa fácil.

— Querida, estamos só nós duas aqui, e eu estou pronta para te ouvir, se esse for seu desejo. Mas, se não quiser compartilhar sua dor, respeitarei.

As duas estavam sentadas no sofá. Luísa, com o rosto enterrado nas mãos, permanecia em prantos.

Creuza mantinha-se sentada ao lado da moça e, em prece, acariciava seus cabelos negros.

Fechando os olhos, ela viu diante de si a figura do mesmo preto-velho que já havia visto no centro e deduziu que ele estava cuidando da moça.

Com um olhar triste, ele não disse nada e somente agradeceu.

Apurando ainda mais a visão mediúnica, Creuza viu que estavam fazendo um trabalho de desligamento de alguns espíritos e ficou ali emanando energia para que o trabalho fosse realizado.

Ficaram em silêncio por algum tempo, que ela não soube precisar, até que seu mentor se achegou e disse:

— Filha, hoje somente iniciamos o trabalho, mas ele é mais complexo do que você imagina. Somente converse com ela. Precisávamos da sua energia para o que está sendo feito. Não force nada, pois teremos de fazer mais uma vez. Se ela não quiser que faça o evangelho, não faça. Deixe que ela confie. É um processo. Lembre-se sempre de que a "natureza não dá saltos".

— Fique com Deus e obrigada pela caridade que praticou hoje.

Como num passe de mágica, a imagem esvaiu-se, e Creuza saiu do quase transe em que se encontrava.

Vendo que o acesso de choro da irmã estava cessando, ela perguntou amorosamente.

— Está melhor?

— Sim... me desculpe. Não me contive. Foi mais forte que eu.

Sorrindo, a mulher respondeu:

— Desculpar-se por ser humana? Por sentir dor física e dor emocional? Quem não as tem?

Enxugando as lágrimas com as mãos, Luísa levantou a cabeça, mas, ainda com vergonha do descontrole, não ousava olhar nos olhos da senhora.

— Mas chorar tal qual criança que perdeu a bala já não é normal.

Rindo da comparação, Creuza completou:

— Eu vivo perdendo a bala, então! Choro quando é necessário, somente não perco minha fé! Mas não economizo lágrimas! Não me custam nada.

Rindo do tom brincalhão de Creuza, Luísa começou a sentir-se mais calma.

Mas, em tom sério, falou, mesmo sem perceber:

— Eu sei que a senhora deve estar se perguntando o que levaria uma pessoa madura a ter um acesso de choro com uma estranha!

Creuza achou por bem deixar ela continuar e permaneceu em silêncio. Parecia, na verdade, que ela falava mais para si.

— Mas há muito tempo que venho sentindo essa opressão e tristeza profundas em meu coração.

Luísa tinha vergonha de contar sobre André e Mãe Rosa.

— Há coisas que não me sinto à vontade em contar, mas lhe digo que até ajuda em um "terreiro" eu procurei. Lá me prometeram muita coisa. Paguei caro por isso, e de lá para cá minha vida piorou.

Lágrimas insistentes voltaram a brotar dos olhos de Luísa. A dor que vinha de seu coração era quase palpável para aquela senhora cuja sensibilidade era aflorada.

— Querida, se isso ainda lhe dói e você não quer falar, não precisa. Em outro dia, conversaremos.

— Eu... eu quero falar, mas não consigo! — As lágrimas e os soluços a impediam de falar.

Acomodando-se no sofá, Creuza a fez deitar-se em seu colo.

Luísa estava exausta. Chorou sua dor e depois foi se acalmando até adormecer. Na verdade, havia dias não dormia. Ficava revirando-se na cama e buscando saídas para amenizar sua dor.

Pensava em vingar-se de todos, a começar pela mãe de santo, matar André e Bárbara e a si própria e, assim, não dormia nem se alimentava.

Após deixar a dor emergir, adormeceu. Já fazia uma hora que as duas estavam na sala. Preocupados, resolveram ir até lá. Raimundo foi na frente.

Chegando lá, viram Luísa toda encolhida e adormecida no colo de Creuza, que, amorosamente, lhe afagava os cabelos.

Vendo-os entrar, Creuza pôs os dedos sobre os lábios, fazendo sinal para que ficassem em silêncio. Falando baixo, pediu a Raimundo que levasse Luísa ao quarto.

Ele, enternecido, aproximou-se rapidamente e, com muito carinho, pegou-a no colo. Luísa, então, fez menção de acordar.

— Acalme-se! Estou te levando para o quarto.

O cansaço físico de Luísa era tão grande que ela se deixou conduzir por ele. Estava semidesperta, mas se sentir amada e protegida era tudo o que seu coraçãozinho queria.

Dando um beijo na face de Luísa, ele, sem perceber, disse:

— Durma com os anjos, meu amor! Estou aqui, cuidando de você!

A frase ficou nos ouvidos de Luísa, que não a processou.

Voltando para a sala, Raimundo se reuniu com os demais.

Não ousou perguntar a Creuza o que acontecera, mas ela, de forma sutil, explicou a todos:

— Querido, como você deve saber, talvez até mais que nós, Luísa está passando por um ataque obsessivo gravíssimo. Temos de promover o socorro dela, que, na verdade, foi iniciado desde o momento que solicitaram nossa presença física. Hoje, no momento em que a vi, notei a figura de uma mulher que a instiga ao desencarne precoce. Isso só não ocorrerá porque Deus não quer, tanto que Ele nos enviou, mas provocará muito sofrimento se ela não se ajudar.

— Sim, eu sei! Luto para mostrar outros caminhos a Luísa... — O pesar na voz dele era imenso.

Pegando na mão de Raimundo, a doce irmã garantiu:

— O amor é uma arma poderosa, que sempre vence. Creia e confie!

— Eu confio!

— Ela não me falou muita coisa. Somente chorou muito, mas se aliviou. Dormirá tranquila, creio eu. Precisaremos retornar. Se os queridos irmãos concordarem, poderíamos voltar no próximo domingo, nesse mesmo horário. O que acham?

Após todos concordarem em auxiliar a irmã, Creuza convidou-os a fazer o Evangelho.

De posse do Evangelho, convidou a todos, que, de pé na sala da casa e olhos fechados, acompanharam a sentida prece.

— Querido e amoroso Pai! Hoje, nós nos colocamos em sua presença para humildemente agradecer a oportunidade de levar sua luz aos que necessitam, de falar em Seu nome e de presenciar Sua misericórdia. Obrigada, Pai, pelo socorro espiritual que foi promovido neste local, em que irmãos endurecidos pela ignorância buscavam vingança e provocavam mais desacerto. Que Sua luz e paz permaneçam aqui e que esses irmãos desencarnados, assim como nós, os encarnados que aqui estamos, possam ser atendidos em suas chagas e tê-las curadas pelo bálsamo consolador do Seu amor. Confiantes em Seu amor e em Sua misericórdia, agradecemos e pedimos proteção para nós e para todos de nossa família que aqui não estão, para esta semana que se inicia e que trará os aprendizados necessários. Assim, de posse de Suas palavras codificadas, peço ao irmão Raimundo que as abra e faça a leitura para nós.

Abrindo o Evangelho, Raimundo escolheu a lição do lado direito: “Quem É Minha Mãe e Quem São Meus Irmãos?”, pelo que pôs-se a ler:

— 5 – E vieram à casa; e concorreu de novo tanta gente, que nem mesmo podiam tomar o alimento. — E quando isto ouviram os seus,

saíram para o prender; porque diziam: Ele está furioso. E chegaram sua mãe e seus irmãos, e ficando da parte de fora, o mandaram chamar. — Estava sentado à roda de um crescido número de gente, e lhe disseram: Olha que tua mãe e teus irmãos te buscam aí fora. — E ele respondeu, dizendo: Quem é minha, e quem são meus irmãos? — E olhando para os que estavam sentados à roda de si: Eis aqui, lhes disse, minha mãe e meus irmãos. Porque o que fizer a vontade de Deus, esse é meu irmão, e minha irmã e minha mãe (Marcos, III: 20-21 e 31-35 – Mateus, XII: 46-50).

"6 – Certas palavras parecem estranhas na boca de Jesus, pois contrastam com a sua bondade e a sua inalterável benevolência para com todos. Os incrédulos não deixaram de se aproveitar disso, para dizer que Ele se contradizia a si mesmo. Um fato irrecusável, porém, é que a sua doutrina tem por base essencial, por pedra angular, a lei do amor e da caridade. Ele não podia, pois, destruir de um lado o que construía do outro, de onde é imperioso tirar esta consequência rigorosa: se certas máximas estão em contradição com aquele princípio, é que as palavras que se lhe atribuem foram mal reproduzidas, mal compreendidas, ou não lhe pertencem.

"7 – Admira-se, e com razão, de ver Jesus mostrar, nesta circunstância, tanta indiferença para com os seus, e de qualquer sorte renegar sua mãe. Pelo que respeita aos seus irmãos, sabe-se que nunca tiveram simpatia por Ele. Espíritos pouco adiantados, não haviam compreendido a sua missão. Era bizarra, para eles, a conduta de Jesus, e seus ensinamentos não os haviam tocado, pois nenhum deles se fez seu discípulo. Parece mesmo que eles participavam, até certo ponto, das prevenções de seus inimigos. De resto, é certo que o recebiam mais como um estranho do que como um irmão, quando se apresentava em família. E São João diz, positivamente: que não acreditavam nele (Ver cap. VII).

"Quanto à sua mãe, ninguém contestaria sua ternura para com o filho. Mas é necessário convir, também, que ela não parece ter feito uma ideia justa de sua missão, pois jamais se soube que seguisse os seus ensinos, nem que desse testemunho dele, como o fez João Batista. A solicitude maternal era o seu sentimento dominante. No tocante a Jesus, supor que houvesse renegado sua mãe, seria desconhecer-lhe o caráter, pois semelhante pensamento não poderia animar aquele que disse: Honra a teu pai e a tua mãe. É, pois, necessário procurar outro sentido para as suas palavras, quase sempre veladas pela forma alegórica.

"Jesus não perdia nenhuma ocasião de ensinar. Serviu-se, portanto, da que lhe oferecia a chegada de sua família, para estabelecer a diferença entre o parentesco corporal e o parentesco espiritual."[25]

Fechando o livro com os olhos voltados para o infinito, como se sentisse mais junto de si a presença celeste, a querida senhora explanou:

— Quando mais jovem, eu lia essa passagem e não entendia a profundeza das palavras do Cristo. Pensar que ele repudiava sua mãe, seria de imaginá-lo desprovido de amor, tudo que este Maravilhoso Irmão não era. Assim, questionei até realmente entender que somos todos uma só família. Quem é minha mãe e quem são meus irmãos? Diante da eternidade da vida e das muitas encarnações, isso se torna tão pequeno!

Vendo que todos a olhavam, estáticos, ela, sorrindo, continuou:

— Vocês são minha família espiritual, aqueles a quem Deus permitiu vir ao meu encontro para juntos ajudarmos a levar o amor do Cristo. Entendo, então, que todos nós formamos uma grande e maravilhosa família, uns mais adiantados moralmente, e outros a quem devemos estender a mão para que caminhem.

O silêncio das pessoas mostrava que concordavam com as colocações de Creuza.

— Querem fazer algum comentário ou podemos encerrar?

— Creio que a senhora já disse tudo, tia. Somos filhos de um mesmo Pai, irmãos de alma, e caminhamos pela união universal.

— Sim, Dalva, caminhamos para o progresso moral!

Sorrindo, a senhora pediu a Dalva:

— Faça a prece de encerramento, minha querida.

Respirando fundo e concentrando-se, Dalva iniciou a prece:

— Querido e amoroso Pai, obrigada por mais este momento de aprendizado e de ajuda. Somos, sim, filhos em busca de luz, sedentos de amor e compreensão. Nos dê, então, a sabedoria de entender seus propósitos e, sem murmúrios, aprendermos e seguir. Que sejamos homens novos a cada amanhecer. Com esse sentimento de amor que nos ronda, encerramos este pequeno trabalho de amor e caridade, pedindo que os bons espíritos nos acompanhem durante toda a nossa semana. Que assim seja.

— Que assim seja! — responderam os amigos em coro.

Ali permaneceram uns instantes em silêncio, cada qual com suas impressões pessoais.

Interrompendo o silêncio, Raimundo disse:

25 KARDEC, Allan. **O Evangelho Segundo o Espiritismo**. [*S. l.*]: [*s. n.*], [*s. d.*].

— Não sabem o quanto fico feliz e o quanto meu coração está em paz!

Abraçando o rapaz, Creuza afirmou que sabia.

— Bem, agora é hora de irmos embora, batermos em retirada, pois temos compromisso com nosso Evangelho no Lar.

— Nossa! Desculpa se a convidamos justo neste dia. — O tom de voz de Raimundo mostrava que estava acanhado.

Rindo, o marido de Creuza emendou, colocando a mão em seu ombro:

— Não se preocupe! Ela faz orações todos os dias. Mesmo se a chamasse em outro horário, ela teria esse compromisso.

— Mas como é bobo esse meu marido, bênção de minha vida!

Todos riram com ele. Na verdade, Creuza tinha muitos compromissos espirituais, mas jamais se negava a prestar socorro para um enfermo.

O marido de Creuza não participava efetivamente do centro, mas era simpático à causa e não se negava a prestar socorro a quem necessitasse. Por isso a senhora nem se importou com o gracejo. Sabia que era da boca para fora.

— Não se preocupe, meu querido, nada me atrapalhou. Pelo contrário, estou muito feliz em ter vindo! Marquemos a próxima visita para domingo no mesmo horário.

— Todos podem?

— Sim — responderam.

— Estaremos aqui, não é, amor? — perguntou Dalva ao esposo.

— Sim, com certeza! Ainda mais se tiver outro bolo delicioso como aquele.

— Amor! Que vergonha!

Todos riram.

— Falando nisso, ainda sobrou um pedaço. Venha, dona Creuza! A senhora ainda não comeu. Sei que está com pressa, mas venha à cozinha! — convidou Raimundo.

Só para ela? — perguntou Fernando, marido de Dalva.

— Gente, não é possível! Está me matando de vergonha! — Dalva estava levando na brincadeira, mas se sentia meio envergonhada.

— Ora, tia Creuza acabou de falar que somos da mesma família, e eu não posso ficar à vontade junto dos meus?

O gracejo dele levou todos a rirem com vontade. Ainda mais que, terminando a frase, ele seguiu a caminho da cozinha, na maior intimidade.

Tomaram mais um café e comeram o restante de bolo de fubá com erva-doce que Raimundo fizera após o almoço. Depois, despediram-se, com o compromisso de retornarem.

Após ir ao quarto de Luísa e confirmar que ela dormia profundamente, Raimundo, sozinho, lembrou-se das recomendações de dona Creuza ao sair: "Amanhã, faça um banho de descarrego para ela, daqueles que você sabe fazer. Tem que mudar a energia dela. Dê um chá calmante a Luísa e, se possível, passes. Leia também o Evangelho dentro da casa".

Deitado na sala, ele acabou adormecendo no sofá.

Assim que se afastou do corpo físico, Raimundo viu a imagem de seu anjo guardião em companhia de Pai Bastião, que o recebeu para que fosse ser levado para um tratamento espiritual no Plano Astral.

Capítulo 8

Já fazia dois fins de semana que André viajava para Ourinhos, no interior paulista, local onde se encontravam Lívia e Bárbara.

Naquele momento, estava voltando para casa. Bárbara se encontrava na mesma energia. Não o maltratava, mas não lhe dava a oportunidade de chegar mais perto.

Sua sogra lhe pedia calma, mas não era fácil. Queria abraçar a esposa, sentir seu calor. Pensava que era homem e tinha desejos, mas sabia que não podia avançar o sinal.

Naquele momento, André sentiu uma saudade imensa de Luísa.

Começou a relembrar os momentos de paixão que tinham vivido, e as lembranças o excitaram ao ponto de desejar estar com ela naquele momento.

"Com certeza, ela está ansiosa para estar com você. Ela te ama de verdade."

Essas eram algumas frases que os espíritos "pagos" por ela e que se mantinham ao lado de André falavam.

Estavam há muito esperando que ele abrisse uma fresta e chegara a hora. Atacavam-no em sua sexualidade, ponto fraco de sua personalidade, motivo de queda em várias encarnações, e na carência física, que o tornava presa fácil.

O desejo sexual gerava sentimentos e reações físicas que André nunca conseguiu dominar. Pelo contrário, ele sempre se deixava vencer por elas.

Em todas as encarnações, usava o sexo para seu prazer físico sem nenhuma responsabilidade, fato que desencadeou as emoções e os medos em Bárbara.

No entanto, o esquecimento das vidas passadas e o desconhecimento das verdades do espírito imortal faziam André, naquele momento, se esquecer dos compromissos assumidos.

A ação dos irmãos equivocados, que se mantinham junto dele, era muito violenta. Eles agiam levantando lembranças e sugerindo ideias, que André aceitava de bom grado.

Carlos, o protetor de André, tentou aniquilar as energias sexuais que os irmãos manipulavam, mas o livre-arbítrio de seu protegido estava falando mais alto.

Assim, afastando-se um pouco de André, Carlos se pôs em sentida prece, rogando ao Alto o auxílio dos bons espíritos:

— Pai de infinito e grandioso amor por nós, seus filhos inseguros e imaturos, permita a assistência de nossos irmãos maiores neste momento em que meu amado irmão se entrega aos pensamentos apegados à Terra. Novamente, ele quer se deixar levar por gozos mundanos, sem responsabilidade e sentimentos elevados, fugindo ao compromisso de resgate e provas, comprometendo, assim, sua própria vontade. Socorra a este irmão e a todos os demais envolvidos, visto que os que tentam induzi-lo a se enveredar por este caminho doloroso se comprometem grandemente. Confiando em Sua justiça e em Seu amor, me coloco à frente deste trabalho e espero no Senhor a sabedoria necessária. Que Seu amor seja sentido por todos os Seus filhos encarnados e desencarnados.

A prece, sentida com o coração, foi ouvida, e, instantaneamente, irmãos abnegados foram encaminhados para auxiliar o protetor.

Finda a prece, o irmão Carlos voltou sua atenção para seu protegido e, saindo do quase transe em que se colocara, viu diante de si o irmão Bastião e sua equipe socorrista.

Eu, como sempre, encontrava-me ali assistindo ao trabalho e me emocionando com todo o auxílio em prol dos irmãos envolvidos naquele resgate de anos de equívocos.

— O Senhor seja louvado! — disse Bastião abraçando o querido companheiro da seara do Mestre Jesus.

— Para sempre e todo o sempre, seja louvado! Obrigado por vir!

— Estamos nesta caminhada de amor e trabalho ao próximo. Conte-nos o que se passou para que ele se desequilibrasse dessa forma.

— Nada de concreto! Creio que o cansaço e talvez o peso das próprias ações. Ele sabe que foi cruel e leviano, mas ainda não conseguiu admitir e se perdoar.

— Como quase todos os seres criados pelo Pai.

— Sim. Diante disso, está se sentindo fraco e abriu a guarda, sendo atacado grandemente.

— Fez bem em nos chamar. Vamos tentar aniquilar as energias densas com as quais esses irmãos estavam envolvendo-o e deixar que ele se acalme. Estão criando situações na mente dele que podem até mesmo lhe provocar um abalo físico.

Terminando a frase, o nobre e amoroso senhor foi ao socorro do amigo, seguido por Carlos e por outros companheiros.

Iniciaram o trabalho fazendo a limpeza do ambiente, mas não estavam conseguindo desligar o pensamento de André, que se mostrava decidido a procurar Luísa imediatamente.

Em sua cabeça, a moça estaria em casa, aguardando seu retorno, e ficaria feliz e pronta para satisfazer-lhe todos os caprichos sexuais. Assim, André já antecipava todos os prazeres que sentiriam.

Essa criação mental fixa e doentia impossibilitava a ação dos abnegados amigos, que precisavam de uma ajuda externa, que foi logo providenciada, utilizando a energia etérea do próprio André.

— Nossa, acho que o pneu está furado! Mas que droga! Isso é hora de acontecer esse tipo de coisa? Olhando para o relógio de pulso, viu que já passava das vinte horas.

Enraivecido, André procurou um lugar seguro para estacionar o carro e desceu para fazer a troca do pneu.

Sua frustração em ter de parar para trocar o pneu foi o bastante para que ele mudasse seu padrão de pensamento e se desligasse, por algum tempo, da influência grotesca que vinha deixando dominá-lo.

Aproveitando esse momento, a equipe empenhou-se em fazer a energização do irmão, provocando nele a lembrança da imagem da filha e da esposa, que, aos poucos, foi tomando conta de seu ser.

Enquanto trocava o pneu, os pensamentos de André se voltaram para a data do nascimento de Lívia, um dos dias mais abençoados de sua existência. Ele lembrou-se de quando ela deu seu primeiro passinho. Lembrou-se também dos dias em que chegava em casa cansado, às vezes sem forças físicas, e Bárbara lhe contava as evoluções da filha. Aquelas histórias o encantavam a tal ponto que o faziam esquecer o cansaço.

Cada lembrança era como uma facada em seu coração, machucado pela própria invigilância.

— Querido filho, não se maltrate! Apenas siga seus sentimentos! Não dê asas às suas necessidades primárias. Lembre-se sempre de que você tem uma boa companheira e uma filha que o ama. Você pediu para que elas o acompanhassem nesta caminhada, não as abandone! A evolução de Luísa também depende de sua abnegação e de seu amor. Confie, estamos trabalhando. Precisamos que seja forte e perseverante na mudança.

André não ouviu o que Bastião lhe falou ao ouvido, mas sentiu a energia de amor do mentor, que provocou nele sentimentos represados. Assim, ao entrar no carro, ele abraçou o volante e deixou que as lágrimas de dor e medo fluíssem abundantemente.

— Deus, eu sei que o Senhor existe! Também sei que não mereço nada, pois sou um filho que nem faz as orações diárias. Perdoe-me! Senhor, me ajude a ter minha família de volta!

Afagando os cabelos dele e abençoando-o, a equipe de irmão Bastião retirou-se, deixando que Carlos, seu amado protetor, continuasse ao seu lado protegendo-o e intuindo-o.

Alguns dos amigos equivocados foram aprisionados e levados para um local de refazimento, menos Bruno. Ainda não havia chegado a hora do socorro, por conta de todo sentimento contrário que ele alimentava.

André, após controlar o pranto sentido e se arrepender das decisões de segundos atrás, voltou para a estrada e, no primeiro posto que encontrou, parou para fazer um lanche. Na verdade, nem estava com tanta fome. Somente queria lavar o rosto e as mãos, mas resolveu entrar para tomar um café.

Era um posto conhecido. Várias vezes, ele e Bárbara haviam parado ali para pegar água e abastecer. Gostava do local porque era bem limpinho e oferecia um bom atendimento. Até conhecia a atendente: dona Joana.

Ela, sorridente, o cumprimentou:

— Quanto tempo o senhor não aparece! Boa noite!

Sorrindo em retribuição, André também a cumprimentou.

— Tudo bem! E a senhora, dona Joana?

— Graças a Deus! Depois que o senhor me passou aqueles remédios, aquela dor no cotovelo nunca mais me incomodou. Louvado seja! Rezo para que o senhor continue sendo esse médico atencioso e possa curar as pessoas. Este é um dom que Deus dá para poucas pessoas. O senhor foi um anjo!

André não sabia lidar muito bem com elogios e agradecimentos. Ficava sem jeito, apesar de saber que era a forma carinhosa de Joana e que ela falava muito.

— Imagina! Fiz o que podia!

— Doutor, eu já tinha passado por tantos médicos. Nenhum deles tinha acertado. Agora, olha!

As palavras foram acompanhadas de movimentos rápidos com os dois braços, que antes estavam limitados, sem permitir que ela os movimentasse.

— Nossa! Está ótimo mesmo! — disse ele surpreso com a destreza dela.

Já fazia quase um ano que ele tinha atendido Joana no posto. Era um dia calmo. Retornando para casa, pararam para lanchar, e ela emendou uma conversa e relatou o caso clínico. Bárbara, solidária, vendo que ela não conseguia nem trabalhar mais, pediu para André examiná-la. Por sorte, Joana carregava consigo todos os exames, que possibilitaram ao médico dar o diagnóstico e prescrever o remédio correto.

Joana fez o tratamento por trinta dias e depois foi ao consultório de André para o retorno. Em mais ou menos cinco meses, ela recebeu alta.

Na verdade, André não tinha mais falado com ela. Nas outras vezes que passara pelo posto, ou o lugar estava muito cheio ou ela não estava. Somente naquele dia é que, aproveitando o pouco movimento, ela entabulou uma conversa com o médico.

— Fico muito satisfeito que a senhora esteja bem e que o tratamento tenha dado certo.

— Falo do senhor para todo mundo que me pergunta de um médico. Só Deus sabe as dores que eu sentia. — Rindo, ela disse: — Falo tanto que me esqueci de perguntar o que senhor deseja. Vai pedir agora ou esperar suas meninas?

Ele sempre falava que estava esperando as meninas, que sempre demoravam no banheiro, por isso a brincadeira dela.

Sorrindo para Joana, André respondeu que não, pois naquele dia estava sozinho.

— Mas o que houve? Não vieram passear?

Joana era realmente curiosa, embora suas perguntas não estivessem revestidas de maldade.

— Vieram, mas ficaram para passar a semana com a mãe de Bárbara! — E emendando, pois já imaginava a próxima pergunta, garantiu: — Mas está tudo bem com todas. É só uma visita mesmo.

— Ah, que bom! Deus conserve assim. Então, o que o senhor deseja?

André resolveu comer um misto-quente e tomar um refrigerante e, pedindo licença, sentou-se a uma mesa mais reservada. Terminou rapidamente a refeição, pois sentiu o cansaço bater e ainda faltavam uns quarenta minutos para chegar a casa. Ele, então, se despediu e saiu.

Não pensou mais em Luísa. Chegou a casa e, depois de tomar um banho rápido, adormeceu. Teria um plantão logo cedo e queria estar bem para atender aos pacientes.

Na verdade, seu último pensamento foi para Joana, que o inspirou a ser ainda mais dedicado à sua profissão, porque o maior pagamento era aquele tempo de conversa, em que o paciente lhe agradece com o coração.

Assim, feliz e satisfeito consigo, André elevou o pensamento e agradeceu a Deus por aquele momento e por ter, como havia dito à senhora, usado o dom dado pelo Senhor para ajudar as pessoas a terem uma vida melhor. Aliás, a prece era algo que havia muito não se lembrava de fazer.

André, na verdade, andava bem esquecido de Deus, o que com certeza iria mudar a partir dali. Sentia em seu coração a vontade de estar mais perto da Igreja.

Resoluto, ele pensou, antes de adormecer, que no próximo fim de semana convidaria suas meninas a irem à missa. Precisava voltar para a casa de Deus.

Capítulo 9

Bárbara sentia-se cada dia mais angustiada. Estava na cama acompanhada de seus lençóis brancos e cheirosos, em meio a pensamentos perturbadores e aos amigos espirituais que ela teimava em manter ao seu lado, irmãos em desequilíbrio que favoreciam seu estado emocional confuso.

Bárbara alimentava os pensamentos de revolta contra André e a sensação de fracasso e orgulho ferido, que a impediam de experimentar o sentimento de libertação que era o perdão.

A cada instante que ficava só, Bárbara rememorava todo o processo de descoberta da traição. Revivia sua tristeza e chorava, como se estivesse ainda dentro do carro.

Por mais que os espíritos amigos procurassem ajudá-la, não estava sendo fácil. Ela não queria ajuda; preferia se manter na posição de vítima e sofrer.

"André agiu errado! Ele traiu nosso amor e seus votos!". Era a frase constante que ecoava em seu cérebro.

A mãe a tudo observava. Tentava fazê-la enxergar que André estava tentando se reaproximar, mas nada surtia efeito.

Bárbara, na verdade, sentia a necessidade de se vingar e fazê-lo experimentar do próprio veneno. Em sua cabeça passavam mil e um planos de vingança, até mesmo o suicídio.

O pensamento de tirar a própria vida, contudo, já havia perdido forças. Somente de vez em quando, ele reaparecia. Em muitos momentos, era implantado pelos irmãos obsessores, que se deliciavam em usá-la e riam ao ver que Bárbara se sujeitava a todas as suas ideias.

Ela virava-se de um lado para o outro da cama, sem achar posição para dormir. Já passava da meia-noite quando, finalmente, conseguiu pegar no sono.

Assim que se desligou dos laços da matéria e abriu os olhos para o mundo espiritual, Bárbara deparou-se com Bruno e seus amigos.

A intenção deles era levá-la para lugares onde teria ideias macabras, fortalecendo, assim, seus sentimentos de insegurança e de vitimização pelos quais Bárbara estava se enveredando.

Mas a visão do espírito da mãe, que, em vigília, se encontrava ao seu lado, bem como do pai, que, desencarnado, fora ao encontro das duas, a fizeram se desvencilhar deles e ir correndo até os dois.

Lágrimas de emoção e saudade inundavam sua face.

— Papai, você veio ao nosso encontro! — O abraço que Bárbara recebeu daquele amado espírito a fez demorar-se nos braços do pais, presa em suas energias.

O amor que vinha dele aquecia seu coração. Era uma troca de vibração. Uma terapia espiritual do abraço. Ela não percebia, mas, com a emoção e o amor tomando conta de todo o seu ser, sua faixa vibratória mudara instantaneamente.

— Minha amada!

— Há tempos não vinha me ver, papai! — O tom era choroso.

Rindo alegremente, ele respondeu pegando nas mãos das mulheres e volitando com as duas até um lindo e florido jardim. Elas o acompanharam sem contestar.

— Jamais me afasto de vocês! Meu sentimento e meus pensamentos as acompanham. Posso, como hoje, não me fazer ver, mas sei de tudo que se passa e intercedo por vocês em todos os momentos.

Após uma breve pausa, ele continuou:

— Não faço parte da equipe designada para auxiliá-las, porquanto ainda não tenho todo o equilíbrio mental para não prejudicá-las. Em algumas provas, eu seria capaz de desequilibrá-las, e com isso as prejudicaria em vez de ajudá-las. Mas creiam que estou sempre o mais perto que me permitem. Olhem hoje. Aqui estamos juntos os três novamente.

Ao dizer isso, ele as abraçou pelo ombro, puxando-as para si e depositando um demorado beijo na face de cada uma delas.

E continuou falando com os olhos pregados nos de Bárbara:

— Na verdade, hoje vim em seu socorro a pedido de sua mãe.

Abaixando a cabeça, Bárbara não ousava olhar nos olhos do pai, que, amorosamente, a forçou com o dedo indicador a encará-lo.

— Você tem conhecimento do que faz consigo mesma?

Bárbara somente balançou a cabeça afirmativamente.

— Filha, quando você se propôs a reencarnar junto a mim e à sua mãe, a quem o Pai permite que esteja ao seu lado fisicamente, você tinha consciência de que eu viria mais cedo, porque vocês precisavam crescer juntas e aprender a se apoiar e amar.

Sim.

— Meu amor, você também se lembra dos compromissos que assumiu com André?

— Eu lembro! Quem não se lembra é ele, pois foi André quem quebrou os compromissos, não eu! — O tom era de tristeza e de revolta.

— Querida, para que tão grande e duro julgamento?!

— Não estou julgando, é a verdade! Você sabe que, novamente, ele traiu os compromissos assumidos comigo — dizendo isso, ela levantou-se e afastou-se do pai.

Olhando nos olhos de Irene, que, até aquele momento, permanecia ali calada, Bárbara pediu sua intercessão. Ela sempre fora mais sábia que ele.

— Bárbara, minha filha amada, volte aqui e sente-se! Não temos tanto tempo ao lado de seu pai. Ele tem que voltar para seus afazeres, e nós, para nosso corpo físico. Além disso, seu desequilíbrio pode abreviar nosso encontro, tão raro e precioso aos nossos saudosos corações.

As palavras da mãe a fizeram refletir e retornar em silêncio para próximo dos dois, sentando-se no meio deles.

Um incrível fenômeno, então, ocorreu naquele instante. A figura de mulher, por alguns momentos, foi modificando sua imagem, como se regredisse aos cinco anos de idade.

— Filha! — disse a mãe em tom enérgico, intuída por Eugênio, o protetor dela, que não se fazia aparente mas estava ali, aconselhando Irene para que fosse firme com Bárbara. Informava que isso era uma forma de fugir, de se acovardar diante da realidade, buscando em uma idade feliz a sua segurança emocional. Mas avisava também que isso era muito perigoso, pois a alma poderia buscar essa segurança permanentemente.

Irene não entendeu bem os fundamentos daquela explicação, mas, com base na confiança no Pai e em seus soldados abnegados, assim procedeu.

— Volte agora à sua forma física atual! Bárbara, eu disse imediatamente! Não vai adiantar de nada fugir! Você é uma mulher linda e forte!

Tem o direito de fazer escolhas em sua vida, mas a de se acovardar não é uma delas. Não vou permitir!

Abraçando-se à filha, continuou:

— Você já fez isso em outras vidas e teve de voltar para dar continuidade às suas programações. Você tem consciência de que o sofrimento é somente interrompido, não cessado. É hora de enfrentá-lo!

Indo em ajuda à mãe, João envolveu entre as suas mãos as de sua filha do coração, que agora voltara à imagem condizente com sua idade física. Em lágrimas dolorosas e ouvindo atentamente aqueles dois seres a quem tanto amava e respeitava, ele continuou:

— Bárbara, ouça com amor o que diz Irene, essa irmã que hoje é sua mãe na carne. Quando você resolveu voltar e findar a programação assumida em outras encarnações nas quais falhou, você sabia que André poderia falhar.

Ele fez uma breve pausa e perguntou:

— Não sabia? Responda-me. — O tom de voz de João era de um pai amoroso, mas também enérgico.

— Sim, eu sabia!

— Vocês quiseram se reencontrar para aparar as arestas, evoluir e se perdoar. Não foram esses os compromissos e a programação assumidos?

— Mas eles esqueceram e estão juntos de novo! — afirmou ela, interrompendo o pai.

— Eles não estão e sofrem muito com tudo o que aconteceu.

Novamente, o espírito amigo, falando na mente de Irene, a autorizou a falar da situação emocional em que Luísa se encontrava.

Bárbara ouvia calada o relato da mãe e, apesar de toda a dor que Luísa já lhe causara, a amava. Fora sua irmã mais velha em duas ocasiões e sabia ser uma pessoa carente e amorosa.

Após o relato, os três permaneceram em silêncio por um pequeno instante, quebrado por João, que sabia que o momento de estar com elas chegava ao fim.

— Tenho de regressar, pois meus afazeres me chamam. Quero que pense em todo o sofrimento que essa atitude está causando em todos vocês, inclusive em Lívia, que está ao seu lado como companheira e amiga e precisa de direcionamento.

Enxugando as lágrimas com as costas das mãos, Bárbara confirmou a ciência da necessidade de cuidar de Lívia.

— Você tem o livre-arbítrio para se separar de André e continuar sua vida, como também tem o direito de recomeçar e tentar findar esta encarnação ao lado dele. Não há nenhuma lei da Terra ou da espiritualidade que a obrigue a continuar seu casamento, visto que ele realmente fraquejou.

— Eu sei, pai! Mas é muito doloroso! Sinto tanta tristeza quando lembro que eles me traíram novamente. Todo o sofrimento de vivências pretéritas volta.

— Se você está deixando que esse sofrimento volte, é porque seu perdão não aconteceu por completo. Reanalise todo o contexto e pare de se achar a vítima. Se Deus permitiu que você, novamente, se achasse nesta situação, é para que se saia melhor dela e não para que se afunde e se afogue em lamentações. Vá ser útil! Irene, leve Bárbara até um local de caridade e a coloque para servir ao próximo. Ela verá que, no trabalho com os mais necessitados, logo acabará essa autopiedade.

João fez uma breve pausa e continuou:

— Preciso ir. Creio que é chegada a hora. A decisão de continuar com André ou não é somente sua e não haverá um castigo celeste por conta disso. Deixo com você a decisão de continuar, refazer a vida e ser útil. Só lhe faço um pedido: seja útil, filha! Dê amor a quem necessita.

Assim, com abraços amorosos, João despediu-se após deixá-las junto aos respectivos corpos físicos.

Bárbara não se lembraria de toda a conversa com o pai, mas de um breve limiar de tudo.

— Fiquem com a paz de Jesus!

Com essa frase, ele sumiu da visão delas.

Capítulo 10

Abrindo os olhos, Bárbara viu que passava das oito horas. Havia dormido muito e fazia tempo que não acordava tão tarde.

Na verdade, demorara para pegar no sono, pensando em André. Ao se lembrar dele, seu coração apertou no peito. Por alguns segundos, ainda quis se ligar aos pensamentos perturbadores, no entanto, lembrou-se do pai. O peito apertou, mas agora de saudades.

João havia sido um pai maravilhoso, presente, e morreu quando Bárbara tinha quatorze anos. Na época, ela e a mãe agarraram-se uma à outra e continuaram a caminhada.

Ele trabalhava em uma firma como contador e deixara uma pensão com a qual elas se mantinham e aquela casa, que ele mesmo quase não aproveitara.

Com lágrimas de saudade, ela disse em voz alta:

— Oh, paizinho amado! De onde estiver, olhe sempre por nós!

Levantando-se da cama, Bárbara ficou pensando no porquê de naquele dia estar sentindo tanta saudade do pai.

Rindo, disse novamente em voz alta:

— Você deve estar zangado comigo por eu ter me tornado esta mulher fraca, dependente e emocionalmente destruída.

Bárbara disse isso olhando-se no espelho. Assim que ela ouviu a própria frase e viu sua imagem refletida no espelho, fez uma cara consternada, como se algo despertasse em seu ser.

— Eu não sou fraca, papai! Nós o perdemos, passamos necessidade, mas sobrevivemos. Comecei a trabalhar cedo e nunca tive preguiça. Só parei de trabalhar depois que me casei com André. Ele que quis fazer de mim uma dondoca. Ora bolas! Sabe de uma coisa?! É isso que está me matando! Não fazer nada, ficar esperando...

E continuou falando a si mesma:

— Retiro o que disse! Não sou uma mulher fraca nem destruída. Sou forte como uma fênix! Renascerei das cinzas e serei útil!

Com esses pensamentos, ela tomou um banho resoluta. Iria conversar com a mãe. Havia de ter algo naquela cidade para elas fazerem, e, assim que decidisse sua vida, a primeira providência seria retornar ao trabalho ou estudar.

— Eu, definitivamente, não serei uma dona de casa, sem profissão definida.

Não somente João mas também outros abnegados irmãos que ali estavam sorriram e emitiram uma sentida prece em agradecimento ao Pai, que permitira socorro e orientação àquela querida irmã.

Assim que chegou à cozinha, Bárbara viu sua mãe fazendo um delicioso bolinho de chuva.

Rindo, beijou a face da mãe e perguntou:

— É para combinar com esse delicioso tempo?

Pegando um bolinho, levou-o rapidamente à boca, o que provocou um pequeno grito, pois os bolinhos fritos haviam sido retirados da gordura naquele instante.

— Filha! Está boba? Não viu que está quente? Acabei de fritar!

Com as duas mãos abanando a boca, que, aberta, ainda mantinha o bolinho quente, Bárbara apressou-se a mastigar e engolir.

— Nem pensei, mãe, tamanha foi a gula!

As duas riram do momento de bobeira de Bárbara, apesar de já ter feito aquilo muitas vezes.

— Isso me lembrou de quando você estava atrasada para trabalhar e não prestava atenção às coisas. Sempre acabava se queimando.

Pegando outro bolinho da travessa, mas dessa vez partindo-o ao meio e soprando-o antes de comer, Bárbara começou a falar.

— Engraçado! Havia pouco, estava pensando nisso.

— É?! Eu estava aqui coando o café, e você demorou. Daí me lembrei daquela época e resolvi fazer o bolinho para matar a saudade.

As duas ficaram caladas por alguns instantes. Bárbara sabia que sua mãe estava lembrando-se do falecido marido, que adorava aqueles quitutes.

— Ele faz falta, né?! Sonhei com papai essa noite. Não me lembro muito, mas sei que conversamos bastante — disse Bárbara, saudosa. — Acordei pensando nele. Tive uma bela conversa com papai, que me mandou falar com a senhora.

Ambas riram. Bárbara sempre falava isso quando o pai estava vivo. Ela lhe pedia algo, e ele respondia: "Fale com sua mãe! É ela quem manda na nossa mercearia".

— E sobre o que falaram pela manhã, tão cedo?

— Mamãe, quero ser útil, e papai concordou que tenho que fazer algo. Não sou um ser humano preguiçoso nem sou burra. Posso aprender. Ora, quando era nova, antes de me casar com André, eu trabalhava, tinha meu dinheiro e minhas coisas. Não sou dondoca nem quero ser mulher de médico! Pronto, é isso!

Batendo palmas, a mãe soltou a escumadeira com a qual fritava o restante da massa e deu a volta na mesa, abraçando a filha fortemente.

— Glória a Deus! Minha filha está de volta!

Olhando para o alto, Irene agradeceu:

— Obrigada, Mãe Maria! Obrigada, Deus, por ouvir minhas preces! E, virando-se para a filha, disse: — Espere eu tirar esses bolinhos. Vamos comê-los com café e comemorar esta nova fase. Acho que eu estava adivinhando que seu pai estava por aqui.

A agradável conversa aconteceu ao redor da mesa, enquanto devoravam os bolinhos.

Conversaram e relembraram várias passagens da vida de ambas e como juntas atravessaram verdadeiros desertos, o que as fez fortes e unidas.

— Acho que estava doente! Queria morrer! Acredito que nunca pensei que ele iria me trair.

— Mas traiu, filha! É a realidade, e você tem que decidir se vai ou não passar por cima disso, perdoar e recomeçar com ele... Ou sem ele! Esta é uma decisão somente sua!

As palavras da mãe eram duras, ditas de forma firme e não deixavam margem a questionamentos, mas com aquela dose de amor que somente uma mãe saberia inserir.

— Eu sei, mas ainda não tomei uma decisão! Não estou pronta para perdoar. Sei que isso é errado, que André não é um homem ruim, mas ainda não sei!

Dando uma pausa na fala, Bárbara sorriu e balançou os ombros, como se deixasse para lá aquele assunto. Ela, então, continuou:

— O que sei é que quero voltar a fazer algo produtivo. Chega de ser este ser que se arrasta. Continuo triste, mas posso ser triste produzindo.

As duas riram.

— Sim, com uma mão enxugamos as lágrimas e, com a outra, trabalhamos! Era assim que eu fazia quando seu pai faleceu.

— Eu me lembro de quantas vezes a peguei lavando louças e chorando, mãe. Eu fingia que não via a senhora enxugando as lágrimas escondida.

— Sempre pensei que você nem imaginava que eu estava chorando disse, fazendo expressão de espanto.

O clima era de harmonia e paz, como há muito as duas não experimentavam. Ficaram ali um tempo traçando planos para visitar algum lugar, para ver o que precisavam.

A mãe sabia que, não muito longe dali, havia um asilo, que era cuidado pela Prefeitura, e sabia também de uma casa espírita, em que faziam sopas e levavam a quem tinha fome.

— Será uma casa de macumba, mamãe?

— Filha, dona Luciana é bem falada aqui! Paula, a mulher do Ernesto, já foi lá e disse que eles trabalham ajudando as pessoas. Sabia que sempre quis ir e nunca tive a oportunidade? Sempre deixei para o próximo fim de semana.

— É sempre assim, nunca temos tempo. Mas confesso que tenho medo desses lugares. Será que lá tem um monte daquelas imagens e faz despachos?

— Que bobagem, filha! Imagem por imagem, na Igreja Católica há um monte.

— Sim, mas lá é de santo!

— Querida, isso é crendice! E Paula me disse que o lugar é ótimo. Falou-me muito bem, e ela é uma mulher da Igreja. Vai lá ajudar como voluntária e ama o trabalho. Vamos fazer melhor! Vou ligar para Paula e pedir que nos leve até lá. Daí você decide!

— Sim, mas, se eu ficar com medo, voltamos na hora!

— Tudo bem.

— Será que podemos levar Lívia?

— Realmente, não sei! Mas vou pedir a Paula que nos leve em um horário que crianças possam ir.

Assim combinado entre ambas, Irene prometeu ligar para a amiga. Iriam aos dois lugares: ao asilo municipal e à casa espírita.

Eram dez horas da manhã, quando Irene ligou para a amiga.

— Nossa! Que prazer falar com você, querida! Tudo bem por aí? Há dias falo para Ernesto que desejo vê-la.

— Graças ao Deus que me protege, estou bem! Minha filha e minha netinha estão passando uns dias aqui.

— Nossa, que delícia! A casa, então, está em festa!

— Sim, e a vovó babando!

Ambas riram. Paula também tinha netos e era apaixonada por eles.

— Imagino! Pensei que havia ligado para marcar um chazinho da tarde para uma boa conversa.

— Não foi bem para isso, mas também não resisto a um bom chazinho. Liguei para convidá-la para nos levar até aquele lugar onde vocês fazem sopa para os mais necessitados. Lembra que você me pediu roupas usadas para o bazar?

— Sim, que bênção! Há muito tempo quero levá-la lá!

— Você ainda está indo ajudar?

— Sim, vou sempre que posso!

— Bárbara quer saber como é e se é permitido levar crianças.

— Claro! Lá é maravilhoso! Vocês vão adorar! Há várias crianças e muitos adultos. Amiga, espere só um pouquinho, não desligue. Só vou perguntar uma coisa para Ernesto.

Pedindo licença, Paula afastou-se do telefone, mas voltou rapidamente.

— Desculpa, só queria confirmar se ele vai para o sítio. Acho melhor ir até sua casa e conversarmos. Então, vamos lá para vocês conhecerem, pode ser? Ou vão fazer algo hoje?

— Claro, pode ser! Ernesto vai para o sítio?

Irene sabia que, após a aposentadoria, o marido da amiga havia comprado um pedaço de terra perto da cidade e quase sempre passava o dia por lá.

— Vai daqui a pouco e só deve retornar à tarde, quase noite. Se deixar, ele dorme por lá. Nem minha falta sente mais.

O tom era meio queixoso, mas Irene sabia que era só charme da amiga e nem deu muita atenção.

— Então, venha almoçar conosco!

Paula aceitou o convite prontamente, e combinaram de que, ao meio-dia, ela estaria lá. Depois, despediu-se da amiga com um até breve.

Contando a Bárbara o que havia combinado com a amiga, Irene foi para a cozinha cuidar do almoço, já que teriam visita.

Adorava Paula! A amiga era uma mulher de cinquenta e poucos anos, descendente de italianos, loira de olhos claros, muito falante e de um coração imenso. Os três filhos estavam todos casados; dois moravam na cidade e um na capital. Era delegado de polícia, fato que desagradava profundamente a mãe e o pai. Mas ele, desde cedo, falava que queria ser policial. Tiveram, então, de aceitar e sabiam que ele era feliz no que fazia.

Era meio-dia e dez, quando um carro estacionou na frente da casa de Irene, que, levantando a cortina, viu a amiga entrando no quintal.

— Sua amiguinha chegou, vovó? — perguntou Lívia, ansiosa, pois havia adorado a ideia de conhecer uma amiguinha da vovó.

— Sim, minha amiguinha chegou e trouxe uma surpresa para você.

— Para mim?!

Rindo, a avó confirmou.

Olhando pela janela, Irene viu que a amiga estava em companhia da neta Raquel, uma adorável menina de cinco anos.

— Vamos recebê-la?

Mal as palavras foram pronunciadas, Lívia saiu em disparada rumo à porta de entrada, chegando na frente da avó e posicionando-se no meio da porta.

— Olá! — cumprimentou a visita, estendendo-lhe a mão e abaixando-se para dar um beijo na face.

Os olhos da menina não desgrudavam da outra garotinha. Havia dias, não tinha uma pessoa de sua idade para brincar. Estava radiante!

— Oi!

— Oi! — respondeu a outra menina.

Vendo Irene aparecer atrás da menina, a amiga deu um passo à frente e abraçou-a amorosamente.

— Olá , querida! Há quanto tempo não nos víamos?!

O abraço foi retribuído com o mesmo sentimento.

— Sim! Uma vergonha! Deve fazer mais de dois meses que não nos vemos! E morando na mesma cidade!

— Sim, isso é verdade!

— Vovó?! — Era Raquel quem puxava a saia da avó, chamando-lhe a atenção.

— Oi, filha!

A menina estava com uma caixinha nas mãos e apontava para ela como se perguntasse o que deveria fazer com o embrulho.

— Entregue! Você não trouxe para sua nova amiguinha? Irene, me desculpe, tomei a liberdade de trazer Raquel comigo. Achei que elas fariam companhia uma à outra.

— Não tem do que se desculpar. Amei sua ideia. Não havia pensado nisso!

— Gente, vamos entrar! Lívia, meu amor, agradeça à amiguinha pela gentileza.

— Obrigada, amiguinha.

Abaixando-se, disse ao ouvido da neta:

— Diga que foi uma gentileza e que você adora chocolate.

Tímida ainda, mas obedecendo à avó, Lívia disse tão baixinho que a outra quase nem ouviu.

— Obrigada, adorei a gentileza! Eu adoro chocolate!

— Agora, dê um abraço nela!

Lívia abraçou Raquel, meio desconsertadamente, pois mantinha a caixa de bombons debaixo do braço, e todas foram andando.

— Vamos para a cozinha! Bárbara está terminando de colocar a mesa.

— Sim! E como ela está?

— Está bem!

Chegando à cozinha, apontou à amiga um local na mesa e pediu às crianças que se sentassem na outra ponta.

— Antes, me deixe cumprimentar sua filha! — falou Paula, aproximando-se de Bárbara.

— Bárbara, como você está? Lembra-se de mim?

Olhando a jovem senhora de olhos brilhantes e jeito vivaz, Bárbara imediatamente se recordou da amiga da mãe e, abraçando-a, deu-lhe as boas-vindas.

— Sim! Pelo nome não havia me recordado, mas agora sim. Como está seu esposo?

— Ernesto está ótimo! Foi para sua paixão. Digo que ela é a amante que ele nunca teve... Jesus!

Diante da cara de espanto da filha, Irene emendou a fala da amiga e disse:

— Ele foi para o sítio deles. Depois que se aposentou, Ernesto passa o dia lá cuidando de plantas e de outras coisas. Ela não gosta, e ele não insiste em levá-la. Seja honesta com você mesma!

Dando uma deliciosa gargalhada, Paula concordou:

— Sim, eu não gosto! Sou urbana!

— Mas adora espezinhar o coitado.

Sentando-se à mesa, pois já estava tudo pronto, Paula, ainda se eximindo, concordou:

— Mais ou menos! Não acredite no que sua mãe está dizendo, Bárbara! Ele realmente me troca pelo sítio. Fica lá curtindo a natureza, sem ter o que fazer.

Bárbara, que somente ouvia a conversa, ficou rindo da situação. Achou engraçado uma senhora ter ciúmes do marido com o sítio.

— E quem é essa linda mocinha que ninguém me apresentou?

— Desculpe! Raquel, querida, venha aqui!

A menina, que estava no canto da mesa, levantou-se e foi até Bárbara, que estava em pé, perto do fogão.

— Que educação é essa da vovó?! Não podemos nem contar para a mamãe, se não ela não nos deixará mais sair juntas.

A frase tinha um tom de cumplicidade, o que fez a menina colocar o dedo indicador nos lábios, seguindo o gesto da avó, como se fosse um segredo grandioso entre as duas.

Bárbara achou uma graça! Estava encantada com a amiga da mãe. Com certeza, seria um dia muito agradável!

O almoço havia sido feito com capricho. Era o prato preferido de Paula.

— Fizemos um franguinho ao molho, porque sei que você adora. Mas será que Raquel gosta?

— Nossa, que delícia! Assim você me acostuma mal! Acho que ela gosta, sim. Pelo menos em casa, ela come. Mas não se preocupe com isso. Ela come arroz com banana, e acha o máximo! Aprendeu essa com o avô, pai do pai dela.

Conversando amenidades, elas começaram a servir a comida às meninas. E, neste clima de alegria, correu o almoço.

As crianças comeram rápido e foram para o quarto de Lívia para pegar brinquedos e comer os chocolates.

— Obrigada por trazê-la.

— Imagina! Até pedi desculpas à sua mãe. Achei que seria uma boa ideia, mas esqueci de perguntar.

— Foi uma ótima ideia! — exclamou Irene, levantando-se e começando a tirar a mesa.

— Está satisfeita?

— Meu Deus! Se eu ousar comer mais um grão de arroz, cairei dura e estatelada aqui!

Paula era realmente dramática, mas tinha um bom humor abençoado.

Mesmo sob os protestos das donas da casa, ela se candidatou a lavar a louça e não aceitou recusa.

Havia se refastelado e nem cozinhara nada. Considerava justo, então, lavar ao menos a louça.

Assim, limparam a cozinha juntas e já prepararam um cafezinho, pois era um vício de todas.

— Bem, como o café da sua mãe é muito melhor que o meu, vou me sentar e aguardar.

— Sente-se! Já, já estará pronto!

— Enquanto mamãe prepara o café, conte-nos como são os trabalhos desenvolvidos nos lugares que logo mais iremos visitar, Paula.

Olhando no relógio de pulso e sorrindo, a nova amiga respondeu para Bárbara:

— Logo mesmo! Já são quase duas da tarde. Como comemos!

— E como conversamos! — Todas riram do gracejo de Irene.

— Vou contar o básico sobre os dois lugares. O que eles têm em comum é a vontade de ajudar ao próximo e a carência material e física.

— Isso nem precisa falar! — afirmou Irene, servindo uma deliciosa xícara de café para as três e sentando-se à mesa para participar mais efetivamente da conversa.

— Sim! Quanto ao asilo, vamos primeiro até lá, pois é mais perto daqui — disse, explicando o nome e o bairro onde se situava o local.

— É um lugar pequeno, mas bem limpinho. Quem o mantém é a Prefeitura junto com a Igreja Católica. Deve ter uns trinta idosos, todos bem cuidados e alimentados, mas sempre faltam coisas. Eu e Ernesto vamos lá frequentemente! Levamos material de limpeza, pois usam muito lá. Também levo fraldas, roupas que arrecado, essas coisas.

— Sim! Já estive lá uma vez, mas isso faz muitos anos! Havia muitos idosos, uns em cadeiras de rodas, outros até mesmo bem de saúde.

— Sim, mas a maioria são doentes que os filhos abandonam e não visitam mais. A situação não é das melhores. Digo no sentido emocional. São muito carentes. Algumas vezes, quando Ernesto não se enfia no sítio...

Paula cortou a narrativa para fazer caretas e uma dramatização ao falar do sítio do marido. Ela era realmente cômica.

— Lá vem o sítio do coitado do Ernesto... Esqueça o sítio e continue! — atalhou Irene, em tom severo. Mas todas sabiam que não havia nada disso, que era somente uma brincadeira.

— Tudo bem, deixemos o sítio! Como estava dizendo, quando Ernesto não vai ao sítio e passa o dia lá, vamos ao asilo, levamos biscoitos e ficamos ouvindo as histórias deles. Eles adoram! Falam, falam... Contam sempre a mesma história e reclamam dos filhos e demais parentes que nunca se lembram deles.

— Nossa! Isso é muito triste, mamãe! — Bárbara exclamou, indignada. — Como pode um filho abandonar os pais?

Pegando na mão de Bárbara, que estava depositada sobre a mesa, Paula apertou-a amorosamente e, de forma séria, disse:

— Querida, você vive em um mundo quase perfeito! Eles são abandonados física ou moralmente! Muitas vezes, a "família" não os entrega aos asilos, pois usa o auxílio que essas pessoas recebem do governo para ajudar nas despesas, mas as submetem a todos os tipos de maus-tratos. Devido a essa situação, o próprio Estado as tira do convívio da "família". Lá no asilo, você ouve e descobre como é a vida!

— Muito triste! Eu não consigo imaginar isso.

O tom revoltado de Bárbara fez o coração de Irene encher-se de amor. Emocionada, ela não queria chorar ali. Via, na indignação da filha, que não seria desamparada na velhice.

— Que alívio, Paula! Minha filha única não tem essa intenção comigo. Isso já me alivia bastante!

— Ora, mamãe! Que bobagem! Jamais iria deixá-la aqui, e André a ama como uma mãe. A senhora não mora conosco porque não quer.

— Calma, filha!

— Calma nada! Compreenda que me ofende ao dizer isso. A senhora é minha mãe e minha companheira.

— Eu sei, querida. Estava somente trovando.

— Meninas, não é hora para isso! Vamos pegar nossas princesinhas para sair! Já almocei e tomei meu delicioso café. Não me resta mais nada a fazer nesta casa. Vamos ou ficará tarde!

— Sim, a senhora está correta! Vou colocar uma roupinha em Lívia. Sairemos em seguida.

— Coloque algo simples. Tudo é muito simples nesses lugares.

E assim foi feito. Em quinze minutos, todas já estavam a caminho do asilo.

O destino não ficava longe. Rodaram por cerca de vinte minutos e pararam num local amplo, que parecia uma chácara, cheio de árvores e bancos, que haviam sido espalhados embaixo delas.

Chegando lá, foram recebidas por uma senhora de nome Bernadete, que abraçou a todas com alegria. Mais efusivamente, Paula e a neta, pois já as conhecia.

— Que bom vê-las! Raquel, você trouxe hoje uma amiguinha? Me apresente!

A criança, toda satisfeita com a importância dada a ela e à amiguinha, deu um passo à frente e, soltando a mão da avó, puxou Lívia, apresentando-a:

— Esta é a Lívia, minha melhor amiga.

— Nossa, que legal! Ela é linda! Eu sou a Bernadete! Você quer me ajudar? Raquel me ajuda muito quando vem aqui!

Primeiro, Lívia olhou para a mãe e para a avó como se confirmasse que podia ir. Vendo que a mãe balançou a cabeça afirmativamente, respondeu que sim.

Pegando nas mãos das duas, Bernadete pediu licença para as senhoras e disse a Paula que mostrasse o local onde as meninas iriam trabalhar.

Rindo, as três viram as duas meninas serem conduzidas.

— Bernadete adora crianças. Quando Raquel vem para cá, ela fica no pé de Bernadete a tarde toda.

— Mas o que ela faz aqui? — questionou Bárbara.

— Ela é a assistente social do local. Cuida da parte burocrática das internações e supervisiona o bem-estar dos idosos. Não se preocupe com as meninas; elas estão sendo bem cuidadas! Vamos! Primeiramente, vou lhes mostrar o local começando pela cozinha.

Paula mostrou todas as dependências do asilo. Havia uma cozinha ampla e bem limpinha; uma sala de TV com sofá e várias cadeiras; o refeitório, no qual havia um bebedouro, uma mesa imensa ao centro com bancos e várias cadeiras de fio espalhadas por ali. Mais adiante, ligados a um corredor, começavam os quartos. Eram em vinte, no total. Cada um abrigava até cinco internos. Tudo era muito simples, mas bem limpo. Por onde passavam encontravam pessoas trabalhando. Ora limpando ou ajudando algum senhor ou uma senhorinha.

Elas, então, ficaram ali, conversando, ouvindo histórias e lamentos. As crianças, ora ou outra, vinham até elas e logo desapareciam, indo brincar ou à procura de Bernadete.

As três ficaram tão absorvidas com as mazelas alheias que, ao olharem o relógio, viram que já passava das dezessete horas.

— Irene! Nos esquecemos da hora! Agora ficou tarde para irmos ao centro. Se importariam de irmos amanhã? Me perdoe!

— Imagina! Nós nos desapegamos das horas. Mas é que está tão prazerosa nossa tarde!

— Que bom que gostou! Queria muito que me fizesse companhia nas visitas que faço aqui.

— Com certeza! Isso agora é fato!

A conversa estava sendo travada enquanto as duas estavam à procura de Bárbara e as crianças, que estavam perdidas pelo pátio do asilo.

Encontraram-nas sentadas em um banquinho embaixo de uma árvore. Quando as viram indo em direção a elas, as garotinhas correram para abraçar as respectivas avós, que pararam para esperar o gesto afetuoso.

— Vovó, vamos embora? Estou com fome! — disse Lívia, como era de se esperar.

A outra menina também expressou o mesmo desejo:

— Sim, vamos!

— Podemos passar na padaria? Diz que sim, diz que sim!

Pegando na mão da neta, Paula assentiu. Assim, aproveitaria para pegar um lanche para o marido. Estava realmente cansada e não queria cozinhar.

Assim que Bárbara se aproximou delas, Paula a convidou para irem embora. A moça concordou na hora, contudo, questionou sobre a visita ao outro local, e comunicaram que iriam ao centro no dia seguinte.

Bárbara concordou com a ideia, porquanto estava cansada, seu corpo todo estava dolorido, e ela queria muito tomar um banho e dormir.

Nenhuma das envolvidas imaginavam o porquê de tanto cansaço e de tanta dor no corpo. Não faziam a mínima ideia da caridade e do tanto que haviam ajudado aquelas almas que ali se encontravam em resgate, colhendo os resultados das escolhas desta e de outras vidas.

Os espíritos abnegados, que as acompanhavam e que tinham utilizado suas energias fluídicas de amor ao próximo, sorrindo comentaram:

— Elas acreditam que a tarde foi maravilhosa e que ajudaram, com sua presença, os internados. No entanto, não tinham ideia de como ajudaram a si mesmas.

— Sim, meu irmão! Não sabem da limpeza fluídica que foi feita.

— Mal sabem que a torneira que derrama amor nos inunda.

— Espero que a decisão de ajudar ao próximo permaneça viva nessas almas amigas.

E, felizes, acompanharam o restante do passeio e o retorno a cada lar.

Chegando em casa, Bárbara deu banho em Lívia. Depois, tomou o seu, já colocando uma camisola. Ainda eram vinte horas.

De repente, ouviu o telefone tocando insistentemente. Tinha certeza, em seu íntimo, de que era André, e seu coração acelerou como nos tempos de namoro, quando ele ligava para dar-lhe boa-noite.

Atendendo ao telefone, Bárbara confirmou que era André, que, com voz preocupada, perguntava onde ela estivera à tarde e por que não atendera à ligação.

— Desculpe, não foi nossa intenção preocupá-lo. Estivemos fora a tarde toda e retornamos há pouco.

— Aonde vocês foram?

Em poucas palavras, ela contou a André sobre sua decisão e de Irene de procurar um local para ajudar e que, naquele dia, tinham ido ao asilo municipal.

Ele ouviu toda a explanação detalhada de Bárbara, alegre em ver que ela estava reagindo e que a voz da esposa estava leve. Sentia uma mudança enorme na forma de ela falar, mas, por outro lado, sentia-se também pesaroso. Será que ela queria trabalhar por lá pois não pretendia voltar para casa?

O medo da resposta o fez se calar.

— André, você ainda está aí? Está calado!

— Estou! É tão bom ouvi-la falar com alegria e entusiasmo! Me lembrei da época em que namorávamos!

Rindo, Bárbara disse que, ao ouvir o toque do telefone, havia pensado na mesma coisa. Ambos riram juntos e lembraram-se de alguns bons momentos.

Ela não teve coragem de perguntar onde ele estava nem sobre o trabalho dele. Tinha medo da resposta. O fantasma de Luísa ainda escurecia seu pensamento.

— Querida, vou desligar! Estou no plantão na Santa Casa, e está tudo muito corrido. Apenas Carlos e eu estamos aqui para cuidar de tudo, e estão me chamando. Dê um abraço em Lívia e diga que amo minhas meninas. Amanhã, conversaremos melhor. Tenho uma novidade para lhe contar!

— Tudo bem! Bom trabalho!

Não podia negar que o fato de ele ter dito que estavam somente ele e outro médico de plantão a deixara mais tranquila.

Bárbara foi para a cama pensando nisso. O que, na verdade, a impedia de voltar ao marido era o medo de que ele continuasse com Luísa. Temia que ele a trocasse por ela novamente.

Mas, pensando bem, isso não era racional. Se ele quisesse, não estaria ao lado dela?

Já havia quatro meses que estavam nessa situação, e André, pelo que ela sabia, em momento algum se esforçou para sair da vida delas.

Esses pensamentos a fizeram adormecer com um sorriso nos lábios. Na verdade, ele nunca quis se separar. Fora Bárbara quem assim se manifestara.

Era tarde quando Bárbara acordou. Já passava das oito horas. Assustada com o adiantado da hora, ela levantou-se e, após fazer sua higiene pessoal, foi ao encontro da mãe, que estava no quintal mexendo em um canteiro de cebolinhas, em uma espécie de mini-horta.

Parando na porta, Bárbara cumprimentou a mãe, que se virou, limpou as mãos no avental e foi em direção à filha, depositando-lhe um beijo na face.

— Que carinha mais gostosa é essa? Sonhou com passarinho verde?

Rindo, Bárbara fez cara de quem estava pensando e chegou à conclusão que não havia sonhado com nada.

— Sabe que nem sonhei essa noite? Acho que estava tão cansada que caí dura.

— Eu também! Mas acordei cedo e nossa cicerone já ligou. Disse que passará aqui às treze horas. Hoje, infelizmente, não almoçará conosco, mas aceitará um café.

Rindo, as duas entraram na cozinha.

— Como ela é uma pessoa querida! Adorei Paula!

— Sim! Ela é muito amorosa! Vive intensamente e não se preocupa com o próprio problema.

As duas sentaram-se. Irene tomou uma xícara de café, e a filha se serviu de uma xícara de café com leite e uma fatia do bolo de chocolate que haviam comprado na padaria.

— Que problema ela tem? — perguntou Bárbara, curiosa.

— Ela tem um grave problema de coração. Não sei ao certo, porque ela não gosta de falar da doença. Diz que, quanto mais atenção damos ao mal, maior e mais pesado ele fica. É a frase dela, por isso nem pergunto mais.

— Mas ela não se trata? — Bárbara estava confusa. Não entendia como uma mulher tão lúcida como Paula não queria saber da própria doença.

Diante da expressão de indignação da filha, Irene emendou sua frase.

— Não! Ela se cuida, vai ao médico e faz tudo o que ele manda. É extremamente cuidadosa!

— Ah tá! Nossa, já a estava julgando louca!

As duas riram da frase de Bárbara.

— Isso não deixa de ser um "tiquinho" de verdade, não é, mamãe?

Balançando a cabeça, a mãe concordou com o gracejo.

— O que ela não gosta é de ficar lembrando que tem a doença e se limitando por conta dela, e com isso eu concordo. Acho que se algumas pessoas falassem menos e parassem de cultivar certas doenças, elas melhorariam.

— Mamãe, não julgue assim as pessoas! Há doenças muito graves, que entristecem as pessoas e as fazem sentir muitas dores.

— Eu sei, filha! Mas há pessoas que deixam as doenças tomarem conta delas. Cultivam aquilo tudo, o que faz a situação piorar.

— Isso é verdade!

— Mas vamos falar de ontem! O que você achou?

— Filha, eu já tinha ido até lá uma vez, mas ficamos pouco pois Irene só passou no asilo para deixar uns donativos. Nem lembro o que era. Na época, achei muito prazeroso. Viu como aquelas pessoas ficaram felizes?

— Sim, quero levar André lá no sábado! Há um senhor que está reclamando de dores no pé. Está inchado. Creio que ele não se importará de auxiliar.

Irene não comentou, mas agradeceu a forma como ela falou sobre o marido e o fato de querer levá-lo ao asilo para ajudar já era um pequeno sinal de que tudo estava se encaixando. Assim, somente deu força à ideia dela.

— Que excelente ideia a sua! Vamos lá! Ele poderia olhar discretamente e ajudar no que puder.

— Sim, André não se negará! Tenho certeza de é uma pessoa de coração enorme.

— Ele é um ótimo ser humano — disse Irene.

— Vou falar com ele hoje. Ficou de me ligar. Disse que quer me contar algo.

— Sobre o quê?

— Não sei. Ele só me disse que tinha uma novidade para me contar — disse isso balançando o ombro e, após tomar o último gole de seu café com leite, se levantou. — Agora vamos cuidar dos nossos serviços. Daqui a pouco já é hora de irmos ao nosso novo compromisso.

— Sim, isso é verdade!

— Vou limpar os quartos.

Bárbara foi cuidar da faxina na casa da mãe, que só contava com a ajuda de uma mulher que ia até lá uma vez na semana, fazia o serviço mais grosso e passava a roupa. Irene cuidava de todo o resto sozinha. Na verdade, fazia questão disso e dizia que, se alguém lhe fizesse o serviço de casa, lhe "faltaria tempo para não fazer nada".

A manhã passou rápido. Enquanto cada uma limpava e organizava a casa, a criança acordou. Lívia, então, tomou seu café com a avó e ficou pela sala brincando com suas bonecas.

Já passava das onze horas quando Bárbara se lembrou da ligação que o marido faria. Mas, até o momento, ele ainda não havia ligado.

Aquilo a deixou triste, e Bárbara não sabia o porquê.

Com esse sentimento, ela ficou ali, olhando para o telefone fixo, e sentiu falta de André pela primeira vez. Lágrimas, desta vez de saudade, saltaram de seus olhos.

Eugênio, seu amigo e guardião espiritual, estava atento a qualquer baixa vibracional de Bárbara, que poderia facilitar o acesso dos irmãos equivocados. Ele, então, aproximou-se e tentou envolvê-la em uma energia de amor.

— Querida filha, não se maltrate nem remoa sentimentos pelo que já passou. Feche essa porta, minha amada. Trabalhe o perdão. Só o perdão liberta e desenvolve o amor.

Eugênio via os pensamentos angustiantes de Bárbara e sabia que essa era a maneira pela qual os obsessores poderiam tomar conta dela.

Com as mãos postadas ao Alto, Eugênio, também em lágrimas, elevou o pensamento e, em prece, pediu ao Pai que tivesse misericórdia daquela irmã:

— Pai amado e misericordioso, tudo o que Senhor faz é bom e justo. Vemos Sua sabedoria em tudo que criou, inclusive, no livre-arbítrio, que nos permite seguir o caminho que escolhermos. Mas, Senhor, sabemos que nem sempre nossas colheitas nos são agradáveis, quando optamos por nos cercar de pensamentos e de sentimentos que nos ancoram negativamente, que não nos permitem caminhar e seguir rumo ao progresso de nossa alma. Permita-me, Senhor, nesta missão honrosa e de difícil manutenção, que meu amor possa ser o bastante para tirá-la dessa energia densa e perigosa. Peço sabedoria para poder conduzi-la, orientando-a para o cumprimento de nossa missão, que nada mais é do que caminhar, se livrar das roupas velhas e ver a luz que é Sua e somente do Senhor pode vir.

Eugênio fez a prece com o coração envolto de amor. Ele não nos viu, pois, como o encarregado de cuidar dessa família espiritual de espíritos endividados uns com os outros, Bastião, no mesmo instante da prece proferida por Eugênio, se projetou e ali estava, manipulando energia e fazendo a limpeza do ambiente.

A brecha que Bárbara havia aberto com os pensamentos em desequilíbrio tinha, quase como um ímã, puxado os irmãos obsessores até ali. Agora, eles estavam ao lado dela, falando ao seu ouvido, sugerindo-lhe vingança e que o marido voltaria a traí-la, além de outras frases que ela captava instantaneamente.

Colocando a mão no ombro do irmão Bastião, Eugênio se fez ver.

— Só o amor, meu irmão, somente com ele sendo trabalhado, sentido e espalhado, conseguiremos cumprir nossa missão e libertá-los de si mesmos. Os erros estão mais visíveis hoje. Na verdade, no consciente e no inconsciente deles, os erros uns dos outros estão mais fortes. Mas trabalhemos! Ela ficará bem! Afastaremos, momentaneamente, os irmãos, contudo, eles voltarão a qualquer momento. Que a paz do Cristo esteja com você!

— Obrigado, irmão!

Agradeceu ao amigo, que expandiu a luz que vinha de todo o seu corpo. Ele não via a mudança em si, mas, quando em prece projetou seu sentimento de amor, sua luz inundou todo o ambiente. Pai Bastião usou essa energia que saía dele para desmaterializar as manchas de raiva e de desespero que se formavam no plexo solar de Bárbara.

— Nos encontraremos logo mais, quando, em visita ao centro espírita, tudo já estiver preparado para recebê-las.

— Fique com Jesus!

— Obrigado novamente! Que o Pai o cubra de bênçãos.

Ele findou a frase e sua imagem se desfez.

— Bárbara, filha, André está ao telefone! Venha! Ele quer falar com você!

Balançando a cabeça, como para se livrar daqueles pensamentos, Bárbara limpou o rosto rapidamente e foi para a sala, onde ficava o telefone.

Chegando lá, viu Lívia falando com o pai, contando como havia sido o dia, sobre a melhor amiga que tinha conhecido e que hoje iriam passear juntas.

— Sim, papai, ela é legal! Ela até comprou uma caixa de chocolate pra mim. Mamãe não me deixou comer tudo.

Bárbara imaginou que ele havia perguntado se ela tinha comido tudo por conta da gulodice que a dominava.

Ela riu sozinha ao ver a filha tão mocinha, sentadinha na banqueta, conversando e contando as coisas ao pai.

Algumas frases vinham meio cortadas, pois ainda era um bebê. Lívia, no entanto, articulava bem as palavras. Bárbara ficou ali parada, ouvindo quietinha a filha.

Como a menina falava e gesticulava, como se o pai estivesse vendo seus gestos, ela logo se virou e viu a mãe parada na soleira da porta.

— Papai, minha mamãe chegou. Tá esperando... tá... tá... tá...

Ainda gesticulando como se tentasse completar as palavras, ela passou o telefone e foi correndo conversar com as bonecas.

— Oi!

— Oi!

Parecia que os dois estavam com medo de falar. O coração de Bárbara estava acelerado e temeroso. Ela sentia-se como na época em que começou o namoro, com medo do que iria falar.

Já do outro lado, André, com o coração aos saltos, estava com medo de falar o que tinha para dizer. Olhava para as duas passagens que havia comprado para os dois e tinha medo da resposta da esposa.

Quebrando o silêncio, ela perguntou:

— Você disse que tinha uma novidade para me contar. O que aconteceu?

Ele guardou as passagens, pois achou que seria melhor falar sobre isso pessoalmente.

— Pedi demissão da Santa Casa! Vou trabalhar aqui só por mais uns meses!

Aquelas palavras tiveram o poder de tirar um peso do coração de Bárbara, que sentiu as lágrimas de alívio caírem por sua face.

— Você ouviu? Não vai dizer nada?

Ela estava em silêncio. Procurando as palavras, perguntou o porquê da demissão.

— Encontrei um amigo da faculdade, e ele me convidou para abrirmos uma clínica juntos. Como vou passar a trabalhar à noite só nos plantões do Hospital Geral, não conseguiria trabalhar nos dois e ter tempo para vocês.

Aquela não era toda a verdade. Decidira sair da Santa Casa para se afastar de Luísa e reconstruir seu casamento.

— Já encontramos um lugar maravilhoso e estamos indo para lá para ver o que precisaremos fazer para deixar tudo pronto. — Respirando fundo, ele, com o coração apertado e com medo da resposta, completou a frase: — Preciso de você para me ajudar a montar a clínica, comprar as coisas... Você sabe que não entendo nada disso.

— Imagina, você tem muito bom gosto.

— Nem chego aos seus pés, meu amor!

A frase foi dita com tanto carinho que ela sorriu, deliciada. Para quebrar o clima e não se contradizer, Bárbara achou melhor levar na brincadeira e fazer chacota.

— Quanto vou ganhar no projeto?

André entendeu aquilo com um sim e quase caiu da cadeira. Na verdade, deu um pulo, levantando-se e sentando-se de novo.

— Será muito bem remunerada, eu lhe garanto! — Apressou-se em responder.

— Combinaremos meu salário, então. Já afirmou que sou boa no que faço, então vou enfiar a faca!

Rindo da trova dela, ele gracejou:

— Será a profissional mais bem paga e valorizada que a categoria deseja ser.

Rindo, continuaram a falar sobre os projetos de André. Como já era quinta-feira, e ele ainda não tinha fechado o aluguel do espaço, por nem ter ido visitar o local, combinaram de conversar novamente à noite. Assim, ela também lhe contaria as novidades do dia.

Com um tom de saudade e de planos para o futuro, desligaram o telefone. André estava radiante como um jovem adolescente e começava a acreditar que tudo voltaria ao normal. Em prece, agradeceu a Deus, o que andava fazendo de forma mais constante.

Bárbara também começava a estar feliz. Devagar, estava deixando o gelo do seu coração dissolver-se.

Balançando a cabeça, ela disse a si mesma:

— Amor não limpa casa nem resolve problemas. Vá cuidar de seus serviços, Gata Borralheira!

Cantarolando, Bárbara foi cuidar de seus afazeres domésticos. Irene desconfiou que algo havia acontecido, mas esperou que ela fosse lhe contar.

Para ela, contudo, já bastava a alegria que a filha demonstrava. Bárbara estava cada dia mais forte e voltando a ser aquela moça alegre e tranquila que sempre foi.

Irene acreditava que a traição amadureceria o sentimento dos dois ou pelo menos rezava para que isso ocorresse. Com o coração mais aliviado, ela foi cuidar da comida que preparava para elas almoçarem.

Quem não estava gostando daquela situação eram os obsessores, que, pagos por Luísa, ainda aguardavam uma oportunidade para agir.

Roberto estava quieto em um canto da sala, observando pacientemente. Não deixou, no entanto, de demonstrar uma raiva palpável ao ver Bárbara fortalecendo-se.

— O que você está maquinando, Roberto? — Era Débora, que se aproximava.

Ele não respondeu, absorto que estava em analisar a situação e preparar o ataque.

— Roberto?! Por que está tão concentrado?

Respirando fundo e com cara de poucos amigos, ele respondeu rispidamente:

— Se estou concentrado, analisando, pensando e não a chamei aqui, o que você está fazendo me importunando?

— Não estou importunando-o; só querendo ajudar.

— Mas ninguém pediu sua ajuda agora. Ou pediu e eu não sei?

— Ok! Estou saindo.

— Isso! Vá ficar no pé daquela velha e veja se consegue algo.

— Estou indo.

Débora foi em direção à cozinha e viu que Irene estava lá. Não sentia, contudo, vontade alguma de atormentar aquela senhora, que estava ali cozinhando e só tinha pensamentos bons.

Mas sabia que, se não fizesse nada, seria severamente castigada por Roberto. Ele era seu chefe, tinha força e poder, e, se eles não cumprissem suas ordens, sofriam severos castigos. Todos do bando sentiam medo de Roberto.

Débora sentia-se cansada de praticar o mal contra as pessoas. Estava naquele bando porque, em sua última encarnação, tinha sido morta pelo marido, que havia se apaixonado por outra e quis se livrar dela para não dividir o dinheiro de uma pequena casa que fora construída pelos dois.

Assim, em uma noite, ele a matou e sumiu com o corpo. Para toda a família, ela estava viajando. Só retornaria dali a uma semana.

O crime, aos olhos humanos, foi perfeito. Nunca descobriram que ele havia cometido aquele crime horrível.

Atormentada e sentindo-se injustiçada, Débora foi arrebanhada por Roberto, que lhe prometeu se vingar do marido e da amante, que moravam na casa e zombavam de sua memória.

Eles realmente cumpriram o que prometeram. Não demorou muito para os dois se separarem devido às brigas e à desconfiança.

Tudo fora provocado pelas sugestões dos amigos desencarnados de Débora, que tanto fizeram que o ex-marido acabou enlouquecendo e perdeu tudo: a mulher e a casa, terminando seus dias nas ruas mendigando, louco e alucinado, vendo a imagem de Débora a todo momento.

Muitas vezes, ele gritava seu nome e pedia-lhe perdão.

Roberto sempre dizia que ela não deveria perdoá-lo, que ele merecia todo sofrimento, mas, hoje, o ato dele não a feria mais. Achava que o ex-marido já havia pagado com muito mais sofrimento que o dela.

Débora, contudo, não podia fazer nada, a não ser atormentar as pessoas para pagar o que o bando fez e ainda fazia para ela.

Dando um profundo suspiro de tristeza, Débora aproximou-se de Irene, mas a energia que a outra mantinha, com sua alegria e fé, não permitia que ela a atacasse.

Assim, Débora ficou ali, junto de Irene, relembrando fatos que não sabia de onde vinham.

Viu Lívia aproximando-se de Irene, que, amorosamente, a atendia e lhe dava pequenas tarefas para mantê-la ao seu lado. Dessa forma, a menina acreditava que estava ajudando a avó no preparo da refeição.

Lágrimas de emoção lhe vieram à face. Lembrou-se da mãe e da própria avó, que morou com a família quando ficou viúva. O coração de Débora enterneceu-se, e a saudade dilacerou seu ser.

Como, durante todo aquele tempo, nunca pensara em procurar a mãe, saber como estavam. Só havia ido à casa da família assim que desencarnou, pedindo vingança e alertando-os de que o culpado por sua morte era o ex-marido.

Nunca mais tinha ido saber delas e do pai. Lágrimas de saudade e de vergonha molhavam sua face.

A equipe de socorristas do astral estava, na verdade, o tempo todo ao lado dela, tanto que era a responsável por incutir-lhe na mente as lembranças dos seres amados, fazendo-a tomar consciência do mal que fazia a si mesma, amparando-a e libertando-a sem que ela percebesse.

Em lágrimas, Débora ouviu uma voz amorosa. Não a identificou de pronto, mas sabia que conhecia aquela voz doce.

— Filha, sou eu, seu avô! Vim buscá-la para estar comigo.

Sem levantar a cabeça, a pobre alma se pôs em prantos, e seu corpo redobrou-se.

O avô, a quem a equipe pedira ajuda, era uma alma querida, que falaria ao coração dela, fazendo-a abandonar a tão ingrata situação em que se colocava.

Ainda em lágrimas, Débora caiu de joelhos aos pés do avô, que, amorosamente, a colocou de pé e, abraçando-a em silêncio, esperou que ela se acalmasse.

— Querida, acalme-se. Vim buscá-la, caso queira seguir.

— Não posso! Devo favores a Roberto, que já disse que irá me achar e me castigar severamente se eu fugir.

Levantando a cabeça dela e olhando-a firmemente nos olhos, ele disse:

— Não confia em seu avô?

— Sim, confio!

— Então, creia! Ele não a encontrará. E, mesmo que a encontre, jamais poderá fazer algum mal contra você. Estará protegida.

— Ele tem força e poder. Tenho muito medo dele.

— Vou repetir! Caso queira vir morar comigo, estou aqui para levá-la. Quanto a ele, nem sentirá sua falta. Está tão preocupado com a tarefa de provocar o mal que vive cuidando do próprio umbigo.

Ela ouvia a tudo atentamente. Não tinha medo de Roberto, tinha pavor! Mas, olhando para o avô e sentindo nele uma energia que aquecia seu corpo, balançou os ombros e disse:

— Estou cansada! Ando fazendo coisas muito feias.

Como viu que ela iria recomeçar a chorar, o avô cortou sua retórica e disse firme:

— Agora não é hora de relembrar os caminhos que vem percorrendo. Precisamos ir. Pedirei à equipe médica que aqui está que a adormeça, e depois partiremos.

E assim foi feito. Dali em diante, Débora não ouviu nem viu nada. Somente depois de alguns dias, acordaria em um hospital, onde passaria por um longo tratamento.

Agradecendo a misericórdia divina, a equipe socorrista a conduziu. Há muito, Débora estava cansada e se lembrava de Deus. Não havia se voltado completamente para as verdades do espírito, mas esse era o caminho que agora se abria para ela.

Paula ligou confirmando que passaria na casa de Irene para tomar café e seguir de lá ao centro espírita. Já havia avisado a responsável pelo local sobre a visita.

Bárbara estava apreensiva, pois nunca havia estado em um centro espírita, mas a curiosidade a impulsionava.

Haviam almoçado mais cedo e já estavam prontas quando Paula e Raquel chegaram. Lívia era a mais ansiosa entre elas, aguardando a amiga que viria com a avó.

Assim que viu o carro sendo estacionado, a garotinha saiu em disparada para o portão, anunciando que tinha feito uma surpresa. Ela havia ajudado a avó a preparar um bolo de chocolate.

Sem ao menos um cumprimento, já pegou na mão da outra menina e foi puxando-a em direção à cozinha. Anunciou:

— Eu e minha avó fizemos um bolo deliciooooosoooo! Não foi, vovó?

— Sim! Fizemos um bolo delicioooosoooo!

Rindo da frase em eco, ela imitou a neta, que foi conduzindo e contando para a amiga como era a guloseima.

Cumprimentando a amiga, Irene convidou-a para tomar um café com o delicioso bolo. Comeram rapidamente e saíram em direção ao centro espírita.

As meninas eram o centro da atenção. Falavam e não paravam mais. Assim, o percurso passou rápido.

— Chegamos! — afirmou Paula, estacionando o veículo diante de um local meio afastado.

Descendo do carro, Bárbara e Irene se puseram a observar o local.

Era um barracão ao fundo do terreno, e, na frente, havia uma casa. Não tinha varanda. A porta já saía na rua. A construção era toda em branco e azul e tinha uma placa com os dizeres: “Que a minha mão esquerda não saiba o que faz a minha mão direita”.

Na verdade, a frase estava escrita em letras pequenas e, acima, estava o nome do local: Lar Espírita Allan Kardec.

A porta do local estava aberta, e elas foram entrando, a convite de Paula, que disse não haver inconveniente. As crianças foram as primeiras, mas nem observavam o lugar.

Bárbara, curiosa e com um medo imenso, entrou por último, receosa do que iria ver. Para sua inteira decepção, encontrou apenas um salão grande, com cadeiras e bancos dispostos na plateia, e, na frente, uma mesa com uma toalha branca.

O cheiro de limpeza era presente. Tocava, ao fundo, uma música ambiente, que dava ao lugar harmonia e tranquilidade.

Bárbara nem ousou falar com as acompanhantes que esperava ver cortinas vermelhas, velas pretas, imagens e mais apetrechos. Não quis passar por tola.

Atravessaram a sala, quando viram uma senhora vindo dos fundos da propriedade. Ao ver Paula, ela foi ao encontro do grupo.

— Querida, que alegria em vê-la!

A alegria do reencontro vinha de ambas, visto o abraço afetuoso e demorado das duas mulheres.

— Está sumida! — alertou a outra.

— Eu tenho consciência, Lu.

Soltando-se do abraço da mulher, ela lhe apresentou as amigas.

— Estas são as amigas de quem falei e a quem quero apresentar a obra.

— Sim, muito prazer! Sou Luciana, mas todos me chamam de Lu.

A apresentação foi seguida de um terno abraço e um caloroso sorriso. A doçura de Lu quebrou qualquer resquício de reserva que Bárbara ainda mantinha.

— Boa tarde. Eu sou Bárbara, e estas são minha filha Lívia e minha mãe, Irene.

— Sejam muito bem-vindas ao nosso lar. Venham! Não sei o que Paula já adiantou sobre nosso trabalho, mas vou lhes mostrar o local.

Gentilmente, Lu foi as conduzindo e contando a história.

Era um local simples. Havia quatro quartos, onde ela abrigava algumas crianças, que tinham sido afastadas dos pais ou tinham sido abandonadas. Crianças que precisavam de ajuda. A demanda estava aumentando, e isso a fez aumentar os quartos. Estavam em reforma.

Os cômodos eram grandes, e ela os separava por sexo: dois quartos para meninos e dois para meninas. Tinha, em cada um deles, três beliches.

— Vivemos de doações e de nossas promoções. Na maioria, as pessoas que aqui trabalham o fazem por amor às crianças.

— Há poucas crianças morando aqui neste momento — disse Irene, porquanto havia visto somente cinco crianças dentro dos quartos e outras três brincando.

— Estamos lotadas! Na verdade, há crianças de sobra aqui. Em cada quarto, colocamos, além dos beliches, colchões, e mais alguns dormem neles. Vocês não os estão vendo porque estão na aula. Eles frequentam a escola normalmente, uns pela manhã e o restante à tarde.

— Ah, me desculpe, é que não vi.

— Imagine! Isso acontece com quase todos que vêm até aqui.

Lívia e Raquel já estavam ambientadas e brincavam alegremente com algumas meninas de idade semelhante.

Terminando de conhecer as instalações, inclusive a cozinha, que era a parte mais moderna e equipada do lar, a doce senhora explicou:

— Ganhamos tudo isso. Um abençoado empresário, cujo coração Deus tocou, teve um problema de saúde. Na verdade, foi o filho dele que desenvolveu um câncer. Graças ao Pai, não muito agressivo. Esse senhor, então, prometeu nos ajudar se o filho fosse curado. Esteve aqui em prantos de desespero. O menino é seu filho mais novo e tem doze anos. Oramos muito por ele, e nossos mentores disseram que o garoto sairia vitorioso. E assim ocorreu. Daí, um belo dia, passados mais de seis meses da resposta dos exames, ele reapareceu, pedindo desculpa pelo sumiço, mas alegando que o trabalho havia consumido seus dias por conta do abandono anterior pela doença do filho, e nos presenteou com tudo isso. Eu até tinha me esquecido da promessa!

— Nossa, que bênção! — exclamou Bárbara.

— Sim, uma bênção mesmo! Era tudo muito velho, uma vergonha. A princípio, eu não quis receber. Tinha medo de que parecesse que estávamos recebendo pelas orações. Fomos, contudo, orientados de que era uma maneira carinhosa de agradecer, que uma recusa nossa o afastaria e o deixaria muito magoado, pois a oferta vinha do coração.

— Que bacana!

— Daí aceitei! Estava realmente louca para aceitar! — disse Lu.

O gracejo da outra fez todas rirem juntas e olharem novamente para todos os equipamentos da cozinha. Tudo estava novinho e bem cuidado. Observavam com outros olhos, pois ali havia gratidão.

— Existem pessoas que são gratas pelas bênçãos que recebem, e outras nem conseguem ver que foram abençoadas — disse Irene, pensativa.

Lu conduziu as visitantes para o jardim, onde foram se sentar em um banquinho, local em que Irene ficou refletindo:

— Sim, os corações generosos são gratos por tudo o que lhes acontecem. Conseguem ver a beleza e o amor do Pai em todos os acontecimentos, até mesmo nos que não lhes são agradáveis e ou os ferem. Ah! Mas há aqueles que não percebem e que, ao contrário, viram as costas, sem um pensamento de arrependimento para aquele que lhe estendeu as mãos. O Evangelho do Cristo no diz, no entanto, que todas as nossas recompensas serão em outra esfera, não na terrena. E quem aqui a recebe ou faz algo esperando reconhecimento não terá nada a receber do outro lado da vida.

— Isso é difícil. Ficar contente com o descaso e a ingratidão... — Era Bárbara, que, naquele instante, se lembrava da "ingratidão" de André.

Luciana permaneceu em silêncio, observando aquela linda moça que carregava no fundo dos olhos uma dor tão profunda. Em oração, pedia aos seus mentores e amigos espirituais por aquela alma em profunda turbação interna.

Em silêncio, orava e nem ouvia as impressões trocadas entre elas sobre o assunto.

Em atenção ao pedido de socorro solicitado pela trabalhadora, a equipe socorrista que auxiliava ali se fez presente e, sem mais palavras, iniciaram a limpeza astral de todos os que estavam naquele ambiente.

Luciana somente ouviu de sua mentora, Vovó Catarina, que não se preocupasse.

"Acalme-se, filha! Elas não vieram até aqui sozinhas. Nem elas e muito menos os pobres irmãos desencarnados em desequilíbrio. É chegada a hora bendita! Somente vibre amor e as convide para estarem conosco em nossa palestra e tomarem o passe magnético.

"Obrigada!", disse, emocionada, sentindo os influxos de amor que emanavam daqueles irmãos do Cristo.

"Filha, todos os filhos são amados igualmente pelo Pai. O que nos desiguala são nossas próprias escolhas. Fique na Paz do Cristo! Os irmãos que não forem levados agora o serão mais tarde, mas creio que todos serão libertados. Louvado seja o Pai e Seu amor seja glorificado."

Toda essa conversa entre as duas fora travada mentalmente, e a assepsia astral fora realizada sem que as beneficiadas tomassem conhecimento.

Saindo da concentração em que se encontrava, a nobre senhora voltou sua atenção para suas visitas, que falavam ainda de como seria a ingratidão.

Naquele trecho da conversa, Paula dizia:

— Já vi muitos filhos deixarem seus pais ao Deus-dará. Isso é muito triste.

— Sim! Naquele asilo o qual visitamos, aquelas pessoas são o exemplo claro da ingratidão dos filhos.

Sorrindo tristemente, Luciana interveio na pequena explanação:

— Queridas, vocês, com toda certeza, já ouviram que a plantação é livre. Nós, contudo, colhemos obrigatoriamente o que plantamos. Quem planta uva não colhe morangos.

— Sim! — responderam as outras, depositando atenção à senhora.

— Pois aqueles que vocês encontraram no asilo ou também essas crianças as quais nós acolhemos, todos estão de alguma forma fazendo a própria colheita.

— Como assim? O que essas crianças podem ter feito de maldade para colherem o abandono?

A pergunta rápida e em tom de descrédito era de Bárbara.

— Minha linda criança! — disse ternamente a diretora do lar, sorrindo amorosamente.

— Como vocês sabem, os dirigentes deste lar, em sua maioria, seguem a doutrina espírita, mas também temos colaboradores de outras religiões. Eu sou espírita e lhes responderei dentro dos conceitos espíritas. Aguarde um instante!

Com a mão, chamou uma trabalhadora que estava mais perto e pediu-lhe que trouxesse um Evangelho.

— Vamos aguardá-la retornar com nosso guia materializado, *O Evangelho Segundo o Espiritismo*, que tem como base os ensinamentos do Cristo e algumas de suas passagens bíblicas, com os ensinamentos morais que delas advêm.

Vendo que a moça se aproximava, Luciana recebeu o livro e agradeceu a gentileza:

— Mais alguma coisa, Lu? — perguntou a mocinha.

— Sim, meu amor! Peça para fazerem aquele delicioso café para nossas visitas. — Lembrando-se que talvez nem todas pudessem beber, completou: — Espere, que falha a minha! Queridas, todas tomam essa preciosidade de bebida a que me rendo?

Rindo do modo carinhoso de Luciana se expressar, todas confirmaram sua paixão pela bebida.

— Como me felicita saber que não sou a única a me render a essa iguaria! — disse a frase com efeito, colocando as mãos para o alto. — Peça, então, para trazerem nosso café e um suco para aquelas mocinhas, por favor!

— Sim, senhora — disse a moça sorrindo e indo em direção à cozinha do local.

— Bem, este é o Evangelho! Alguma de vocês já conhece?

Bárbara e sua mãe responderam negativamente. Somente Paula afirmou ter o exemplar e que às vezes o abria aleatoriamente, questionando se procedia corretamente.

— Quando estou angustiada, abro a esmo. Está correto assim?

— Sim, querida! Ele é nosso consolador! Podemos fazer uso dele sem medida e da forma que nos agradar. Mas vamos ao que estávamos falando. Este pequeno livro traz variadas e consoladoras explicações, inclusive para a "ingratidão", no termo em que a compreendemos.

Após uma pequena pausa, Luciana deu um suspiro e pediu ao Pai que a permitisse falar em nome Dele.

— O Evangelho se baseia nos ensinamentos bíblicos, porém, somente no Novo Testamento, na era Cristã!

Estendendo o livro a Paula, Luciana pediu gentilmente:

— Abra aleatoriamente e me diga qual lado você deseja que eu leia.

— Posso abrir normalmente?

— Sim! Somente eleve seus pensamentos ao Pai à sua maneira e abra o livro.

Paula, de olhos fechados, fez uma pequena prece e abriu o Evangelho.

— Agora escolha um lado!

— Hum... O lado direito!

As outras duas mulheres permaneciam caladas, somente acompanhando o que acontecia em silêncio.

— Você abriu a mensagem: "Não julgueis para não serdes julgado. Aquele que estiver sem pecado lhe atire a primeira pedra". Está no Capítulo X: "Bem-aventurados os que são misericordiosos".

Luciana, então, começou a ler o Evangelho em voz alta:

— *Não julgueis para não serdes julgados. Aquele que estiver sem pecado que atire a primeira pedra.*

"[...] 11 – Não julgueis, pois, para não serdes julgados; porque com o juízo que julgardes os outros, sereis julgados; e com a medida com que medirdes, vos medirão também a vós. (Mateus, 7:1-2).

"12 – Então lhe trouxeram os escribas e os fariseus uma mulher que fora apanhada em adultério, e a puseram no meio, e lhe disseram: Mestre, esta mulher foi agora mesmo apanhada em adultério; e Moisés, na Lei, mandou apedrejar a estas tais. Qual é a vossa opinião sobre isto? Diziam pois os judeus, tentando-o, para o poderem acusar. Jesus, porém, abaixando-se, pôs-se a escrever com o dedo na terra. E como eles perseveraram em fazer-lhes perguntas, ergueu-se Jesus e disse-lhes: Aquele

dentre vós que estiver sem pecado atire-lhe a primeira pedra. E tornando a abaixar-se, escrevia na terra. Mas eles, ouvindo-o, foram saindo um a um, sendo os mais velhos os primeiros. E ficou só Jesus com a mulher, que estava no meio, em pé. Então, erguendo-se, Jesus lhe disse: Mulher, onde estão os que te acusavam? Ninguém te condenou? Respondeu ela: Ninguém, Senhor. Então Jesus lhe disse: Nem eu tampouco te condenarei; vai, e não peques mais. (João, 8: 3-11).

"13 – Aquele que estiver sem pecado atire-lhe a primeira pedra, disse Jesus. Esta máxima faz da indulgência um dever, pois não há quem dela não necessite para si mesmo. Ensina que não devemos julgar os outros mais severamente do que nos julgamos a nós mesmos, nem condenar nos outros os que nos desculpamos em nós. Antes de reprovar uma falta de alguém, consideremos se a mesma reprovação não nos pode ser aplicada.

"A censura de conduta alheia pode ter dois motivos: reprimir o mal, ou desacreditar a pessoa cujos atos criticamos. Este último motivo jamais tem escusa, pois decorre da maledicência e da maldade. O primeiro pode ser louvável, e torna-se mesmo um dever em certos casos, pois dele pode resultar um bem, e porque sem ele o mal jamais será reprimido na sociedade. Aliás, não deve o homem ajudar o progresso dos seus semelhantes? Não se deve, pois, tomar no sentido absoluto este princípio: Não julgueis para não serdes julgados, porque a letra mata e o espírito vivifica.

"Jesus não podia proibir de se reprovar o mal, pois ele mesmo nos deu o exemplo disso, e o fez em termos enérgicos. Mas quis dizer que autoridade da censura está na razão da autoridade moral daquele que a pronuncia. Tornar-se culpável daquilo que se condena nos outros é abdicar dessa autoridade, e mais ainda, arrogar-se arbitrariamente o direito de repressão. A consciência íntima, de resto, recusa qualquer respeito e toda submissão voluntária àquele que, investido de algum poder, viola as leis e os princípios que está encarregado de aplicar. A única autoridade legítima, aos olhos de Deus, é a que se apoia no bom exemplo. É o que resulta evidentemente das palavras de Jesus."[26]

Após uma pausa, ela continuou:

— Louvado seja nosso Senhor Jesus Cristo! Fechemos nossos olhos, queridas irmãs, e, com o pensamento entregue ao Pai, agradeçamos este breve momento em que nos abeberamos de seus ensinamentos. Agradeçamos por estarmos reunidas, pelo encontro de hoje e pelas bênçãos infinitas que são depositadas em nossas mãos, a todos os instantes, em nossa vida terrena.

---

26 KARDEC, Allan. **O Evangelho Segundo o Espiritismo**. [*S. l.*]: [*s. n.*], [*s. d.*].

“Principalmente quando aprendemos que somente o perdão liberta e somente o amor constrói. Que somos pequeninos e falhos e nos afeiçoamos aos erros alheios para com isso impingir sofrimento mútuo. Esse é um grande erro que nos impede de crescer, progredir.”

As palavras doces e ternas da senhora penetravam fundo no coração de Bárbara, que, em prece silenciosa e fazendo uma força hercúlea, tentava não cair em prantos.

Com os olhos marejados, Bárbara respirou fundo e, pedindo desculpas, afastou-se das outras senhoras, indo até as crianças que brincavam à certa distância.

Lu, conhecedora da alma humana, mesmo sem saber o porquê da angústia daquela linda moça, fingiu não notar sua retirada estratégica e ficou conversando sobre a leitura e os trabalhos da casa, enquanto saboreavam o café que lhes fora ofertado.

Em pouco tempo, Bárbara retornou para junto do grupo com as crianças, que pegaram um biscoito e se retiraram.

— Mamãe e Paula, não acham bom retornarmos? Lu deve ter seus afazeres, e já são quase dezessete horas. O tempo voou! — O tom era de brincadeira, quando complementou: — As senhoras falam demais!

Todas riram, e Lu respondeu que havia sido um prazer a visita e que a conversa estava muito agradável, portanto, não tinham notado o tempo passar, afirmativas que foram compartilhadas pelas demais.

Assim, naquele clima de harmonia, despediram-se com promessas de retorno, não somente para conversar, mas para a palestra espírita e, quem sabe, para ajudar nos trabalhos assistenciais.

Durante a viagem de volta, as duas senhoras estavam tão empolgadas e apaixonadas pela instituição que nem perceberam que Bárbara não participava da animada conversa.

As crianças, que tinham desenvolvido uma afeição verdadeira uma pela outra, já combinavam novo passeio, sem nem mesmo comunicarem às avós.

Bárbara, então, pôde se manter conectada com seu próprio mundo, pensando nas palavras da nobre e amorosa senhora.

Todo aquele Evangelho e sua mensagem vinham realmente ao encontro de seu desejo. Queria perdoar, recomeçar, mas tinha muito medo. Não sabia o que fazer, e isso a estava machucando intimamente.

Apesar de já terem comido e tomado um suco, as crianças queriam ir novamente à padaria, pedido que as senhoras não se negaram a atender. As cinco, então, foram para lá.

Todas comiam alegres, enquanto Bárbara somente beliscava e respondia com monólogos, o que naquele momento não passou despercebido às senhoras, que se entreolharam como se estivessem conversando por pensamento e concordaram em não fazer comentários.

Chegando em casa, Bárbara alegou dor de cabeça e, após dar banho e colocar o pijama na filha, deixou-a em companhia da avó e foi para a cama.

O dia terminou com Bárbara entre lágrimas, perguntando-se o que fazer para perdoar e acreditar novamente em André. As palavras ditas naquele lugar sobre o perdão foram, a seu ver, cruéis e estavam tocando fundo seu pobre coração.

Aproximamo-nos de Bárbara — havíamos estado ao seu lado durante todo o tempo em que fizeram a visita àquele lar espírita, intuindo a nobre presidente a ler o Evangelho e possibilitando uma leitura tão salutar de orientação —, e irmão João começou aplicar-lhe passes magnéticos do astral. Era chegada a hora de Bárbara tomar uma decisão, e essa só caberia a ela.

Aquele medo absurdo de perdoar que a maltratava baseava-se em todas as tentativas da moça em vidas anteriores de promover o perdão, tendo com resultado um mar de dissabores. Não via, contudo, a dor e o sofrimento que André e Luísa já haviam lhe impingido, pois se limitava a ter impressões em sua lembrança adormecida.

— Filha amada, querida criança, a decisão é somente sua, mas lhe peço que observe a situação com seus olhos de hoje. Ele está se esforçando, tem consciência dos erros e caminha em direção à luz. Os passos da mudança são, verdadeiramente, vagarosos, mas, nesse caso, estão acontecendo.

As palavras ditas ao ouvido de Bárbara a fizeram pensar, mas não foram capazes de promover a segurança que ela queria sentir sobre a mudança do esposo. Para ela, a traição fora real e seria algo constante.

Nessa luta interna e sob o amparo da espiritualidade, ela adormeceu.

Capítulo 11

Já Luísa não apresentava um quadro de melhora. Não tinha vontade de viver e de se desvencilhar das amarras que a estavam prendendo na amargura e na tristeza.

Depois do trabalho de limpeza energética que foi realizado em sua casa, ela havia voltado a dormir, conseguindo descansar o corpo físico.

Alguns obsessores que lhe estavam sugando as forças e lhe impingindo dor haviam sido afastados, mas não todos, pois elas os retinha por sua própria vontade.

Raimundo, seu anjo encarnado, permanecia ali, cuidando e protegendo sua amada.

Como Luísa estava de licença, e, naquele dia, Raimundo tinha aula somente no período da tarde e à noite, ele preparou um delicioso café da manhã e, às oito e meia, bateu na porta do quarto da moça. Assim que ouviu a ocupante lhe dar permissão, entrou.

Os olhos de Luísa encheram-se de lágrimas ao ver aquele homem carinhoso carregando uma bandeja com o café da manhã.

Silenciosas, as lágrimas desciam por sua face, sem que ela conseguisse pronunciar palavras.

— Bom dia, minha amiga bela e adormecida! O sol brilha lá fora, e eu estou cansado de ficar sozinho. Sua companhia me faz muita falta.

Rindo, Raimundo adentrou o quarto, depositou a bandeja aos pés da cama, abriu a janela sem pedir permissão a Luísa e deu um beijo na cabeça da amiga, que estava sentada, somente o observando entre lágrimas e sorrisos.

— Imagino que esteja cansado mesmo após preparar o café, com esse tanto de guloseimas! Vamos demorar uma semana para comer tudo!

Dando uma deliciosa gargalhada, ele completou:

— E você não viu o tanto que ainda tem na cozinha!

Rindo do exagero dele, os dois se colocaram a comer, pois Raimundo havia levado duas xícaras.

A bandeja continha dois tipos de pães, manteiga, geleia, suco, café, bolacha, dois tipos de frutas, queijo branco, dois tipos de bolo e leite. Sentindo a barriga roncar, ela percebeu que estava com fome.

— Se ainda tem mais lá na cozinha, vamos logo comer estes para não se perderem.

O café da manhã foi muito agradável. Luísa comeu com apetite e, pela primeira vez em muito tempo, não acordou pensando em André e no que estaria fazendo. Vivia o momento presente, sem mácula nem sofrimento.

Ela não sabia, mas o amor de Raimundo, aquele silencioso sentimento que não cobra nem pressiona, somente verte carinho e atenção, estava cicatrizando suas chagas aos poucos.

A manhã transcorreu como uma bênção. Os dois comeram ali na cama, brincaram e falaram sobre coisas amenas, até que ela teve um sobressalto como se houvesse se lembrado de algo. Com os olhos arregalados, disse:

— Raimundo, ontem eu sonhei que o pessoal da casa espírita esteve aqui, acredita? Só não lembro o que disseram, mas lembro que me deram um passe e que até conversei com eles. — A frase foi dita com sorriso.

Vendo que ela não se lembrava direito devido ao calmante que tomava e a deixava aérea, ele contou o episódio da noite anterior.

— Vê que tenho razão quando digo para não tomar mais aqueles remédios? Poderia ser uma pessoa querendo prejudicá-la, e você nem saberia quem era!

Ele realmente estava certo. Luísa, por sua vez, ficou em silêncio, envergonhada por ter recebido pessoas amigas em sua casa naquele estado, sem nem ao menos saber quem ela era.

— Você está certo. Vou diminuir a dose aos poucos e parar de tomar aquela droga. Sinto-me envergonhada de não os ter recebido como deveria. Desculpe-me também.

Vendo que a amiga estava permitindo que sua energia se modificasse, ele tratou logo de emendar:

— Está desculpada! Eles são pessoas sensíveis, sabiam que você não estava bem e por isso vieram. Não se ofenderam; somente combinaram de vir daqui a dois dias para lhe dar um novo passe e conversar.

Luísa estava sentada na beirada da cama, de cabeça baixa, com as mãos depositadas no colo, e as apertava uma na outra, tal qual criança quando faz uma traquinagem. Raimundo, estendendo-lhe a mão, pegou uma das mãos dela e, segurando-a carinhosamente, resolveu que era melhor mudar de assunto.

— Você gostou do café da manhã? Foi tudo feito especialmente por minhas mãos.

Levantando a cabeça, Luísa fez uma careta e caiu na gargalhada.

— Adorei tudo, meu amigo! Suas mãos e seus pés foram maravilhosos ao irem até a padaria da esquina e selecionarem tudo isso.

Rindo, ele se defendeu:

— Como assim?! Não acredita que me levantei cedo e preparei tudo?

— Sim, creio que preparou tudo!

Ainda rindo, ela levantou-se da cama.

— Igualzinho, eu irei preparar nosso almoço com minhas próprias mãos! Agora, vou tomar banho e tirar esse cheiro de cama.

— É bom mesmo! Você está horrível.

Fazendo careta, ela foi em direção ao banheiro. Raimundo recolheu o café e levou as coisas para a cozinha.

Enquanto lavava e arrumava o que sobrara do café da manhã, ele agradecia ao Pai e aos seus emissários pela bênção recebida. Não sabia o que eles haviam feito, mas Luísa estava bem melhor.

— Pai de infinito amor e misericórdia, agradeço Sua permissão para que ela fosse atendida. Obrigado por atender às nossas preces!

A prece de agradecimento daquele irmão vinha do coração. O sentimento de gratidão era puro e fraterno, e de seu corpo saía uma luz bendita que atingia Luísa.

Os efeitos da prece não atingiam a moça porque ela não mantinha a mente em vigília. Debaixo do chuveiro, naquele momento, não tinha a alma em gratidão e, sim, em lamento.

Seu pensamento detinha-se agora em André. Ela não percebia como, naquele momento, ele só se assemelhava a uma sombra do passado. O orgulho ferido e a sensação de ter sido preterida causavam-lhe uma profunda dor que ela acreditava ser amor não correspondido.

Mas não era. Os sentimentos se misturavam e lhe causavam dor e angústia. Queria ele de volta somente para aplacar seu orgulho, dizer que não havia "perdido", como se o ser humano fosse uma propriedade que pudesse ser comprada e que jamais poderia sair do seu domínio.

Na verdade, os espíritos, não só os encarnados, como também os desencarnados, têm a concepção de que o parceiro é sua posse e que deve seguir todos os seus passos, de modo a agradá-los sempre, sem ver que todos nós somos espíritos livres e caminhamos para nosso progresso de forma individual.

Com esses pensamentos, Luísa permaneceu no banho, puxando cargas desnecessárias e desequilibrando-se.

Esses pensamentos vacilantes certamente ajudariam os irmãos obsessores a fazerem, em breve, algazarra com os pensamentos de Luísa.

Em vigília, os amigos espirituais procuravam uma solução externa para ela se desligar e sair daquele quadro, que poderia fazer o tratamento iniciado voltar à estaca zero.

Como não tinham acesso a ela, pois Luísa não os ouvia, eles foram em busca de Raimundo, filho sempre ligado ao mais alto, que cantarolava enquanto cuidava de limpar a pia da cozinha.

Aproximando-se, o amigo sussurrou em seu ouvido para que chamasse por ela, sugerindo que saíssem para um passeio.

Raimundo não percebeu que a ideia não lhe era originária, mas acatou a sugestão e foi ter com ela.

Ouvindo o barulho do chuveiro, estacou e ficou acanhado, dando um passo para trás.

Achegando-se novamente, o iluminado irmão incentivou:

— Chame-a! Ela não se importará! Vá, ela precisa de você! Precisa sair e ver a luz do sol. Ficará tarde se demorarem.

Dando um suspiro e ainda meio acanhado, Raimundo bateu na porta do quarto e, vendo que ela realmente estava no banho, entrou e foi até a porta do banheiro.

Batendo timidamente e depois mais forte, perguntou:

— Luísa! Luísa! Vai demorar no banho?

Ela ouvia a voz de Raimundo vindo de longe, pois estava em prantos debaixo do chuveiro.

Respirando fundo e desejando que ele não percebesse, respondeu que já estava terminando.

— Se apresse então! Vamos sair.

— Como assim? — Luísa tinha combinado de irem almoçar, mas àquela hora ainda estava cedo.

— Não está cedo para o almoço?

— Sim! — respondeu ele, rindo. — E, mesmo que não fosse, não caberia em meu buchinho nem um caroço de arroz — complementou, gaiteiro, o que a fez rir do outro lado.

— Também, precisava mesmo comer quatro pedaços de bolo com geleia?

Ambos riram. Ela desligou o chuveiro e nem se lembrava mais das lágrimas, concentrando-se em cutucar o amigo. Realmente, havia comido muito.

— Não sei como ainda está bem! Não lhe deu dor de barriga?

Abrindo a porta do banheiro, envolta em uma toalha, Luísa encontrou-o sentado na beira de sua cama, acariciando a própria barriga.

E, fazendo careta, respondeu:

— Ainda não! Mas estou crente de que é certo o desarranjo.

Ainda rindo, Raimundo se pôs de pé num salto.

— Apronte-se rápido! Você tem quinze minutos para ajeitar essa cara feia e ficar melhorzinha.

— Cara feia é a sua! Caia fora!

Ele saiu, passou por ela e depositou um beijo em sua face.

— Uma roupa bem confortável. Mas capriche!

— Saia, agora! Abusado!

Com um sorriso no rosto, Raimundo saiu do quarto e foi terminar de se arrumar. Olhou em seu calendário e viu que poderia chegar ao colégio às quinze horas. Somente teria as duas últimas aulas.

Em meia hora, já estavam entrando no carro. Luísa confiava tanto nele e queria agradá-lo, que nem pensou em lhe perguntar para onde iam.

Raimundo foi se distanciando do centro da cidade, levando-a para um lugar afastado, em uma direção que ela ainda não conhecia. Isso lhe despertou a curiosidade.

Por mais que perguntasse, ele não respondia. Ria e pedia paciência. "Valerá a pena", disse ele.

Afastaram-se cerca de trinta quilômetros rumo ao interior do município. Parando diante de uma porteira de madeira, Raimundo desligou o carro e convidou Luísa a descer. Oferecendo-lhe um boné, que ela nunca tinha visto, Raimundo pegou a água e a fez descer do carro.

— Você está doido? Como vamos entrar numa propriedade particular, sem autorização do dono?

— Não se preocupe, vamos! — disse, já abrindo a porteira e chamando-a. — Relaxe e aproveite o passeio! Respire fundo, sinta a pureza do ar e a natureza que te abraça, Luísa. Somente sinta!

Olhando ao redor como Raimundo fazia, Luísa viu um lugar lindo diante de si, com pequenos morros verdes, que se misturavam em cores verdes mais escuros e mais claros, com árvores com flores amarelas e lilases. Realmente, o local era lindo!

Fechando os olhos e abrindo os braços, ela respirou fundo e, sentindo o cheiro da natureza, recordou-se do tempo em que era criança e corria pelo mato com os vizinhos e primos.

Foi uma viagem no tempo.

Concentrando-se para ouvir os sons que vinham dos pássaros e de outros bichinhos, ouviu ao longe um barulho de água corrente.

Com os olhos arregalados, perguntou:

— Tem cachoeira aqui perto?

Sorrindo, Raimundo balançou a cabeça afirmando que sim. Pegando na mão dele, ela pediu com carinha de dengo:

— Vamos lá? Por favor! Diga que é possível!

— E você acha que estamos aqui por quê?

Dizendo isso, pegou nas mãos dela, e saíram em disparada em direção ao barulho da água.

Chegando a uma clareira, eles pararam. Luísa estava extasiada. O lugar era lindo.

A queda d'água não era tão grande. Tinha uns três metros de altura e, debaixo dela formava-se um reservatório de água límpida que caía mansamente.

Luísa fechou os olhos e ficou ouvindo aquele barulho, que era música aos seus ouvidos.

Raimundo, observando-a, nunca havia pensado em levá-la até ali. Aquele, na verdade, era o local onde faziam alguns trabalhos espirituais e Mãe Rosa despachava suas oferendas. Mas, naquele dia em especial, não havia ninguém. Somente eles e a natureza.

Luísa ficou alguns minutos ali, de olhos fechados, enquanto Raimundo, em silêncio, agradecia ao Pai a inspiração daquele passeio.

Ao abrir os olhos, ela perguntou:

— Podemos entrar?

Raimundo lembrou-a de que não tinham roupas secas e molhariam o banco do carro. Rindo, Luísa deu de ombros, afirmando que isso pouco importava para ela.

— Ele seca! — mal afirmando que o banco secaria, Luísa já foi entrando na água. Parecia hipnotizada, uma criança dentro da cachoeira. Ficaram ali brincando por quase duas horas, quando ele se lembrou da aula.

— Luísa, precisamos ir! Tenho que ir para o colégio, pois tenho compromisso!

Com cara de desagrado, ela murmurou um "tudo bem", e os dois saíram da água.

Tirando o máximo de umidade da roupa, foram para o carro.

Por sorte, ela tinha em sua malinha de hospital uma toalha e uma muda de roupa. Luísa trocou a blusa, e ele, sem camisa, usou a toalha para proteger o banco. Assim, foram embora, rindo como crianças que haviam feito uma traquinagem.

— Não sabia que você gostava tanto de rio.

— Adoro! Mas, na verdade, desde a época da faculdade que não fui mais. Até já tinha esquecido que existia.

Dando uma pausa, ela deu um profundo suspiro e continuou:

— Acho que às vezes, no corre-corre da vida, perdemos algumas coisas que são nossas. Acabamos nos esquecendo do que gostamos. Não é engraçado? Não me lembrava do prazer de estar na natureza, do cheiro do mato. Tinha apagado isso da minha memória. Como pode, né?

Ela não quis dizer, mas, no fundo, pensava que, nos momentos de folga, havia se dedicado a satisfazer os caprichos de André. Tinha se afastado de todos. Nem tinha amigos. Raimundo era seu único amigo.

— A vida nos leva a fazer escolhas e às vezes acabamos optando. São fases que nos levam a dar mais importância a outras coisas, a outras pessoas, mas isso é errado. — A resposta dela foi firme, uma afirmativa para si mesma.

— Sim, claro que é. Não podemos nos anular para agradar aos outros. Temos que ser nós mesmos.

Ela pensou um pouco sobre o que ele dizia.

— Você acha que eu estava me anulando? Que nessa fase da minha vida eu fiz a escolha errada?

A pergunta era sobre André, mas, como Luísa sempre evitava falar o nome dele para Raimundo, ele compreendeu.

Dando um profundo suspiro, ele fez um apelo ao mundo invisível para que o inspirasse, que não julgasse os atos daquela irmã e, sim, estendesse a mão naquele momento.

— Bem, a resposta a essa pergunta está dentro de você. Ao ver o estado em que toda essa "fase" a deixou, isso já demonstra que ela a adoeceu. E o que nos adoece não pode ser bom pra nós, Luísa. Não creio, contudo, que houve erros ou acertos nas escolhas. Acredito muito que fazemos a escolha certa para aquele momento, porque não tínhamos condições de fazer melhor.

Dando uma nova pausa, Raimundo, diante do silêncio dela, continuou com uma voz carregada de amor:

— Somos todos falhos, movidos por sentimentos que entorpecem nossos sentidos e agimos com o coração, com os sentimentos primários, muitas vezes num impulso.

— Eu sou assim, impulsiva. Você já viu isso!

— Sim, já vi! — Ele riu discretamente. Luísa não pensava, agia. — Mas se você não fosse assim, talvez não fosse essa médica tão conceituada. Todos a elogiam porque você pensa rápido e toma as providências necessárias, salvando, assim, as pessoas que chegam àquele pronto atendimento.

Fez-se um sorriso terno no rosto dela. Como amava aquela profissão à qual se dedicava. Luísa tinha prazer em atender as pessoas e saber que podia tirar-lhes a dor ou até salvar-lhes a vida, com avaliação e medicação corretas.

— Sabia que estou morrendo de saudades do meu trabalho?

— Oxalá! Salve! Como me alegra ouvir isso!

— Deixe de ser bobo! Sempre soube que amo minha profissão.

— Sim, mas estava se afastando dela por motivos externos. Você tem, na verdade, que relembrar que esse prazer é interno.

— Você está certo, sabia?

— Estou sempre certo.

Balançando a cabeça, Luísa riu, dando um tapinha no braço de Raimundo e fazendo uma careta.

— Impossível travar conversação com o rei do sabe tudo!

— Quase tudo!

Balançando a cabeça e ainda rindo, ela disse:

— Desta vez, está correto! Hoje à tarde, vou informar que voltarei. Quero trabalhar. Chega de ficar em casa! Não nasci para isso!

Soltando as mãos do volante, Raimundo bateu palmas e, por dentro, transbordava de felicidade e gratidão.

O restante do percurso girou em torno dos planos de Luísa para o retorno mais breve possível ao trabalho. Inclusive, com a ideia de mudar plantões e tudo mais.

Como o tempo estava curto, foram direto para casa e, depois de fazerem um lanche rápido com as sobras do café e se aprontarem, saíram. Luísa deixou Raimundo no colégio e foi em direção ao subúrbio da cidade. Antes, passou no hospital e pegou várias amostras grátis de remédios.

Estava devendo uma visita a um de seus pacientes, que tinha dificuldade de locomoção e sentia muitas dores. Não se lembrava de quando tinha sido a última vez que lhe havia feito uma visita.

Assim, com o coração imbuído do bem, que a revestia de proteção e de boas companhias, Luísa saiu em direção à sua visitação.

Capítulo 12

Com um sorriso largo estampado na face, Pai Bastião e eu volitamos em busca de notícias de André, nosso irmão amado que também tateava nas fileiras do recomeço.

Nós o encontramos em consulta, em que uma senhora, acompanhada de sua filha, lhe mostrava exames.

André, atenciosamente, examinava o raio X e, olhando para a paciente, pediu-lhe que se deitasse na maca ao lado. Queria ver novamente o joelho dela.

Feitos os testes, ele voltou aos exames que estavam na mesa. Assim que a simpática senhora se acomodou, ele passou a explicar:

— Creio, dona Emília, que o joelho da senhora está melhorando bem. Este primeiro raio X mostra como estava a inflamação nos tendões, mas vejo que cedeu bem.

— Sim, a dor melhorou bastante! Não conseguia caminhar dentro de casa.

— Agora, doutor, ela acha que está nova em folha e não me obedece! — falou a acompanhante, que era a filha dela.

Piscando para ele, Emília emendou:

— Tolice! Ela quer que eu vegete! Nunca farei isso! Tenho forças e não estou com dor. Tenho de trabalhar!

Rindo por dentro das duas, ele aconselhou de forma séria:

— Entendo a senhora e acho que esteja correta, mas deve entender sua filha. Ela quer o melhor para a senhora e quem sabe ela não tenha razão quanto a esses excessos? A senhora deve tomar muito cuidado. Não a quero caindo. Uma pequena queda pode fazer nosso tratamento voltar a zero.

— Eu não exagero, doutor!

— Exagera, sim, mamãe! Seja honesta com seu médico.

O tom de reprimenda não deixava margens a dúvidas.

Sorrindo, ela deu de ombros e não respondeu nada.

Balançando a cabeça, a moça continuou contando a saga da mãe. Uma senhora de oitenta e três anos que queria tomar conta da casa.

— Seu pupilo me parece bem equilibrado, irmão Bastião!

— Sim! Não o vejo com pensamentos equivocados e, sim, sereno. Não se dispersa do trabalho.

Irmão Bastião referia-se à mulher que acompanhava Emília, que era linda e tinha adjetivos físicos que, em época bem próxima, chamaria a atenção do irmão André, que, ao menos em pensamento, criaria delírios sexuais.

— A libertação dos vícios, principalmente do sexo, é longa e permeada por quedas e retrocessos, mas a alma tem o poder da escolha. E, na verdade, quando decidimos mudar de forma sincera, ela ocorre entre lágrimas ou sorrisos.

Balancei a cabeça analisando a cena. Aproximei-me de André e, quase me colando a ele, procurei sentir-lhe a vibração.

Pai Bastião aguardou mais afastado, percebendo qual era meu intento. Assim que retornei ao seu lado, questionou:

— O que concluiu?

— A energia que ele emana é de ternura e preocupação com a senhora. André está concentrando a atenção nela, lembrando-se, inclusive, de sua avó. Não há rastro de pensamentos libidinosos.

Após acabar a consulta, André acompanhou a doce senhora e sua filha até a porta, com recomendações de que ela se comportasse e retornasse se a dor não cedesse.

Retornando para sua mesa, ele sorriu pensando em Emília com carinho, enquanto aguardava o próximo paciente. Pensou também na esposa e na própria família a quem devia uma visita em breve.

— Vamos! Aqui nosso paciente está em paz!

Após cumprimentarmos Carlos, o guardião de André que ali se encontrava, trocamos conjecturas e nos afastamos.

Capítulo 13

Quando saímos do consultório, um pensamento me veio à cabeça. Pensei em Rosa, nossa irmã que se embrenhava pelas sendas do espiritismo equivocado.

Não me contendo, como me era característico, questionei ao amigo como ela estava.

Dizendo que as colheitas são necessárias a todos, convidou-me a ter com a irmã para que pudesse ver com meus olhos de desencarnado.

Chegando à casa da irmã, senti um grande baque, como se uma força estranha me impedisse de adentrar o local.

Vendo meu despreparo, o nobre irmão veio em meu auxílio, explicando amorosamente:

— Querido irmão, vejo que não prestou atenção ao que rodeia esta casa, que deveria ser de luz e de amor.

Olhando para ele sem entender nada, balancei a cabeça afirmativamente, olhando ao meu redor com cuidado.

Irmão Bastião, na sua sabedoria das coisas do espírito e como bom professor, deixou-me fazer minhas próprias avaliações.

Olhando atentamente para a casa, ele via que, ao seu redor, havia uma capa energética, como se fosse uma abóboda. A energia era densa e de proteção aos que ali estavam fazendo guarda.

— O que vê? — perguntou ele.

— Parece-me que criaram um campo protetor, com uma energia até então desconhecida para mim.

Eu, na verdade, queria dizer uma energia pesada, negativa.

— Sim, criaram este campo protetor de seus intentos. Plasmaram uma fortaleza, na qual somente os espíritos autorizados por eles podem entrar.

— Espíritos de baixa vibração, diga-se! — exclamei.

Era óbvio que ali se materializava um processo de obsessão, em que os bons espíritos, que poderiam apaziguar as dores e auxiliar os irmãos que frequentavam o local, não eram bem-vindos.

Pedindo silêncio, o querido amigo fez uma prece e, pedindo proteção ao Alto, entramos.

Irmão Bastião providenciara uma capa, uma roupagem protetora, para que pudéssemos adentrar o local, sem sermos notados e sem que nossa presença fosse sentida.

O que vimos ao chegar era triste aos olhos espirituais. Tínhamos uma gama de sofredores, equivocados, vampirizando os médiuns que ali estavam, principalmente a dona da casa.

No momento, acontecia uma reunião. Havia vários "pacientes" que iam ali em busca de ajuda nos mais diversos campos de vida física.

O desequilíbrio de Mãe Rosa havia atraído para sua casa, que deveria ser um local de cura, espíritos brincalhões, pseudossábios, que se compraziam em enganar e se aproveitar da boa-fé da irmã.

— Meu Deus, irmão Bastião, o que temos aqui?

Excesso de orgulho e ambição. Médiuns falidos que não se ativeram aos ensinamentos do Cristo de que "de graças recebestes, de graça deveis dar"[27].

O tom de voz do irmão era de uma tristeza sem limites e arrancou lágrimas de meus olhos.

Colocando a mão em meu ombro, ele me convidou, em pensamento, para nos aproximarmos de Mãe Rosa, que estava sentada numa poltrona de cabeceira alta, no centro da sala. No momento, ela estava atendendo um homem que aparentava ter uns quarenta anos.

Analisando o atendido, percebíamos que estava com problemas sérios de saúde, que comprometia seu estômago e carecia de ajuda profissional.

Naquele momento, a mãe de santo dizia estar incorporada a uma preta-velha, mais precisamente a Vovó Maria Conga, mas nós víamos que não passava de um embuste.

— Diga, filho, o que deseja desta Preta?

— Sua bênção, Vovó! Eu estou com muita dor no meu estômago. Queria saber se tenho alguma coisa.

---

27 Mateus 10,8.

O espírito, fingindo analisar todo o quadro dele, enquanto baforava um cigarro de palha e expelia uma imensa fumaça, disse:

— Filho, o médico, o doutor Bezerra, tá aqui do meu lado e disse que você tem um machucadinho, mas não é nada. Diz pra tomar uns chás.

Parando de falar, o espírito incorporado fingia que ouvia a receita de uma segunda entidade, que também não estava presente ali.

— Hum... — resmungava enquanto balançava a cabeça.

E o homem de origem pobre e na crença na espiritualidade aguardava o receituário com expectativa.

— O doutor Bezerra disse que é pra tomar chá de folha de algodão durante sete dias. Coloque uma folha em uma jarra e beba frio. Tome também chá de melissa, que é pra acalmar.

— Oh, Vovó, obrigado! Mas não preciso ir ao médico me consultar?

— Não necessita. Pode ficar sossegado.

— Que bom! Fico muito agradecido! Quanto lhe devo?

— Que o Homem lá de cima cuide de você, filho! Não me deve nada, pois a gente não cobra por essas coisas. Só cobramos os remédios que a filha aqui faz e pedimos para trazer umas velas. Mas se quiser deixar um "agrado" para a casa, tem a caixinha ali.

— E esses remédios servem para quê?

— Tem pra tudo. A filha vai explicar depois. Tem um que é bom pra tudo isso que você tem. Pode comprar e tomar. Vai ver que vai ficar bom rapidamente.

O homem, todo contente, foi se sentar em uma cadeira mais afastada, no afã de falar com a senhora após o trabalho.

Analisando o quadro físico dele, via-se que o homem necessitava de ajuda médica com urgência. Tinha em seu estômago feridas que estavam evoluindo para um câncer.

Olhando para meu companheiro, que já havia me orientado que éramos somente ouvintes ali e que não iríamos intervir em nenhum trabalho, pedi com os olhos socorro ao amigo, que, se não procurasse ajuda de forma correta, iria sucumbir de forma dolorosa.

— Aguardemos! O Pai não desabriga seus amados filhos. Oremos por ele e, se nos for permitido, o auxiliaremos.

Ouvindo as sábias palavras do amigo, coloquei-me a pedir em favor daquele irmão.

Ele mantinha-se sentado, quieto, observando tudo. Quanto a mim, orava em meu canto e pedia por ele e por todos os irmãos que chegavam ali em busca de um alívio para seus corações aflitos, mas que não teriam ajuda, pois que os próprios médiuns precisavam de ajuda.

Depois de um tempo olhando para meu mais novo protegido, vi que se aproximava dele um grupo de espíritos vestidos de branco, que, amorosamente, o convidavam a sair daquele local.

Na verdade, ele, inicialmente, não ouvia, visto sua concentração no trabalho que ali se desenvolvia.

Após alguns minutos, eles iniciaram um trabalho de manipulação de energias centralizado no estômago do enfermo, que passou a sentir uma forte dor.

A dor, de início, era mansa, mas, em pouco tempo, ele começou a suar frio de cólica, chegando a se contorcer e sentir náuseas.

Uma senhora atenciosa viu que o homem passava mal e questionou qual era o problema. Ele explicou que estava sentindo dor no estômago e náuseas.

— Não é melhor falar com o pessoal para que lhe deem um passe?

Intuído pelos espíritos que estavam ao seu lado, ele disse que já havia se consultado e que queria ir embora.

— Você está de carro?

— Não, senhora. Vim de ônibus.

Promovendo uma ação regeneradora na senhora, o grupo de espíritos a intuiu a auxiliar o irmão.

— Eu também já fui atendida. O senhor não quer que eu o leve ao hospital? Lá pelo menos pode tomar um remédio para dor.

Como não tinha forças, ele aceitou a oferta e assim foi levado pela senhora à Santa Casa da cidade, onde seria atendido por um profissional, que descobriria a razão de sua dor.

— A espiritualidade trabalha de forma esquisita, às vezes — afirmei quase para mim mesmo.

Rindo, Bastião balançou a cabeça e afirmou:

— E como! Você não imagina como!

Aliviados pela intercessão dos bons espíritos e sabendo que a condução do caso já estava acontecendo, permanecemos ali até o fim dos trabalhos.

Via-se que nem todos os trabalhadores da casa estavam imbuídos de sentimentos menos nobres. Havia os que estavam ali para aprender por meio de sua boa-fé, como já tinha acontecido com Raimundo, e, no momento certo, seriam retirados dali.

Muitos trabalhos foram encomendados por pessoas que chegaram ali desesperadas, traídas, desejando reter alguém ao seu lado de forma violenta e se comprometiam com cargas e ajustes desnecessários.

Alguns se sujeitavam a pagar valores altíssimos, como se a espiritualidade e o poder de Deus estivessem à venda. Acreditavam que, com valores grandiosos e promessas a espíritos, poderiam mudar o livre-arbítrio e o sentimento das pessoas. Não conseguiam realmente saber o significado correto desse sentimento tão sublime!

Em favor daquelas pessoas sofridas e cada dia mais devastadas por suas escolhas, oramos fervorosamente, pedindo a libertação de seus corações das amarras produzidas por elas mesmo. Não podíamos, contudo, fazer muito, pois algumas ali não ouviam nada.

— Somente ore, irmão!

— É muito difícil, não é? — Apontei para as pessoas que se cercavam de espíritos vampirizadores, que sugavam suas energias e os levavam a acreditar em todas as falsas promessas para se alimentarem de suas energias e promoverem também o bem-estar material do médium.

Minha atenção se fixou em uma moça muito bonita, de cabelos loiros e pele clara, que estava acompanhada de uma outra moça de beleza singular, bem diferente, negra, de cabelos cortados bem curtos e sorriso fácil.

Chamei a atenção de Bastião para as duas, pois ele era muito mais experiente que eu na análise vibracional dos irmãos.

Passados alguns momentos, o irmão aproximou-se das duas. Estavam sentadas em um canto e cochichavam enquanto aguardavam sua vez.

— Você tem certeza de que isso aqui vai ajudar?

— Certeza eu não tenho, mas tem outra saída?

— Sei lá, a gente tinha de deixar para lá. Tenho muito medo disso. Na verdade, pavor. Quero ir embora daqui.

— Calma, o que eles farão conosco? Não fazem só oração, dizem o que está acontecendo e pedem o "trabalho"?

— Sei não, Pri! Achei péssima sua ideia! A gente não tem o direito de se meter na vida das pessoas.

— Essas pessoas são só nossos pais. Acho que temos sim.

A conversa era tratava em torno de estar ali. A moça loira era quem as havia levado até aquele local, acreditando ser um lugar de luz e prece.

As duas moças aparentavam não ter mais de dezoito anos, jovens em tenra idade e passíveis de ser enredadas em sutilezas perversas.

Entendendo minha súplica muda, Bastião fez um pequeno gesto e acompanhou as moças em sua "consulta".

Seriam atendidas por uma médium que incorporava um espírito que dizia fazer parte da falange dos pretos-velhos, a quem o nobre colega a quem eu acompanhava garantia que não passava de um espírito enganador, zombeteiro, que se dizia sábio.

Em oração, Bastião pediu ao Pai proteção para as meninas e sabedoria ao irmão que ali se encontrava, adquirindo débitos em vez de cuidar da própria evolução espiritual.

Aproximando-se do irmão desencarnado que incorporava a médium, Bastião se fez ver ao espírito e, amorosamente, pediu:

— Querido irmão, essas meninas estão com o coração cheio de esperanças em você e em seu trabalho de luz.

— Quem é você para querer vir me atrapalhar? Elas querem confusão! O que vieram fazer aqui? Certeza que é "marido".

— Mesmo que seja, o que ganha você em ludibriar, enganar as pessoas de boa-fé?

Rindo, ele baforou o cigarro que fumava por intermédio do médium e disse:

— Isso aqui é uma delas. Mas tem muito mais!

— Você sabe que não precisa mais disso. Está desencarnado!

— Não preciso, mas gosto. E saia daqui pois tenho de trabalhar. Você está me atrapalhando. Vá procurar o que fazer! Você não foi chamado aqui!

— Jesus me chamou e permitiu que eu protegesse as meninas em questão.

— Você é teimoso! Já conheço seu tipo! Não faz nada mas quer atrapalhar o trabalho dos outros.

— Se assim você diz e se atrapalhar é tentar ajudar, atrapalharei, sim — disse, olhando fixamente para as meninas que aguardavam quietas, esperando o espírito se manifestar, pois ele permanecia em silêncio baforando seu cigarro.

O espírito viu duas meninas amedrontadas, que seguravam a mão uma da outra com medo. Certamente, era a primeira vez que iam a um lugar como aquele.

Rindo delas, pensou em como seria fácil enganá-las, mas, como havia aquele espírito protegendo as duas e sabendo que ele poderia lhe causar problemas, resolveu negociar:

— Deixo elas em paz e não brinco com elas, se vocês me deixarem em paz para trabalhar.

Bastião, fingindo pensar, respondeu afirmativamente:

— O que quer que eu diga a elas?

Pedindo licença, Bastião pediu para atendê-las. Meio a contragosto, ele permitiu.

— Essas moças devem ser bem-queridas! — resmungou ao se afastar da médium e permanecer ao lado, vendo a postura do irmão.

Usando o palavreado cultural dos pretos-velhos, Bastião começou a falar com as mocinhas:

— Boa noite, minhas filhas. Em que este preto pode ajudar?

Olhando uma para outra, elas não sabiam o que dizer nem quem iria falar.

— Não precisam ter medo. Podem falar. O preto não ficará bravo.

A risada dele era sua principal característica. Era capaz de provocar sorriso nos que estavam ao seu lado.

Sorrindo, Camila, a moça negra, adiantou-se e disse:

— Senhor, eu disse para ela que não sabia se vocês iriam nos ajudar e que não era da nossa conta.

— Mas eu acho que é, sim. É nossa vida também! — rebateu Priscila.

— Meninas, eu estou aqui em nome do Mestre Jesus, e somente o que estiver dentro da permissão maior será realizado. Não se preocupem!

Olhando uma para a outra, Priscila se pôs a dizer:

— Bem... é que achamos que meu pai está tendo um caso com a mãe dela, e isso é muito feio. Achamos também que o pai dela e a minha mãe não vão gostar.

A narrativa foi feita de um fôlego só, de cabeça baixa, para não perderem a coragem. Notava-se pela voz a tristeza que tudo isso promovia nelas.

Complementando, a amiga, também com a voz embargada, disse:

— Minha mãe e o tio Joaquim vão ficar arrasados e nossas famílias vão se odiar. Estamos muito tristes.

Fiquei mais curioso ainda, pois, para mim, a narrativa delas era uma grande surpresa. Olhando para Bastião, porém, percebi que a preocupação narrada não lhe causara alarde.

Vi com meus olhos que um espírito de luz imensa se aproximara de Bastião e lhe passara o quadro do que estava ocorrendo e o que fora permitido pelo Pai dentro do resgate de todos.

— Minhas filhas, sei que sofrem mais pelos próprios pais que julgam traídos do que os que estão, em tese, traindo. Quero, no entanto, que entendam que tudo é fruto das escolhas dos envolvidos e também, em virtude de algo chamado resgate, que é necessário para que possam evoluir.

Elas ouviam atentas as doces palavras de Bastião, aguardando um sim ou até mesmo o julgamento das ações dos supostos "criminosos".

— Mas o que faremos? Contamos aos outros dois?

— Filha, vocês contarão o quê? Vocês não viram nada; somente suspeitam!

Elas entreolharam-se, e Priscila disse à outra:

— Conte você!

Respirando fundo, Camila, com vergonha de estar ali falando da mãe, começou seu relato:

— Vimos o pai dela entrando no quarto da minha mãe e a abraçando. Eles achavam que não tinha ninguém e que meu irmão e eu estávamos fora.

— Sim, mas vocês viram alguma outra coisa além disso?

Dando uma pausa, ele questionou:

— Não?

— Mas eles ficaram mais de horas no quarto. Acredito que meu pai já desconfia, porque o clima lá em casa não está bom.

— É verdade! E lá em casa minha mãe fica jogando algumas coisas na cara de meu pai. Não sei o que é.

Respirando fundo e balançando a cabeça negativamente, Bastião conversava com o espírito amigo que o auxiliava naquela empreitada. Em seguida, ele disse:

— Não tenho a permissão de lhes dizer o que realmente ocorre, porque seria invadir a vida alheia e propagar o que não me cabe. Porém, eu lhes garanto que seus pais não estão tendo um relacionamento que não seja de amizade e companheirismo.

As duas se olharam entre aliviadas e duvidando, pois para elas era óbvio que havia algo errado. O pai de Priscila não tinha intimidade com a mãe de Camila. Não a ponto de entrar no quarto dela e de ficarem lá sozinhos por horas.

Vendo os pensamentos das moças, ele prosseguiu:

— Entendo que achem difícil crer em minhas palavras. Vieram aqui com a ideia formada, julgando seus pais e esperando que eu ou outro irmão as incitasse para propagar o mal.

A surpresa na face delas não me deixava dúvidas de que ele sabia o que dizia e que as duas se sentiam envergonhadas.

— Minhas filhas, vocês estão feridas, desiludidas, mas acreditem em mim. Muito em breve, vocês saberão a verdade. Permaneçam em silêncio. Querida — disse mais especificamente para Camila, a mocinha negra, e pegou em sua mão gélida —, sua mãe precisa muito do seu amor e de seu apoio. Às vezes, o que pensamos ver, e em que depositamos uma dose cavalar de julgamento, não é o que parece. Quero que vá para casa e seja a companheira de que sua mãe precisa. Não a julgue nem julgue seu pai. Ame, ame demasiadamente. É somente disso o que eles precisam. Você será o canal que fortalecerá os laços de amor que unem os dois. Há erros aí, que o tempo mostrará, mas neste momento perdoe e ajude as feridas a serem cicatrizadas. Guarde as pedras e as use depois para fazer pontes, não para construir muros.

Virando-se para a amiga da jovem, que a tudo ouvia calada, o médium pegou em sua mão e disse:

— Você, tanto quanto sua amiga, tem aguçado senso de justiça, mas creia que a melhor forma de expressá-lo, neste caso, é por meio do silêncio e da prece. A família da sua amiga precisará dela, e você será sua fortaleza. Ofereça-lhe seu apoio e permaneça ao seu lado. Não julgue seus pais. São problemas comuns de todo casal, que vem com a missão de seguirem juntos.

Fazendo silêncio, o sábio orientador aguardou que suas palavras ecoassem na mente das duas.

— Mais alguma dúvida?

— Alguma coisa não está certa lá em casa, mas se não é com o pai de Priscila, o que é então?

— Filha, infelizmente não posso lhe dizer o que está acontecendo. Não cabe a mim revelar segredos que não são meus, mas fique tranquila. É uma tempestade, que requer que vocês orem pelos pais e pela família.

— Só rezar?! — perguntaram as duas espantadas. Haviam sido informadas de que ali pediam velas e que faziam trabalhos para resolver as coisas.

— Sim, filhas. Não há nada mais poderoso do que uma oração com amor. Não há macumba maior que o medo e a fofoca. — Vendo que as duas estavam desconfiadas, ele, respeitando a crendice delas, emendou: — Mas, além de rezar, quero que façam uma limpeza energética na casa, pode ser? Quero que peguem um balde com água e coloquem nela sal grosso. Sem que ninguém veja, passem com um pano essa água no chão. Mas prestem atenção: enquanto fizerem a limpeza, vocês devem fazer também orações, mentalizando o bem, a luz entrando na casa e a união de suas famílias. Quero que, de hoje em diante, não pensem mais com raiva nem com tristeza em toda essa situação. Esta é a parte de vocês. Do lado espiritual, eu as estarei ajudando em todos os momentos. Quando precisarem, me chamem. Pai Bastião irá até vocês.

— Mas eu oro o quê? Qual tipo de oração?

— Vá pensando e pedindo proteção. Pode cantar músicas de sua religião, pode rezar as orações católicas, ler a Bíblia, qualquer coisa, desde que sempre pense no bem.

— Mais alguma pergunta? Pois o preto tem que subir!

— Quando a gente precisa voltar? — questionou Priscila.

— Não precisa, pois tudo se resolverá rapidamente.

— Mas e se a gente quiser tirar alguma dúvida com o senhor?

— Filhas, eu não venho aqui sempre! Vim somente para atendê-las. Então, caso venham, encontrarão outro mentor. Orem e peçam, em pensamento, que eu estarei lá protegendo e cuidando de vocês. Agora fechem os olhos que Pai Bastão vai benzer as duas.

Ele, então, começou a orar:

— Deus de profundo e infinito amor, peço-Lhe neste momento pelas filhas e por todos os irmãos que aqui se colocam em prece, pedindo os mais variados acalantos para suas almas cansadas e fatigadas do dia a dia. Que, em retorno para casa, cada um deles leve em seu coração a resposta sábia para suas preocupações. Aumente, Senhor, a centelha divina que habita cada um desses coraçõezinhos. Permitam a eles exercitar e aplicar as leis do perdão e do amor, que, embora acessíveis a todas, são de uso restrito a poucos. Pai, que o julgamento de cada um seja voltado apenas a si mesmo e com amor, pois somos falhos e estamos aqui para trilhar o caminho rumo à perfeição, mas ainda de forma rudimentar. Alimente nossa fé e nosso amor ao Senhor. Que os amigos destinados a acompanhar e orientar esses irmãos, em especial os protetores dessas meninas, sejam fortalecidos! Que assim seja!

A prece feita por Bastião, sem que ele percebesse, aumentava sua luz, fazendo a escuridão espiritual daquele lugar ceder espaço.

Isso, infelizmente, chamou a atenção dos protetores do local, que foram em busca de satisfação. Mas, como era esperado, não conseguiram se aproximar de Bastião nem das meninas.

Em meu canto, eu, em prece pelo meu amigo e por nossas duas novas protegidas, me mantinha quieto, sem causar alarde. Pela pequenez de minha luz, não havia sido descoberto.

Pedindo às moças que, se sentissem necessidade de um passe ou coisa parecida, procurassem um centro espírita kardecista, Bastião se despediu.

Ele olhou para mim, e entendi que era hora de bater em retirada. Vi que se comunicava com o espírito que se julgava dono do lugar, trocando com ele algumas palavras, e, em seguida, saímos acompanhando as meninas até o lar delas.

No caminho, questionei o que realmente estava acontecendo.

— O senhor não quis contar a elas sobre os pais?

— Não, meu querido! Jamais me seria permitido tomar o corpo de um irmão para mentir, para mesclar a verdade. Se isso estivesse acontecendo, eu, de forma delicada, teria de contar, mas não é o caso.

— Mas a cena que elas viram é bem suspeita. — Era meu lado imperfeito falando mais alto.

Parando e olhando-me profundamente, meu mestre e amigo esclareceu orientando:

— Pobre e querido irmão, às vezes, confundimos as atitudes nobres com vicissitudes desonestas. Quando incorporei no médium que ali estava, pedi a um dos meus parceiros da lide que olhasse o quadro espiritual, pois precisava ajudar aquelas crianças assustadas.

— Sim! Vi um espírito amigo ao seu lado.

— Alfredo, em diligência, me passou todo o quadro. Está realmente havendo uma traição, mas não é com o casal em questão.

— Não? Como assim?

— Vamos visitar as famílias e verá.

A visita foi rápida. Na casa de Priscila, os pais da jovem, abraçados, assistiam a um programa de televisão. Enquanto aguardavam a filha já preocupados, tinham por companhia o cachorro da família, que permanecia deitado ao lado do sofá, quietinho, e o outro filho mais novo, que aparentava ter uns doze anos, em outro sofá.

Tudo parecia em paz, sem maiores tribulações. Fazendo uma oração para todos, nós nos afastamos e fomos para a casa da família de Camila. Lá, o clima já não era o mesmo.

A mãe, sozinha no quarto, chorava mansamente. A filha tinha saído. O filho mais velho estava na faculdade e demoraria a chegar. Já o marido havia dito que estaria em um jogo de futebol com amigos e não sabia a que horas retornaria.

Vendo a situação espiritual da mulher, percebi que o problema estava ali. Nem precisou de muitas explicações de Bastião.

— Viu como também se precipitou pelas aparências?

— Sim! Peço perdão aos envolvidos pelas farpas espirituais que lancei. Sinto-me envergonhado. Desculpe-me, amigo, mas a evolução é meta de difícil alcance.

Eu realmente estava com muita vergonha e triste comigo por lançar julgamentos.

— Sim, a evolução é difícil, por isso passamos por esses tipos de aprendizado que você teve hoje. O pai da outra menina estava, a pedido da própria esposa, conversando, aconselhando, para tentar ajudá-la e evitar que ela rompesse o compromisso de forma abrupta.

— Aquele senhor ama sua esposa e sua família. É um homem sensível e amoroso. Queria ajudar e quase provocou uma confusão danada.

— E que confusão!

Rindo, nós dois nos aproximamos da mulher que chorava deitada na cama. Sua dor moral era tamanha que ela se encolhia tal qual um feto.

O ciúme a corroía. Ela achava que o marido estava com outra mulher, enquanto ela estava ali. Já era madura, e ele havia se envolvido com uma mocinha.

Os pensamentos desestruturados e aquela dor que a machucava estavam permitindo que ela se cercasse de vários espíritos obsessores, que, naquele momento, riam dela.

— Podemos ajudá-la? — perguntei a Bastião, pois meu espírito, um pouco culpado ainda, queria imensamente esclarecer a situação e ajudar a paz a retornar àquele lar, especialmente àquele coração.

— Infelizmente, ainda não! Não nos é permitido tirar esses espíritos que estão ao lado dela. Somente oremos para que ela se fortaleça. Chegará o momento, mas não será agora. Somente oração e passes magnetizadores. Deus a libertará em breve, mas há aprendizados necessários para ambas as partes que nos impedem de afastar obsessor e obsedado.

Com essas palavras, Bastião aproximou-se da mulher e aplicou-lhe passes regeneradores, enquanto orava em seu benefício. Eu, então, passei a acompanhá-lo fervorosamente.

Inicialmente, a energia que saía de nossas mãos impostas sobre a irmã não atravessava o campo denso de energia, mas, com alguns minutos de prece, ele foi se tornando mais sensível. A senhora, por sua vez, começou a absorver as energias reparadoras e, aos poucos, foi relaxando até dormir.

— Deixemos que ela recomponha o corpo físico. Está estafada. Daqui a pouco, a filha chegará, e ela se acalmará. Creia!

Fazendo a limpeza energética do local com a equipe socorrista de Bastião, buscamos melhorar o equilíbrio da casa. Sabíamos que não seria fácil mantê-la daquela forma, por isso ele deixou um de seus companheiros com a filha do casal, que seria o canal de luz naquela casa.

Saímos com o compromisso de ajudar aquela família, que a ilusão do sexo queria tirar do trilho acordado antes da encarnação.

Na verdade, como me explicou o amigo que tinha visto o quadro da situação, o esposo daquela senhora estava envolvido com uma moça bem mais nova, que trabalhava com o amigo, que, ciente de toda a situação, tentava ajudá-los a não cometer mais sandices em nome de um prazer tênue e fugaz.

O interesse dele pela moça e o da moça por ele já haviam findado, então, era questão de tempo para ele se arrepender e perceber o mal que estava fazendo para a mulher e os filhos, que seriam prejudicados por aquela aventura.

— A consciência dele será seu juiz. Tudo ficará bem! É questão de tempo! — afirmou durante nossa partida.

Capítulo

14

Já fazia duas semanas que Bárbara havia ido ao centro espírita com a mãe, Paula e as crianças pela primeira vez. Todos tinham voltado pelo menos duas vezes ao local, e, naquele dia, ela aguardava André, que iria com elas à reunião pública.

Bárbara sabia que o marido estava indo somente para agradá-la, como tudo que fazia nos últimos tempos. Mesmo assim, diante de tanta dedicação e tanto amor, ela não conseguia perdoá-lo.

Isso estava doendo mais nela do que nele. Sabia que amava aquele homem, contudo, não conseguia mais confiar nele.

Irene e todas as outras pessoas a aconselhavam a perdoá-lo e seguir em frente. Via-se que ele havia se arrependido.

Bárbara tinha certeza de que ele se arrependera e amava a ela e a filha, mas algo em seu íntimo lhe dizia que André não era de confiança e que iria traí-la novamente. Era como se ele fosse acostumado àquilo. Como se aquela situação de traição e de perdão fossem comuns.

Sabia que estava pensando em bobagem, pois nunca descobrira nada antes. Ele sempre lhe fora fiel e muito companheiro, no entanto, aquela sensação de insegurança, por mais que Bárbara tentasse ser racional, a atingia em cheio, evitando que ela conseguisse ser carinhosa com ele e muito menos cogitasse voltar para casa.

Esse era o ponto. Bárbara sabia que não poderia mais ficar ali no aconchego da casa da mãe. Tinha que voltar para sua casa.

Já fazia três meses que estava vivendo com Irene e tinha que decidir se retomaria sua vida ou se mudaria definitivamente para a casa da mãe.

Mas só de pensar em terminar o relacionamento com André, de pedir que ele não fosse mais no fim de semana, era uma tortura que a levava às lágrimas. Estava confusa, e essa confusão lhe sangrava o peito.

Olhando para o relógio da sala, viu que André já deveria ter chegado. Haviam combinado de que ele chegaria até umas dezessete horas, para dar tempo de tomar um banho e irem ao centro. Ele estava curioso.

Uns dez minutos depois do horário combinado, ela ouviu uma buzina. Era o sinal de que ele havia chegado. Nem deu tempo de Bárbara se levantar do sofá. Ela viu a filha passar por ela em disparada, gritando que o pai havia chegado.

Indo para a porta, Bárbara viu André com um pacote de doces em uma das mãos e a filha pendurada em seu pescoço.

Rindo e mantendo a menina presa ao corpo, ele pegou sua mochila de roupas e entrou na casa. Colocando no chão a criança, que já se concentrava nos doces que havia ganhado, André aproximou-se da esposa e, diferentemente das outras vezes, a abraçou e lhe deu um beijo apaixonado.

Estava com o coração sangrando de saudade dela e não se conteve: foi com imensa alegria que a sentiu se entregando ao carinho sem nenhuma reação negativa.

Após o beijo, permaneceu ali abraçado a ela, com medo de se afastar e a magia se quebrar.

Ficaram ali abraçados por pouco tempo, pois a menina, sentada no chão, havia aberto o pacote de doces e espalhado as balas para escolher qual iria devorar, chamando a atenção da mãe.

Sorrindo, os dois se aproximaram da criança e foram ajudá-la na terrível missão de escolher o doce.

Ficaram ali um pouco. André, como sempre, havia sido generoso e carinhoso com a filha. Ele tinha comprado os doces preferidos dela, fato que a deixou confusa, sem saber por qual começar.

Depois, Irene chegou à sala e, juntando-se aos três, ficou brincando com a neta. Ela pediu um doce à garotinha, que a ofertou um sob profunda decepção, pois não queria ceder nenhum deles.

— Minha filha, como assim você não vai dar nenhum doce para sua avó? Olhe o tanto que seu pai trouxe!

Lívia olhava do doce para a avó e da avó para o doce. Por fim, escolheu um, que deveria ser o que menos ela gostava, e ofertou:

— Tome, vovó! Este é delicioso! É o que mais gosto!

A avó, fingindo acreditar na palavra dela, pegou o doce e a abraçou agradecendo.

André, de mãos dadas com Bárbara, foi para o quarto. Iria tomar banho e se arrumar, enquanto Irene ficara na sala com Lívia.

Chegando ao quarto, André não se conteve e, após fechar a porta atrás de si, tomou a mulher nos braços e a beijou com paixão. Ela, aos poucos, foi se entregando.

Sentindo que Bárbara não lhe oferecia resistência, os carinhos de André foram ficando mais ousados.

— Como estava sentindo sua falta! Como eu te amo! — Ele beijava a esposa e falava ao seu ouvido frases amorosas de saudade e paixão.

Bárbara deixou-se levar, não permitindo que pensamentos negativos tomassem conta de seu ser. Deixou-se, enfim, amar por ele, como nos velhos e bons tempos, em que não pairava nenhuma dúvida em seu coração.

A onda de emoção foi tão intensa que ambos se deixaram cair sobre a cama, exaustos, mas não conseguiram descansar nem mesmo conversar, pois imediatamente ouviram a filha batendo na porta e chamando pela mãe.

Olhando assustados um para o outro, responderam:

— Oi, filha!

Chegando à porta, o pai, sem abri-la, perguntou:

— Está precisando de algo?

— Não! Minha vovó que disse para vocês andarem rápido pra gente ir logo.

— Já estamos quase prontos. Diga a ela que em cinco minutos sairemos!

Não posso entrar?

— Não, filha. Vá lá avisar sua avó!

Com voz de quem não gostou, Lívia saiu resmungando. E eles, sorrindo um para o outro, apressaram-se para se arrumar.

Realmente, não haviam pensado em nada. Esqueceram, inclusive, que tinham compromissos e horário. Assim, mal tomaram um banho e colocaram a roupa, já saíram em disparada.

Encontraram Irene e Lívia sentadas na sala, prontas, e seguiram para o centro espírita.

Como marcado previamente, Paula e o esposo os encontraram para, juntos, assistirem à palestra pública.

André estava entre curioso, como era de sua natureza, e desconfiado. Tudo ali era novo para ele e, como não devia deixar de ser, místico.

Já tinha ouvido tantas histórias de que ocorriam fenômenos de pessoas que gritavam e dançavam, que, assim que entrou no centro, ele levou um susto.

Na porta, eles foram recebidos por uma senhora bem serena que abraçava os recém-chegados, acolhendo-os amorosamente, e os encaminhava a uma sala que, bem diferente do que André esperava, não ostentava nenhuma imagem. O local estava cheio de bancos de madeira e, no fundo, havia um altar bem simples, com uma toalha branca e uma jarra de um líquido que ele julgou ser água.

Tocavam nas caixas de som músicas relaxantes, e por todas as paredes do centro havia frases pedindo silêncio e induzindo as pessoas à prece.

Uma senhora de fala mansa foi até eles e convidou Lívia a ir para uma salinha onde as crianças ficavam. Ela também avisou ao grupo que lá elas seriam acompanhadas por uma voluntária que cuidaria delas.

Como Lívia estava sentindo falta da amiguinha Raquel, aceitou de bom grado a oferta e seguiu com a mulher para os fundos do local.

Como tinham chegado uns quinze minutos antes de a palestra começar, sentaram-se diante do altar. Assim que Lu os avistou, foi ao encontro deles, abraçando-os e cumprimentando André.

— Ora, então este é o membro da família que eu faltava conhecer?

— Creio que sim! Muito prazer, me chamo André!

— Seja muito bem-vindo, André! Nossa casa é de amor e oração, onde as pessoas que desejam que o amor do Cristo lhes inunde a alma são muito bem-vindas.

As palavras de Luciana o tocaram sobremaneira.

Envolvendo as mãos da senhora, que permaneciam ligadas às suas durante aquele momento de acolhida, ele deu um leve aperto e murmurou:

— Amém! É esse o nosso propósito!

Olhando para o relógio que estava em seu pulso, Lu explicou rapidamente como funcionavam os trabalhos da casa naquele dia:

— A palestra de hoje será ministrada por mim. Depois da palestra, teremos o momento do passe, que nada mais é que uma troca de energias. Como acredito que vocês nunca participaram, peço que se tranquilizem. Não há manifestação espiritual, somente energética. O passe é aplicado naquela sala. Nós os convidaremos no momento oportuno a adentrá-la. Basta se sentarem nas cadeiras lá dispostas e se conectarem pela prece aos espíritos em que acreditam, sejam eles santos ou qualquer outro nome que deem aos bons e nobres amigos que nos auxiliam incansavelmente.

Após a explicação, ela pediu licença e aproximou-se de outro casal. Conversando de forma rápida, dirigiu-se para o púlpito.

A reunião estava marcada para as vinte horas, horário em que, britanicamente, foi iniciada. A princípio, Lu pediu que todos silenciassem e depois proferiu uma sentida e emocionada prece em agradecimento à presença de todos e ao amor do Pai por tudo que Ele criou.

Num segundo momento, a palestrante leu um trecho de um pequeno livro que disse tratar-se de *O Evangelho Segundo o Espiritismo*.

A parábola escolhida foi a do "Bom samaritano", aquele que é retratado na Bíblia como sendo o irmão que oferta ajuda a um desconhecido, que é açoitado e abandonado à sua própria sorte. Nela, o Mestre nos explica que o samaritano é o exemplo a ser seguido.

Após a leitura enriquecedora, Luciana discorreu:

— Queridos amigos que aqui estão para dividir comigo os ensinamentos do nosso Mestre Jesus, queria convidá-los a refletir sobre essa passagem descrita no Evangelho de hoje, que nos mostra claramente que apenas o conhecimento e as condições de auxiliar não são capazes de fazer um legítimo cristão. No exemplo dado pelo Mestre, vemos que havia um irmão caído implorando socorro. Passou por ele, primeiramente, um sacerdote conhecedor da palavra, mas que não tinha amor no coração. Depois, veio um levita, que também não teve compaixão pelo sofrimento alheio. Por último, o Mestre nos fala de um samaritano, que, provavelmente muito cansado, porquanto passava de viagem e naquela época não havia carros e muito menos aviões, sem se deter em seus sentimentos para consigo, não só parou e acudiu o irmão, como se dispôs financeiramente para que aquele pudesse ter suas chagas curadas.

Luciana fez uma breve pausa e continuou:

— O Mestre perguntou aos seus questionadores: "Quem realmente era cristão?". E pergunto a vocês, fazendo uma adaptação aos dias de hoje, em nossa correria e em nossa busca por melhoras, por amealhar conhecimento e bens materiais, quem pararia e socorreria o irmão caído e machucado? Quem deixaria seus afazeres por algumas horas, para ter com um irmão desconhecido que precisa de ajuda material e moral? Pensemos! Seriamos nós, espíritas que ficamos lendo os livros edificantes e não aproveitamos as oportunidades para pôr em prática os ensinamentos do Cristo, o sacerdote que passou do lado esquerdo do irmão? Não seriamos nós o levita, que não teve compaixão, mudou sua trajetória e não prestou auxílio ao irmão, pois na verdade não entendeu que todos nós somos uma só família no amor do

Pai? Ou, hoje, com a graça e bênção do amor do Cristo renovado, aprendemos que a mão estendida é a caridade? E que a caridade é a fé materializada? Deixo com vocês esse questionamento, que devemos fazer todos os dias: o que faço eu para seguir os passos do Mestre? Sou eu o sacerdote, o levita, ou quero ser o samaritano que estende a mão?

Com esse questionamento, Luciana encerrou a palestra e, com uma nova prece, deu início à segunda fase, que era a do passe magnético.

Naquele momento, André não sentia mais medo. Estava intrigado. Sempre fora um homem religioso, mas algo ali o deixava curioso. Falaria com aquela senhora assim que pudesse.

O passe foi tranquilo, apesar da cisma que pairava no coração dos que ali estavam pela primeira vez.

Era uma sala à meia-luz, em que no fundo se ouvia bem baixinho uma música instrumental. Com cadeiras dispostas lado a lado, umas de frente para as outras, dez ao todo, tendo por detrás uma pessoa que realizava gestos contínuos com a mão, enquanto um homem, que estava no meio do corredor que se formava, pronunciava com voz meiga e terna uma linda prece de limpeza e de fortalecimento da fé.

André e sua família não viram nada; somente sentiram o coração desanuviar-se. Nenhum tinha a visão mediúnica necessária para ver o imenso trabalho que era feito pela espiritualidade.

Ali estava uma gama de espíritos que chegavam para o trabalho muito antes dos encarnados, fazendo a limpeza e harmonização do ambiente.

Na sala de passe, onde aqueles irmãos usavam sua energia e suas mãos para retirar as energias densas e recolocar as energias curativas e regenerativas, também havia um batalhão de soldados do Cristo.

Assim que o senhor deu boa noite, eles saíram da sala, encontrando uma jarra e vários copos com uma pequena quantidade de água que lhes foi oferecida, dizendo ser fluidificada.

A curiosidade de André somente aumentava. Não entendia o que se passava ali, mas a calmaria que se instalou em seu coração era muito grande e ele queria entendê-la.

Expôs sua impressão a Paula, que estava ao seu lado e já frequentava o local com o esposo havia algum tempo.

Adiantando-se, o marido, que estava ao seu lado, respondeu:

— Também achei engraçada essa questão de energia que circula no ambiente e fui atrás para entender. Nunca havia ouvido falar em reencarnação, energia, incorporação, essas coisas.

— E como você está fazendo para entender?

— Estudando por meio de livros que eu comprei. Bem ali! — disse ele, apontando para uma pequena e tímida livraria, que ficava a um cinco metros de onde estavam, mas que, até o momento, não havia despertado o interesse de André.

— Nossa! Realmente não havia notado que aqui havia uma livraria. Se incomodaria em ir comigo até lá?

— Claro que não! Será um prazer! Fiquei viciado em livros espíritas — garantiu o outro, sorrindo.

André não sabia o que o impulsionava a tanto interesse, mas, pedindo licença à esposa e às outras mulheres, saiu com o novo amigo em busca de conhecimento.

— Filha, papai vai à livraria e já iremos comer. Tenha só mais um pouco de paciência! — disse André ao sair, diante da birra que a filha fazia. A menina dizia que queria ir embora para comer.

A pequena livraria era recheada de obras. A atendente explicou a André que se tratava das obras básicas do Espiritismo, escritas por Allan Kardec, um senhor francês. Depois, apresentou-lhe outras mais, sendo algumas de um grande médium que vivia em Minas Gerais de nome Francisco Cândido Xavier.

A vendedora era uma moça de muita paciência e, com a ajuda de Ernesto, indicou várias obras espíritas, esclarecendo que todas eram psicografadas, ou seja, ditadas por espíritos desencarnados aos encarnados.

— Esta aqui é ditada por Bezerra de Menezes. Quando vivo, ele era médico — disse a moça, fato que fez André afeiçoar-se ao exemplar imediatamente.

Assim, ele saiu de lá com exemplares de *O Evangelho Segundo o Espiritismo*, *O Livro dos Espíritos*, um livro do doutor Bezerra de Menezes e um romance intitulado *Há dois mil anos* para presentear a esposa.

Com os braços recheados, André colocou-se ao lado de Ernesto, que ainda estava em dúvida e acabou levando outro romance. Assim, foram ao encontro das mulheres, que os aguardavam para se retirarem dali.

Encontraram-nas próximas à porta de saída, conversando alegremente com Lu, a senhora que dirigia aquele local.

— Olá!

— Olá! — Olhando para as mãos dos dois, Lu sorriu.

E, olhando os títulos que eles levavam, disse carinhosa e feliz:

— Vejo que quer conhecer o espiritismo, doutor!

— Sim! Creia, senhora, que fiquei curioso com a energia que circula aqui. Me senti em paz e queria agradecer pela noite agradável.

— Somos nós quem agradecemos a presença de vocês. Aqui é uma casa de amor, de socorro ao próximo, por isso você sentiu essa paz.

— Sim, mas pela minha própria natureza, sinto necessidade de entender um pouco mais, saber o que é. Antes, tinha uma ideia preconcebida, mas hoje quero entender, inclusive aquele segundo momento.

— O senhor se refere ao passe magnético?

— Isso!

Lu, sorrindo feliz por acreditar que fora plantada a semente naquele coração, por quem orava e pedia a intercessão da espiritualidade amiga, convidou:

— Venha me fazer uma visita amanhã! Conversaremos, e eu lhe explicarei o que estiver ao meu alcance.

— Nossa! Seria um grande prazer.

André realmente estava feliz pelo convite. E, sorrindo, Luciana voltou seus olhos aos demais e estendeu o convite a todos:

— Venham! Assim tomaremos um chá entre amigos.

— Que convite delicioso! Viremos sim! — respondeu rapidamente Paula.

— Às quinze horas está bom? — perguntou Lu.

— Estaremos aqui! Obrigada!

Abraçando a senhora, eles se despediram, confirmando o encontro do dia seguinte.

Dali, os seis se encaminharam para uma pizzaria indicada por Ernesto e Paula para agradar Lívia, que se contorcia de impaciência sob alegada e reiterada fome.

O local era agradável e tinha um pequeno espaço com balanço, adereço que fez a menina esquecer momentaneamente o motivo principal de sua estada ali.

Agarrando o pai pela mão, Lívia não permitiu que ele se sentasse à mesa, pedindo a ele que a balançasse. André ficou ali por mais de meia hora até que Irene foi até lá para substituí-lo.

Retornando à mesa, ele sentou-se ao lado da esposa. Sentia que Bárbara não se retraía mais quando ele se achegava e, assim, puxou-a para mais perto, abraçando-a e acariciando seus cabelos.

A conversa girava em torno do local em que haviam estado. Todos à mesa haviam sentido a mesma paz que André experimentara, e isso era muito bom.

Paula contava sua experiência e como eles haviam conhecido o local.

— Há mais ou menos cinco anos, eu descobri, por acaso, este câncer. Sendo o senhor um médico, certamente entende que saber da existência da doença já é uma sentença de morte.

— Ela realmente ficou morta por mais um mês. Não comia nem conversava direito. Fiquei preocupado, mas o silêncio daquela casa foi delirante.

Rindo junto com ele, a mulher deu-lhe um beliscão e depois um beijo na bochecha. Sabia que era trova dele, porque ele e as filhas haviam adoecido junto com ela.

— Engraçadinho! Ele exagera, mas fala a verdade. Eu realmente fiquei morta, congelada. Era uma sentença de morte, e eu morri por um tempo, fazendo todos morrerem comigo também. Foi terrível!

Ela fez silêncio por alguns momentos, mudando a expressão facial leve, como se a mente a levasse a reviver a dor.

Mas foram breves os instantes de dor, porque ela, sorrindo, emendou:

— Na verdade, às vezes fico entristecida, porém, rapidamente, me lembro de que foi só por um tempo e que aprendi muito. Mas vamos à história do centro! No meio desse processo de flagelo, vivendo como uma morta-viva, Ernesto foi à farmácia ou ao supermercado, não me lembro.

Como estava um pouco em dúvida, Paula olhou para o marido, que confirmou ser o supermercado o local do dito encontro.

— Ah, sim! Então, lá ele encontrou uma conhecida nossa, Ema, uma senhora muito querida e trabalhadora do centro espírita. Após conversarem, ela se convidou para ir até a nossa casa para nos fazer uma visita.

“Essa doce senhora já está com Deus, mas oro por ela todos os dias. Creio que, sem a ajuda de Ema, eu também estaria lá. Teria ido antes dela. Bem, ela foi até nossa casa no dia seguinte e, durante um mês, nos visitava praticamente todos os dias. Morava perto de nossa casa e, sempre que podia, passava por lá.

“Ela foi se chegando de mansinho, conversando conosco e nos ensinando sobre a doutrina. Me aplicava passes e me dizia que eu precisava sair daquilo e tomar posse de minha vida. Ela era ao mesmo tempo enérgica e amorosa. Até que, em uma linda manhã... já fazia uns cinco dias que ela ia à nossa casa, não foi, amor?”

— Sim, querida! Mais ou menos isso!

— Então, eu acordei! Porque nesse tempo todo eu me recusava a fazer tratamento.

Interrompendo, André questionou, deixando seu lado médico falar:

— Desculpe-me a curiosidade, mas onde seu câncer estava?

— No útero. Desculpe-me! Esqueci de falar. Meu câncer estava no útero, e descobri o tumor em um exame rotineiro. Estava no início ainda. Era um tumor pequeno! O médico me disse que a chance de cura era muito boa. Eu teria de fazer uma cirurgia, em que seria retirado o aparelho reprodutor, e fazer as sessões de radioterapia, um tratamento doloroso para o corpo e para alma, que se revolta. Como a minha, por exemplo!

O humor dela havia voltado. Assim, Paula resumiu o problema com um sorriso no rosto.

— Mas, voltando à minha amada Ema, que foi a principal causadora de minha reviravolta e superação... Em uma de suas visitas, ela me disse que, se eu continuasse a me lamentar, murmurar e me sentir a vítima do mundo, eu realmente iria morrer e estaria, assim, cometendo um suicídio indireto. Ou seja, a medicina poderia me salvar, mas eu estava ali, me recusando a dar uma chance a mim mesma. Ela falou um monte, me deu uns beijos e me pediu para pensar em qual seria o melhor método para morrer, já que eu escolhia a morte! Depois, me entregou um exemplar de *O Evangelho Segundo o Espiritismo*, dizendo que eu me apressasse a aprender, já que queria ir para o lado de lá.

Dando gargalhadas, continuou:

— A velhinha estava fula da vida comigo!

— Bem se vê! — disse Bárbara, que ouvia atenta e curiosa a tudo, pois a forma de Paula contar uma história tornava engraçadas situações de dor.

— O que ela disse mexeu comigo. Fiquei ali, sentada por horas, pensando se eu queria morrer. Chorei muito e li *O Evangelho*, procurando socorro. Fiz uma prece a todos os santos que conhecia e adormeci entre lágrimas e pedidos de ajuda ao Alto. Creio que Deus me ouviu, porquanto, no dia seguinte, acordei uma nova pessoa. Me levantei, fui para a cozinha, fiz um delicioso café e, quando Ernesto acordou, a mesa estava pronta, e eu arrumada esperando por ele para irmos ao médico. Ele quase caiu duro de alegria.

— Sim, foi a transformação da água para o vinho!

— Fui, fiz o tratamento, a cirurgia e tudo mais. Mas, a partir daquele dia, nos dobramos ao Espiritismo e fomos com Ema para o centro aonde fomos hoje. De lá para cá, frequentamos e estudamos a vida espiritual.

"Fiz o tratamento lá e sei que me fortaleci. Agora que nós dois estamos aposentados, decidimos que vamos trabalhar voluntariamente. Até conversamos com a Lu sobre isso. Sentimos que é hora de devolver o bem que me foi dado de forma tão amorosa. Queria que tivessem conhecido minha Ema."

Lágrimas escorreram neste momento da face da mulher. Lágrimas de saudades e de amor.

O sentimento que unia Ema e Paula era tamanho que o pensamento de amor atingiu a outra no local em que ela estava. E, na condição de espírito mais elevado, em instantes Ema estava ali, acariciando o rosto da filha do coração a quem adotara naquela encarnação.

— Querida, a saudade é tamanha deste lado também. Estou bem e cuidando de você! — A frase foi dita ao pé do ouvido de Paula, que foi incapaz de ouvir. Ela somente sentiu uma energia amorosa, que foi tomando seu corpo.

— Você gostava muito dela.

— Sim, desculpem-me pelas lágrimas! São de pura saudade! Sei que aquele ser abençoado deve estar muito bem e trabalhando bastante na erraticidade, mas é imensa a falta das nossas conversas e do café.

Rindo, Paula olhou para Irene, que ainda estava cuidando, pacientemente, da neta no parquinho.

— Agora vou "filar" o café na casa de Irene. O café dela tem o mesmo sabor do amor de Ema. Inclusive, vou convidá-la a ir conosco servir ao próximo. Quando você voltar para sua casa, creio que ela ficará desolada. Conheço minha amiga.

Sorrindo e olhando nos olhos da esposa, André disse:

— Então, faça isso rápido! Quero minha mulher em casa o mais rápido possível! Minha vida não tem luz sem as duas. Sinto-me, como você disse, um morto-vivo sem elas.

Todos riram da frase de André, e Bárbara somente olhou nos olhos dele. Eles a fitavam com tanta ternura que ela se convenceu de que seu lugar era ao lado do marido.

Não sentiu vontade de responder. Somente sorriu e deixou a conversa fluir em outros campos.

André estava empolgado com tudo. Com a espiritualidade e com a nova fase no trabalho.

— O escritório ficará no centro da cidade.

— Já está pronto? — perguntou Paula.

— Não! Estou aguardando minha esposa me ajudar na reforma. Ela é maravilhosa nisso.

Até o tom de voz dele mudava quando falava dela. Realmente, André parecia ter entendido o valor de sua presença ante a possibilidade de perda.

Meu sócio é solteiro e não tem muito jeito. Ele ficou responsável pela aquisição de alguns itens que fazem parte da especialidade dele, e eu com a reforma, que já repassei para ela.

Rindo, Bárbara replicou:

— Até agora somente sei que estou encarregada dessa empreitada, mas e o salário? Nada.

Abraçando-se a ela e dando um beijo estalado em sua bochecha, o marido respondeu:

— Eu lhe darei o mundo! A começar por esta viagem de segunda lua de mel — dizendo isso, André pegou as passagens que estavam em seu bolso e que, até aquele momento, ele não havia tido coragem de mostrar à esposa ante a possibilidade de ela recusar-se a ir.

Surpresa e meio assustada, pois não estava esperando aquilo, Bárbara demorou para entender. Ela ficou ali, de olhos arregalados, olhando para aqueles papéis na mão do marido, entre surpresa e feliz, sem conseguir promover nenhum tipo de manifestação.

Quem se refez primeiro da surpresa foi o esposo de Paula, que, rindo deles, falou:

— Isso que eu chamo de surpresa! Ela está estática, paralisada.

Enquanto isso, Paula batia palmas de contentamento:

— Pegue as passagens, querida! É um presente de casamento, de nova lua de mel!

Ainda olhando as passagens, Bárbara pegou os papéis:

— Abra e nos diga onde será sua segunda lua de mel! — pediu Paula.

— Abra, meu amor! Caso não seja esse o seu destino preferido, mudaremos o trajeto, sem nenhum problema. Tudo o que eu quero é estar com você e ver seu sorriso ao meu lado.

Com as mãos trêmulas, ela começou a abrir o documento e viu seu nome escrito em um bilhete de ida para Paris, na França, para dali a vinte dias.

Como ela ficou alguns minutos olhando para o papel, André achou que a esposa não havia gostado.

— Não era para Paris que você desejava ir? Mudamos já! — disse ele, um tanto receoso, pensando que talvez houvesse apressado um pouco as coisas. — Ou você gostaria de levar nosso bebê? É que pensei que não seria uma viagem típica para uma criança.

Ele perguntava em um tom nervoso. Na verdade, o medo era de que ela dissesse que não iria, que ainda não estava preparada para reatar o compromisso de forma plena.

Fechando delicadamente o papel, ela levantou os olhos, e nele havia lágrimas que, teimosamente, deslizavam por sua face.

— Desculpe, estou sem palavras!

Abraçando-a, ele disse.

— Só diga que aceita meu convite!

Vendo o clima do momento, Paula sussurrou algo ao ouvido do marido, convidando-o para ir ter com Irene e deixar os dois a sós. Assim, saíram sorrateiramente.

Os dois estavam tão centrados em si que não viram que o outro casal se ausentara da mesa, no intuito de não atrapalhar aquele lindo momento.

Respirando fundo e olhando profundamente nos olhos dele, numa busca desesperada de lhe alcançar a alma, Bárbara permaneceu em silêncio. Estava, naquele instante, em uma encruzilhada emocional. Era o momento de decidir se abandonaria os medos de novas traições e voltaria a confiar nele, ou se, decididamente, permitiria que suas lembranças e outras reminiscências a levassem para outras experiências. A dor de se despir da velha roupagem era imensa, e somente ela sabia dimensionar.

Bárbara via a dor da espera nos olhos dele, como também sabia de todo o seu arrependimento e de tudo o que ele havia feito naqueles meses de separação para se reaproximar e ganhar sua confiança.

Olhando para aqueles olhos que lhe imploravam perdão, ela pensava: “Por que não o perdoar?”.

Ela acreditava, em seu íntimo, que André era um homem dado a traições, mas verificara e confirmara que ele somente tivera aquele envolvimento. Ela acreditava piamente que aquilo já havia cessado, pois, se assim não fosse, ele não estaria ali, mas sim com a outra.

Foram minutos de muita luta interna, em que somente ela poderia decidir. Era uma etapa evolutiva solitária, tanto quanto as outras, e sobre a qual a espiritualidade maior não poderia fazer nada.

Assim, os mentores que acompanhavam os envolvidos, no afã de os sustentarem e os orientarem, permaneciam ao derredor do casal, evitando que irmãozinhos menos comprometidos com a justiça divina se aproximassem.

Bastião e sua equipe socorrista criaram uma espécie de abóboda ao redor dos dois, que, naquele momento, não sofriam influências; somente experimentavam a fluidificação e reposição de energias.

Estavam limpos e prontos para decidir por si mesmos se iriam aparar as arestas de aprendizados dolorosos e seguir crescendo no amor físico e espiritual, cumprindo seus compromissos, ou se procrastinariam para uma nova existência, que, certamente, caso houvesse a possibilidade, seria no mesmo contexto, visto as reticências que eles mesmo causavam.

— Não podemos ajudar? — perguntei ao amigo Bastião, mais apreensivo que André.

Minha pergunta carregava tanta ansiedade que provocou uma gargalhada em Bastião.

— Acalme-se! O momento não requer auxílio maior que este. Ela deve decidir sozinha, porquanto é o livre-arbítrio dela que precisa valer agora. Fizemos a limpeza astral, retiramos e afastamos todos os espíritos contrários, veja! — disse, apontando para um canto do outro lado da rua. — Eles não podem interferir. Agora é com os envolvidos. Somente oremos, amigo. A vida é contínua! Se agora não for o momento de reconciliação, perdão e caminhada conjunta, ele chegará, e nós os estaremos apoiando e amando igualmente.

Enquanto Bastião falava essas profundas palavras, de seu coração saíam luzes de várias cores, que não somente atingiam nossos protegidos, como todos os presentes naquele ambiente. No caso de alguns, a energia não lhes atingia o corpo, pois encontrava barreiras. Outros, contudo, eram inundados por aquela luz restauradora, inclusive com o socorro de várias almas que se predispunham a seguir, pois, cansadas de buscas infelizes, queriam refrigério e alívio.

Uma senhora, vendo a luz no ambiente, prostrou-se no chão e, chorando copiosamente, implorou ao Pai por Sua misericórdia, sendo imediatamente socorrida, adormecida e levada para um hospital espiritual para receber tratamento.

Firmando novamente minha atenção ao casal, vi que Bárbara depositara a passagem nas mãos dele delicadamente e, enxugando as lágrimas, disse, abrindo um sorriso amarelo:

— Mais tarde conversamos sobre isso. Essas surpresas me deixam tensa, e já estou preocupada com minha mala. Nem tenho roupas de frio nem máquina fotográfica para tirar fotos na Torre Eiffel.

Dando uma sonora gargalhada, mais de nervoso que de alegria, André se levantou e, colocando-a de pé, a abraçou e rodopiou com ela.

Os dois riam como dois apaixonados e selaram aquele reencontro entre seus corações com um beijo amoroso.

Os três adultos que observavam a cena ao longe se entreolharam, e cada qual fez sua prece de agradecimento.

Irene, não se contendo, deixou o pranto de alívio escorrer por sua face.

Paula, vendo a reação da amiga, com quem partilhava os sentimentos, segurou firme em sua mão e, apertando-a entre as suas, disse:

— Agradeçamos ao Pai Amoroso.

— Com certeza, amiga! Somente ele sabe o quanto venho orando e pedindo para que minha filha conseguisse perdoá-lo. A traição é uma arma poderosa que destrói tudo ao seu redor, mas há também o perdão quando a pessoa envolvida deseja o recomeço. E sei que ele lutou bastante, se arrependeu e quer consertar.

— Sim! Vejo que ele é outro homem. Deus seja louvado!

— Já podemos voltar para a mesa e começar a comemorar. Inclusive a comida já chegou, e estou com muita fome! — afirmou Ernesto, apontando para o garçom que se aproximava da mesa.

Rindo, as duas senhoras concordaram e, cheias de gracejos, convidaram a criança para voltarem para junto do casal.

O restante da noite foi só de alegria, com planos para a viagem, comentários sobre o clima, roupas e tudo mais.

A única que não se mostrava contente com a viagem era Lívia, que chegou a fazer birra e querer chorar, porquanto também queria ir. Ela, contudo, foi acalmada pelos pais, que lhe prometeram uma nova viagem em que iriam os três.

Assim, o jantar transcorreu envolvido por energias de paz e reconstrução.

Chegando à casa de Irene, André se encarregou de levar a filha para dentro, pois a garotinha dormia exausta no colo da avó.

Colocando-a na cama, André tirou os sapatos e as meias da filha, lhe desabotoou o vestido, a cobriu e deixou a criança dormir em paz.

Bárbara estava ao lado acompanhando os cuidados dele, mas não interferiu.

Fazendo sinal de silêncio com o dedo sobre os lábios, ele a chamou para saírem, deixando a porta entreaberta e a luz do corredor acesa para o caso de a menina acordar no meio da noite.

Vendo que estavam a sós no corredor, André enlaçou a cintura da esposa e, encostando-a na parede, deu-lhe um longo e apaixonado beijo, que foi correspondido.

Sentindo a paixão de outrora renascer entre ambos, ele a pegou no colo e a carregou para o quarto, resoluto, em seu coração, de que nada nem ninguém iria separá-lo dela.

Ele sabia que deveriam conversar, mas a saudade e o desejo se sobrepunham a isso, então, deixaram para depois.

Acordaram quando o sol já estava alto. Já passava das oito horas. Dando um salto, Bárbara levantou-se da cama, alegando que já era tarde.

André, rindo, perguntou qual era o compromisso que a esposa tinha naquela manhã. Ele estava de folga, e Bárbara ainda não tinha começado a trabalhar.

Sorrindo, ela pensou um pouco e concordou com ele, mas não voltou para a cama.

— Sim, mas tenho que ajudar mamãe, seu preguiçoso. E ela já reservou a grama para você.

— Não! — disse, cobrindo o rosto com o travesseiro. — Acabei de me lembrar de que tenho plantão!

— Ah, direi isso à dona Irene!

— O que foi que eu vim fazer aqui justo neste dia?

Rindo, ela foi para o banheiro, sabendo que as lamúrias eram só brincadeira. Ele adorava mexer no jardim com a sogra.

André tinha sido criado na roça. O pai sempre teve fazenda, por isso ele era acostumado. Sempre, quando iam nos fins de semana para a casa de Irene, ele a ajudava.

Pensando na sogra e no sogro, Bárbara lembrou-se que havia dias não falava com eles. Acreditava que não sabiam o que estava acontecendo entre eles, o que por um lado era bom, pois preocuparia os velhinhos.

Os pais de André moravam em uma pequena cidade a mais de seiscentos quilômetros de distância dali, por isso não os viam com frequência. Quem cuidava deles era a irmã de André, que morava perto dos pais.

Por conta da distância, nunca tiveram tanta proximidade, mas eram pessoas afetuosas. Falaria com o marido sobre visitá-los.

O dia passou rápido, cheio de afazeres, e à tarde eles foram ao abrigo. Conforme haviam prometido, André avaliaria uma criança que reclamava de muita dor no pé direito.

Chegando lá, não encontraram a diretora, que tinha ido para casa, mas em breve retornaria.

Não se passaram quinze minutos, e ela despontou à porta, chegando antes de André terminar a avaliação.

André ia levantar-se para cumprimentá-la, porém ela o conteve colocando a mão em seu ombro.

— Não interrompa! — disse, aproximando-se e cumprimentando os demais discretamente. Depois, ficou perto dele.

O menino, que estava ali pois os pais estavam presos, tinha entre seis e sete anos de idade. Tinha o olhar triste e reclamava de dor no pé.

André, compenetrado, examinava-o atentamente, fazendo testes e perguntando algumas coisas ao garoto.

— Você sente dor quando anda?

— Sim!

— Ande para o tio ver.

Atendendo ao pedido de André, o menino andou de lá para cá e apontou para a sola do pé.

Com a mão no queixo, André prestava atenção no pisar do garoto. Ele estava de joelhos para ficar mais próximo.

Como sua especialidade era ortopedia, o caso, para ele, era tranquilo.

— Vou precisar de uns exames — disse, por fim. — Será que vocês fazer conseguem por aqui?

— Sim, conseguimos! Dou um jeito! Temos muitos amigos que nos ajudam, graças ao Pai — respondeu Lu.

— Mas o que acredita que possa ser? Ou precisa do exame para dizer?

— Não! Na verdade, somente quero confirmar. Mas acredito que ele tem um desvio no quadril, que irradia para a perna. Ele sente a dor reflexa.

— Mas é caso de cirurgia? — perguntou, assustada e temerosa.

— Não creio! É postural mesmo. Bastam alguns exercícios. Vou passar um remédio para aliviar a dor e diminuir a inflamação. Inclusive, tenho algumas amostras que acho que resolverão.

— Agradeço imensamente! Além da consulta, ainda vai me ofertar o remédio!

Como ele já estava de pé, Lu deu um abraço em André, que ficou sem jeito com o carinho.

— Imagina, não agradeça! Não foi nada!

— Querido, para um coração que tem amor nada é sacrifício, eu sei! Mas lhe agradeço pela demonstração de afeto por um semelhante que não conhece.

— Eu quem agradeço a oportunidade de poder ajudar. Por vezes, penso em fazer esse tipo de trabalho voluntário, usando meu conhecimento, mas acabo, no dia a dia, perdendo o estímulo e até mesmo me esquecendo.

— Sente-se! — disse Lu a André, que permanecia em pé.

Após se acomodarem em cadeiras de madeira, eles continuaram a conversar, sendo somente acompanhados por Irene, porquanto Bárbara já tinha se afastado com Lívia, que estava ansiosa para encontrar outras crianças.

— O que diz é verdade! Muitas pessoas querem ajudar, mas se deixam prender por seus afazeres diários.

— Eu mesma sou uma delas! Moro só, mas acabo me perdendo no tempo, arrumando pequenas desculpas, e não faço nada. Somente ajudo quando alguém me oferece a oportunidade, como uma doação para a festa da igreja ou coisas desse tipo — disse Irene.

Sorrindo para Irene, Lu pegou aquela pequena mão, sentindo a energia amorosa daquele coração solitário.

— Querida, está convocada para nos auxiliar. — O tom era de brincadeira, mas o convite era uma verdade absoluta, porquanto Lu acreditava que o trabalho preenchia a vida das pessoas.

Sorrindo, Irene afirmou que a convocação estava aceita.

— Minha filha deve ficar aqui esta semana, mas, assim que ela se for, eu começarei a vir às tardes.

— Por que não aproveita a estada dela para virem as duas? Garanto que sua neta não se importará!

As risadas de Lívia eram ouvidas de onde elas estavam.

O local onde estavam era afastado do pátio, num canto onde havia cadeiras, bancos e mesa. Na verdade, era ali que eles faziam os lanches rápidos.

Na frente, ficava o pátio, que era revestido por uma grama bem verde e bem cuidada. E, mais no canto, havia um miniparque com brinquedos, que, segundo Lu, haviam sido doados pela prefeitura. Ali, principalmente as crianças menores se divertiam.

Lívia estava acompanhada pela mãe e por mais três meninas. Bárbara revezava-se para balançá-las.

— O riso de uma criança é mesmo contagiante — afirmou André, que, junto com as outras duas, sorria acompanhando a alegria delas. — Se me der licença, vou ajudar minha esposa. Daqui a pouco, ela não aguentará mais.

Rindo, ele saiu em pronto atendimento a Bárbara.

As duas senhoras ficaram ali se conhecendo melhor, enquanto Lu explicava quais eram os locais que mais necessitavam de voluntários e como as funções se desenvolviam ali.

— Vou conversar com Paula. Ela faz trabalhos aqui, e, como ela tem carro, vou combinar certinho para virmos ajudar. Eu necessito disso! Sinto, em meu coração, a necessidade de ajudar aqueles que precisam. Sinto falta de estender a mão e me senti em casa aqui. Meu coração se sente em paz neste lugar.

Olhando enternecida para aquela irmã, uma forte candidata aos trabalhos voluntários, Lu completou:

— Sim, minha irmã! O chamado está dentro de nosso coração. O Pai precisa de bons filhos trabalhando em prol do próximo. Olhe para aquelas crianças. Um não tem pai nem mãe. Foram mortos em um assalto. Os avós não têm condições de criá-lo. A menina de trança, com aquele sorriso lindo, é um ser carinhoso e amoroso. A mãe sumiu e a deixou com o pai, que, infelizmente, tinha outra família. A atual mulher não trata bem a menina. Assim, o pai veio até aqui e pediu para deixá-la conosco.

— Nossa! — interrompeu Irene, abismada.

— Sim, é triste, mas foi melhor para ela. Clarice está ótima aqui. Ele vem às vezes buscá-la, quando a esposa dá uma folga. Passam a tarde juntos. É um bom pai, se formos avaliar os demais.

— Mas abandonar uma filha é muito triste.

— Sim, mas quem somos nós para julgar o coração deles? Na verdade, ele achou que a filha estaria melhor aqui. E por certo está mesmo! A menina sofria maus-tratos e era agredida pela madrasta que tem ciúmes dela. Melhor a separação! Infelizmente, Deus permitiu um resgate entre eles, mas a madrasta, que hoje está mais fortalecida, não aceitou. E antes que assumissem maior carga de débito, o melhor é adiar a prova. Chegará a hora de se reunirem e estreitarem os laços. O amor faz isso, e Clarice é só amor e aprenderá aqui como doar esse sentimento ao seu semelhante. Até mesmo àquele que a queria ferir.

Emocionada com as palavras daquela mulher, que Deus havia colocado no lugar certo, no servir e no amar ao próximo, Irene não respondeu nada de imediato. Somente ficou observando o quadro: sua filha, sua neta e seu genro dando, indiretamente, amor àquelas crianças que estavam ali aguardando quem queira lhes doar tempo e bens materiais.

— Elas podem ser adotadas? — perguntou Irene, sem tirar os olhos delas.

— Algumas, sim! Outras ainda passam por processos. Os pais têm problemas com a justiça. São vários casos, mas, em sua maioria, sim.

— Mas há muita adoção?

— Não tanto como gostaríamos. Na verdade, essas crianças vêm pra cá com idade entre dois a quatorze anos. Essa é a média, e as pessoas têm preferência por bebês, o que dificulta a adoção.

— Vocês têm bastante ajuda?

— Sim, graças a Deus! Como recebemos muitas crianças dessas famílias, que, na verdade, são enviadas para cá pela própria justiça, o poder público nos destina verbas. E, como o prédio é nosso, construído por doações, o dinheiro quase supre todas as necessidades. Uma verba extra ou outra sempre aparece, ou fazemos bazares, feirinhas de comida, e assim vamos! Estamos sempre correndo atrás de doações e de mão de obra.

— Obras de assistência e igrejas são sempre assim. Parece que é uma provação! — A frase de Irene foi dita em tom de brincadeira, fazendo as duas rirem.

— Tenho que ir ali na cozinha para ver o estoque. Não quer começar agora enquanto os cinco ali se divertem?

— Opa! Com certeza!

— Então venha! Vou lhe mostrar. E você já vai se ambientando e vendo o que quer fazer.

— Faço qualquer coisa, desde que seja útil!

O tempo passou rapidamente. Ficaram ali por mais de três horas, enquanto as crianças brincavam com outras que chegaram depois. Enquanto isso, o casal de enamorados voltava a sentir o prazer de estar juntos. André e Bárbara faziam questão de estar de mãos dadas, abraçados, próximos um ao outro.

A convite de Bastião, fomos até o local para ver como estavam nossos protegidos. Todo o amor envolvido nas cenas nos aquecia o coração.

— Sua missão está quase cumprida, meu amigo — disse eu ao meu estimado guia.

— Eu diria que encontraram o caminho, mas as pedras ainda não foram lapidadas. Creio, contudo, que eles têm grande chance de cumprir os compromissos que assumiram.

— Eu creio que sim! O pior, pelo menos, já passou.

— Oremos! Aqui há uma blindagem do passado, que dá segurança à nossa menina, o que não ocorre em seu lar. Lá, o marido sairá para trabalhar, e ela terá que vencer as inseguranças, mas as reminiscências do que aconteceu a atormentam. Terá que ser forte e vencer a si mesma.

Refleti sobre o que Bastião dizia e reconheci a sabedoria de suas palavras, ditas de forma racional e amorosa.

Caso ela não se fortalecesse e não esquecesse o passado, a vida em comum se tornaria um pesadelo para os dois.

— Oremos! Oremos para que o Pai lhe dê sabedoria. — Foi somente o que pude responder, pois já me coloquei em oração.

Capítulo 15

Checando os documentos, inclusive o passaporte, Bárbara olhou para as malas e seu coração ficou apertado.

Fazia três dias que retornara da casa da mãe, deixando lá a filha chorosa. Sabia que a menina fazia charme, mas estaria bem cuidada. Nunca ficara longe da criança por mais de um dia, e isso a deixava agoniada. "Coisas de mãe!", pensava ela.

André comprara as passagens para as vinte horas daquele dia. Olhando para o relógio, ela viu que eram oito e vinte da manhã. Como o avião sairia de São Paulo e eles levariam cerca de quatro ou cinco horas para chegar à cidade, combinaram de sair às nove horas pois não queriam se atrasar.

André saíra cedo para passar no posto e abastecer o carro. Passaria ainda no hospital para deixar uma receita e chegaria em breve.

— Tudo pronto! — disse ela em voz alta.

Ficou lembrando quando realmente retornou para casa. Tinha vindo de ônibus, e André a recebeu na rodoviária.

Dona Tereza, querida como sempre, havia deixado tudo pronto: um delicioso jantar, que incluía sua comida preferida e até uma sobremesa.

Ela ficou aguardando Bárbara chegar e, com os olhos marejados, a abraçou, alegando grande saudade e desejando que a patroa não mais se ausentasse, pois a casa não era a mesma sem as duas.

A amorosidade com que foi recebida fez com que lágrimas teimosas seguissem rumo ao chão. Abraçando-se à mulher, Bárbara agradeceu, afirmando que também sentiram muito a falta dela e que, em breve, Lívia retornaria ao lar.

— Não sabe a alegria de ver que a senhora e o doutor conseguiram se acertar. Eu vi o tanto que esse homem sofreu quando vocês saíram. Passou uma semana trancado! Eu fazia a comida, deixava no fogão e, quando chegava, ela estava do mesmo jeito.

Aquelas informações para Bárbara eram novidades até aquele momento. Mesmo quando ligava para casa para saber se estava tudo bem, Tereza não dizia nada.

Mas o fato de saber que ele havia sofrido, de certo modo, a deixava feliz. Era como se fosse uma vingança íntima.

— Você nunca me disse isso!

— Ah, porque eu ficava com muita pena dele. Sabemos que doutor André errou, mas ele se arrependeu e acredito que aprendeu a lição. Ele cresceu muito! A senhora vai ver!

A cara de espanto de Bárbara ao ouvir as palavras da mulher a fizeram rir e completar:

— Conversamos muito! Só havia nós dois. Ele tomava café comigo todos os dias e contava as coisas do hospital, enquanto eu contava meus casos.

— Nossa, que bom que se tornaram amigos! — Riu Bárbara um tanto surpresa, pois André não tratava Tereza com indiferença quando ela estava ali, mas não tinham intimidade.

— A senhora e Lívia ficaram muito tempo fora. Nunca se esqueça disso!

A vontade de Bárbara era de perguntar se ele havia trazido alguém, uma mulher, para casa, mas se segurou.

Profunda conhecedora da alma humana devido à sua idade, pois já contava com sessenta anos, Tereza notou que Bárbara queria perguntar mais sobre os dias de solidão do marido. Sem ter coragem para isso, a patroa estava quieta, somente olhando para ela.

A pergunta, contudo, estava escrita na face dela. Por pura piedade, Tereza falou:

— Acredito que a senhora tenha ficado uns três meses na casa de sua mãe, não foi?

Bárbara fez um gesto afirmativo, e Tereza completou:

— Durante todo esse tempo, ele manteve a ideia fixa de reconquistá-la e trazê-la de volta. Me dizia isso todas as manhãs, e a maior alegria dele era o fim de semana. Trabalhava que nem louco para pegar o fim de semana para vê-las. Na segunda, quando a senhora o tratava bem, ele até cantava pela manhã. Parecia um passarinho.

As duas riram do tom de deboche que ela fez.

A risada foi interrompida pela voz André, que ia ao encontro das duas.

— Eita, o passarinho chegou! Eu vou dar o fora! A casa é toda de vocês. A louça eu lavo e organizo de manhã — disse Tereza.

— O que essas duas mocinhas conversam tanto? — Ele aproximou-se. Abraçando a mulher pela cintura, deu uma piscadinha para Tereza e um beijo na face de Bárbara.

— Não disse que iria trazer a mulher de minha vida de volta?

Levantando os braços como se louvasse e agradecesse aos céus, Tereza, rindo, respondeu:

— Glória a Deus! Ele me dizia isso todos os dias. Já estava quase indo até lá para buscá-la.

Ambos riram, acompanhados por Bárbara, que não sabia da metade da cumplicidade que se formara entre eles.

— Amanhã, viajaremos. Quero que você descanse também. Não precisa se preocupar com nada, e este é um presente para você ir à Bahia. Vá molhar o pé no mar e abraçar sua mãe. Você tem quinze dias para isso.

A mulher, emocionada, pegou o envelope que André lhe oferecia e, com lágrimas, abraçou o patrão e a patroa.

André sabia que a mãe de Tereza estava doente. Já tinha oitenta anos de idade, e fazia cinco anos que ela não tinha condições de ir vê-la.

— Não tenho palavras para dizer o que estou sentindo.

— Se não tem palavras, não diga nada! Vá arrumar sua mala, comprar sua passagem e até a volta! Só organize com Bárbara a questão do dia da volta.

Abraçando novamente os dois e avisando que pela manhã estaria ali bem cedo para ajudá-los, Tereza se despediu.

Assim que ela saiu, eles foram jantar. Tereza tinha arrumado tudo. Havia flores, um vinho na geladeira para acompanhar. Tinha, na verdade, deixado um rastro de amor em cada detalhe.

Saindo da casa dos patrões, o coração bondoso de Tereza agradecia a Deus por ter ouvido sua prece. Desejava muito poder ver a mãe, que estava muito doente, e também queria que os dois se acertassem. Havia amor, e onde há o verdadeiro sentimento deve prevalecer o perdão.

Assim, o retorno de Bárbara ao seu lar e o início de uma nova fase para eles foram rodeados de sentimentos bons, fase que, no entanto, não seria isenta de atribulações nem tempestades, mas permeada de sofridos aprendizados desta encarnação, que, certamente, seria a mola propulsora para fecundar o amor e a união.

Capítulo 16

— Raimundo! Raimundo!

O chamado vinha de dentro do quarto de Luísa, que, enquanto dizia o nome do rapaz, ia à sua procura.

— Onde foi parar essa pessoa? — perguntava a si mesma, olhando para o relógio. — Esse homem está doido!

Procurando-o por todo o apartamento, Luísa viu que ele não estava. Depois que ela adoecera, Raimundo, aos poucos, se mudara para sua casa. Permaneciam como amigos, cada qual dormindo em seu quarto.

Luísa sabia que o amor que ele lhe dedicava tinha sido o remédio para sua melhora. Sem os cuidados dele, já teria cometido uma insanidade.

A dor da alma que havia se instalado em seu ser era muito grande. Luísa não estava se curando. Quando se lembrava de André era como se seu mundo ruísse no mesmo instante, no entanto, não sentia mais vontade de partir deste mundo.

Acreditava que nunca mais amaria outro homem como havia amado André, mas tentava seguir. Dificilmente, encontrava-se com ele no hospital, e não faziam mais plantões juntos. Apenas o via na entrada ou saída do hospital.

Da última vez em que se encontraram, André estava saindo apressado, pois tinha uma viagem. Luísa ouvira essa notícia por uma das funcionárias que fizera questão de lhe contar. Viu nitidamente o prazer da moça, que fora até perto dela, que estava encostada no balcão do corredor prescrevendo uma medicação, em dizer:

— Como é bom ver o doutor tão feliz, não é, doutora?

Respirando fundo e sem levantar os olhos da folha, Luísa havia respondido:

— Sim, é ótimo saber que ele está bem!

Não satisfeita com o veneno já destilado, a mulher emendou:

— Está indo viajar para a Europa com a esposa, sabia? Parece que vão fazer uma segunda lua de mel. Acho muito romântico!

A frase, por si, já abalaria Luísa, ainda mais recheada de energia de maldade, E foi o suficiente para que sua harmonia, tão frágil e fugaz, fosse exterminada.

Sem responder, Luísa terminou de preencher o papel e entregou-o à moça, que aguardava a receita, enquanto disseminava todo o fel de sua alma.

Saindo apressada, Luísa foi para o aconchego de sua sala, trancou a porta e caiu em prantos. A dor de saber que ele estava com a esposa e que realmente não sentia nada por ela a fizeram voltar ao fundo do poço.

Ela, então, ficou ali alimentando esses sentimentos, que fizeram seus obsessores se regozijarem e a atacarem.

Passada uma hora de desespero e sofrimento, Luísa escutou várias batidas na porta e o telefone tocando. Ela tirou o fone do gancho e atendeu a enfermeira:

— Doutora, uma emergência! Estão chamando a senhora! Parece que uma criança foi atropelada, e é grave!

— Já chegou?

— Sim.

— Estou indo! — Esquecendo-se de toda a sua dor e saindo do transe em que estava, Luísa, por amor ao próximo, enxugou as lágrimas e saiu em disparada. Sabia que um segundo era o suficiente para perder uma criança, e isso ela não admitiria.

Para ela, a Medicina era sagrada. Salvar vidas era sua missão e se sobrepunha a tudo e a todos, até mesmo a si mesma. E assim ela fazia, sem saber que adquiria méritos com a espiritualidade, que, pautada na grandeza do seu coração, a protegia e a socorria nos momentos mais difíceis.

Enquanto se lembrava daqueles momentos de desespero, que já completara uma semana, Luísa se arrumava, aguardando o retorno de Raimundo. Não fazia ideia de onde ele havia ido.

Tinham um compromisso, assumido por ela, de ajudar Creuza nos trabalhos daquele dia. Na verdade, eles estavam promovendo um jantar para angariar fundos para arrumar o telhado, que uma forte chuva havia danificado.

Haviam se comprometido a estar lá até as nove horas, mas antes fariam a compra de arroz e óleo, que se encarregaram de doar. Já eram sete horas, e ainda não haviam comprado nada. Luísa não gostava de se atrasar. Procurava ser pontual em suas coisas, mas Raimundo não ligava muito para isso.

Enquanto terminava de coar o café, ela ouviu a porta se abrindo. Era ele que retornava.

— Bom dia! — A alegria de Raimundo pela manhã era contagiante ou irritante, dependendo do humor de quem a presenciasse.

— Bom dia! Onde você estava? Sua cama está arrumada. Te procurei por toda parte.

Naquele momento, ela percebeu que estava com ciúmes. Será que ele havia dormido fora? Não tinha pensado nisso. Pela primeira vez, olhou para Raimundo como homem e, mesmo sem motivos concretos, sentiu um imenso ciúme dele.

Rindo matreiro, ele se aproximou de Luísa, como fazia todos os dias, e lhe deu um beijo na face.

— Por aí!

A frase dita em tom de brincadeira foi o suficiente para que ela cerrasse o semblante.

Estaria ele mantendo um romance escondido dela? Dormira fora? Esses pensamentos a deixaram confusa.

Vendo a expressão nada amistosa de Luísa, Raimundo resolveu esclarecer sua ausência.

Mantendo o tom de gracejo, ele, enquanto colocava a mesa para o desjejum, continuou:

— Estava conversando com uma doce senhora lá no térreo. Fui levar o lixo e a encontrei. Muito galanteadora, gentil e me tomou o tempo.

— Como assim? Estava paquerando uma mulher aqui embaixo?

Raimundo não entendeu aquele tom grosseiro de Luísa. Será que ela estava com ciúmes? Ficou na dúvida, mas achou melhor não provocá-la

— Não disse isso! Disse que estava travando uma conversa adorável com uma senhora a quem estimo e considero. Dona Clarinda do 205, se não é a mais graciosa senhora que aqui vive, é uma delas.

Respirando fundo, Luísa deu um olhar fulminante para ele. Dona Clarinda era uma doce senhora de aproximadamente setenta anos que vivia com a filha. Ela realmente era de uma doçura incontestável, e Raimundo adorava papear com ela.

A face de Luísa foi se desanuviando e surgiu nela um leve sorriso, mas, jogando o pano que tinha nas mãos, ela se mostrou irritada.

— Brincando com a minha cara, palhaço!

A situação era boba, mas a possibilidade de Luísa estar com ciúmes dele o fez gargalhar de alegria.

Sua vontade era de tomá-la nos braços e enchê-la de beijos, mas sabia que não podia. Assim, ficou sentado olhando-a e achando-a linda. Luísa tinha os cabelos negros e soltos molhados de banho. Eles chegavam ao meio das costas dela. Usava uma calça jeans e uma blusa vermelha. A roupa era simples, e o sapato, confortável. Já que iriam ajudar a preparar alimentos, não colocara nenhuma maquiagem. Ali estava a sua Luísa. Sabia que, um dia, o amor iria florescer em seu coração, e ele, pacientemente, estaria ali esperando que isso acontecesse.

De forma silenciosa, Raimundo agradecia ao Pai aquele momento que aquecia sua alma e fortalecia sua fé de um dia a ter como esposa e amante, pois companheira ele já sabia que era, de corpo e alma.

O olhar de Raimundo para ela era tão penetrante que seu coração deu saltos de emoção. Sem jeito, Luísa disse:

— Coma logo, seu engraçadinho, galanteador de idosa, pois temos compromisso e estamos bem atrasados por sua exclusiva conta.

Com o gracejo dela, eles, calados, se voltaram para a refeição. Cada um com seu pensamento, tirando suas próprias conclusões.

Enquanto comiam rapidamente, combinaram o supermercado onde comprariam os alimentos.

Após terminarem a refeição, ela foi lavar a louça do café, enquanto ele recolhia a mesa e organizava os alimentos que restaram. Trabalharam em equipe e, em vinte minutos, já estavam a caminho do mercado.

Fizeram as compras rapidamente e, com as sacolas no porta-malas do carro, se puseram a caminho do centro espírita.

No caminho, iam conversando sobre os planos para o futuro. Principalmente Raimundo, a quem ela incentivava continuamente a ingressar em uma faculdade.

— Você sabe que fazer uma faculdade vai lhe abrir novas portas, inclusive a sua cabeça! Não sei por que não tenta!

— Não tentei porque nunca senti necessidade. Mas vou tentar, sim. Já andei dando uma olhada.

— Que bom! E o que chamou sua atenção?

— Na verdade, quero continuar a ser professor. Lamento, mas não terá um amigo rico.

Rindo, ela respondeu:

— Que pena! Queria tanto ter um amigo rico para me levar para Paris!

— Também queria um amigo desse! Caso encontre, me leve!

A conversa corria em tom de diversão sobre a honrosa carreira de professor e foi se estendendo até a chegada, com Raimundo explicando quais eram os cursos de sua escolha e os que o agradavam.

— Em relação a todos esses cursos, os vestibulares serão em dezembro?

— Sim, todos!

— E por qual deles você se interessou mais? Você me falou de vários!

Realmente, ele havia citado os cursos de Ciências Biológicas, Matemática, Pedagogia e Letras.

— Estou decidindo entre Ciências Biológicas e Letras. É meu campo hoje. Acho que fazer faculdade será bom, porque, daqui a pouco, como as coisas vêm mudando, o curso técnico não servirá mais.

— Realmente, as profissões estão exigindo mais. É como na Medicina. Vejo que, cada vez mais, estão pedindo uma especialização. O clínico geral acaba perdendo um pouco do campo em certas situações.

— Com certeza! É o progresso chegando! Já ouvi falar que, em países mais adiantados, essa tendência já chegou há tempos. Outra coisa! Resolvi comprar um carro, como você me aconselhou.

Batendo palmas, ela parabenizou o rapaz.

— Não vou comprar um como este, porque ainda não dá, mas vou deixar a casa para mais adiante. Acredito que, hoje, o carro seja mais necessário. Se eu passar no vestibular, vai ficar difícil continuar a pé.

— Sim, fico feliz de ver que anda me ouvindo!

— Tenho que dar a mão à palmatória! Em questões financeiras — e somente nesse aspecto —, você é muito melhor que eu.

Fazendo uma careta de desagrado, que, aos olhos dele, a deixava mais linda, Raimundo pensava em como estava ficando difícil resistir a se declarar a Luísa.

"Ah, Senhor! Me ajude e me dê sabedoria. Peço aos meus mentores que me orientem, pois está muito difícil", orava em silêncio o rapaz.

— Ah tá! Sou uma mulher de muitos talentos. Você que não presta atenção.

Ele somente riu e fez um murmúrio, pois acabava de estacionar o carro nos fundos do centro, próximo à cozinha.

Os dois pegaram as sacolas e se juntaram ao grupo para preparar o alimento. Na verdade, as pessoas iriam buscar a comida, que havia sido vendida antecipadamente. Tinham conseguido vender em torno de trezentas refeições, mas, como dizia a presidente, sempre apareciam mais interessados.

O trabalho foi intenso, mas a equipe de voluntários, composta por pessoas do centro e por outras que, mesmo sendo de outras religiões, sabiam da grandeza da causa, se colocava ali para ajudar.

O amor estava no ar! Aqueles que tinham o dom da sensibilidade sentiam as flechas de luzes benfazejas que se espalhavam pelo ambiente.

Ficaram ali o dia todo e uma parte da noite, saindo de lá por volta das vinte e duas horas, exaustos fisicamente, mas com a alma leve.

Já dentro do carro, Luísa encostou-se no banco e disse:

— Acelera este carro! Estou morta por fora, mas minha alma está em profundo agradecimento. Meu corpo, no entanto, só será capaz de agradecer por algo depois de um banho!

Raimundo viu que Luísa foi se ajeitando, tirando os sapatos e, em menos de cinco minutos, já dormia no banco.

Ele também estava exausto. O trabalho havia sido duro. No final, tinham vendido mais de quatrocentas refeições. Eles ainda haviam ajudado a entregar algumas quentinhas que as pessoas não conseguiam ir buscar e a fechar o caixa com Creuza, enquanto os outros terminavam de limpar e guardar o que havia sobrado.

Estava tão feliz que isso atenuava o cansaço. Ali, enquanto dirigia, elevou o pensamento em oração:

— Pai de profundo e indiscutível amor, sou, neste exato momento, pura gratidão. Obrigado pela possibilidade de auxiliar. Obrigado, Pai, por ter me trazido até aqui. Peço que cuide de minha mãe, que, certamente, está me olhando de onde está. Creio que ela não se envergonha do filho que tem. Obrigado, Senhor, pela oportunidade de estar com esta mulher corajosa e, ao mesmo tempo, tão doce e frágil. Tenho fé de que um dia ela me enxergará de outra forma. Me abençoe, Senhor, com a sabedoria de fazê-la me amar, pelo menos como amigo e companheiro nesta etapa em que nos encontramos. Obrigado a todos os meus mentores por todas as orientações e pelo amor que nos têm dedicado. Sem o carinho e o apoio sem medida de que sou testemunha, jamais chegaríamos a este momento.

Lágrimas de emoção escorriam por sua face.

Bastião, que se mantinha sempre ligado àquele filho do coração, aproximou-se mais e, impondo as mãos sobre sua cabeça, verteu delas uma energia salutar. Depois, ligando-se à mente dele, se fez ouvir:

"Acalme-se, meu filho! Estamos sempre juntos e prontos a ajudar aqueles que buscam auxílio, e, com sua fé e se houver merecimento, o Pai nos permite ajudar.

— Oh, Pai Bastião! Como fico feliz em tê-lo ao meu lado. Obrigado pela proteção e pelo amor.

"Nunca me afasto de você, filho!"

— Sim, eu sei. Mesmo que o senhor não me faça ouvir, eu sinto sua presença.

"Sim!"

— Que trabalho lindo que faziam naquele lugar, Pai! Estou tão feliz em ajudar.

"E ajudará mais!"

— O senhor fala em trabalhar lá com a mediunidade?

"Sim! Trabalhar como médium! Por que o espanto, filho? Lá não é uma casa de respeito, com trabalho sério e caridoso?"

— Claro que é! Trabalham na caridade pura, de amor ao próximo, aplacando dores e acalentando almas.

"E não é para isso que você estudou a espiritualidade? Para ajudar ao próximo?"

— Sim, Pai! Mas eu sou médium da umbanda.

"Querida criança, lembra-se de que eu lhe disse que você precisaria ficar na casa da irmãzinha e que tivesse paciência, porquanto seria o tempo de aprendizagem?"

Lembrando-se de Mãe Rosa e da orientação de que ali permanecesse, Raimundo respondeu afirmativamente. Recordou-se de que quisera se afastar várias vezes, mas seu orientador o impedia. Precisava de mais tempo.

Acompanhando as lembranças do protegido, irmão Bastião somente sorriu. Ali estava uma alma comprometida com a espiritualidade.

"Pois então! Aprendeu como se trabalhava lá e como se desenvolvem na erraticidade todas as energias dissipadas pelos trabalhos de magia, não foi?"

— Sim, aprendi muito! E estava aguardando o senhor me direcionar para outro local, em que se fizesse o trabalho da umbanda seriamente.

"Filho, nada o impede de trabalhar em outro terreiro. Há vários deles por aí, com médiuns comprometidos em ajudar, trabalhando na cura da alma e do corpo. A umbanda faz um trabalho lindo! Eu mesmo trabalho em vários locais, onde há somente amor e caridade, mas temos compromisso com aquela senhora. Temos o compromisso de ajudá-la, por isso gostaria que fosse para lá.

— Adoraria! Mas como vou trabalhar com o senhor, um preto-velho, na mesa kardecista?

Soltando uma gargalhada, irmão Bastião disse:

"Filho, a vestimenta de preto-velho é somente uma armadura de amor. Eu também trabalho na mesa kardecista. Quando há irmãos que, em sua ignorância, acreditam que somos espíritos de progresso retardado, usamos vestes de homens de cultura. Não se preocupe. Esse é um detalhe que não macula sua ida. Somente vá e deixe o restante com a espiritualidade."

— Fico feliz e agradecido pela oportunidade. Acredito que Luísa e eu poderemos ajudar bastante.

"Pode ter certeza. Ali está a cura para essa querida alma, meu filho. Somente no trabalho da caridade, ela se libertará dos pesados débitos que amealhou em sua vida pretérita."

— Sinto isso. Ela dorme em paz agora!

"Obrigado por cuidar de minha filha. Essa alma me é muito preciosa."

— A mim também.

Mesmo que Raimundo não tivesse coragem de perguntar, o mentor sabia da dor e da ansiedade que lhe corroíam a alma. Não achando justo deixá-lo sem um acalanto, Bastião, ao se despedir, disse:

"Existem sementes que dão frutos rápido, mas há outras que demoram mais um pouco. Às vezes, o terreno é fértil, contudo, precisa de consertos. Há tempo para tudo. Permaneça plantando e cuidando, pois está no caminho certo. Tudo no tempo do Pai! Tudo no tempo do Pai, e esse tempo não tarda."

Sorrindo de felicidade, Raimundo agradeceu. Sabia que ele estava falando de Luísa, o que fez seu coração encher-se de fé e gratidão.

Estava no caminho certo, então tinha que se manter ao lado dela e cobri-la de amor e carinho. Um dia, ela iria notá-lo.

— Tudo no tempo do Pai! E esse tempo não tardará! — repetiu Raimundo em voz alta, esquecendo-se da companheira que dormia e que, se remexendo, questionou o que era. — Nada! Durma mais, ainda está longe.

Luísa somente resmungou e voltou a dormir. Estava muito cansada, com os pés em brasa.

Estava acostumada a trabalhar no hospital, onde havia pressão e urgência, mas não tinha costume de trabalhar de pé, pegando no pesado, o que a deixou muito cansada.

Demoraram ainda uns vinte minutos para estacionarem na garagem do prédio. Assim que Raimundo parou o carro, ela acordou e, rindo, pediu que ele pegasse uma maca. Estava sem condições de andar.

Brincando, Raimundo ofereceu-se para transportá-la, o que ela, com pesar, recusou:

— Deus me livre! Você deve estar mais fraco que eu! Só disfarça melhor.

Em ritmo de graça, ele ameaçou provar que estava ótimo e ainda tinha forças.

Rindo, ela se esquivou dos braços que queriam enlaçar suas pernas e, abraçando-se a ele, garantiu que só escorar-se no amigo já seria suficiente.

Assim, abraçados, comentavam a dádiva do trabalho voluntário, em como era gratificante ver tantas pessoas ajudando e doando seu tempo em prol do abrigo para os mais necessitados. Era como um combustível aos corações cansados.

Chegando em casa, cada um foi para seu quarto se preparar para dormir, pois ambos tinham compromissos pela manhã.

Mesmo muito cansada, Luísa não conseguiu conciliar o sono imediatamente. Ficou rememorando o dia desde a manhã, quando aquele sentimento de ciúme lhe tomou de repente.

Algo havia despertado nela. Na verdade, nunca tinha olhado para Raimundo como homem. Sabia que ele era um rapaz bonito e que devia chamar a atenção das mulheres, mas nunca tinha pensado nisso.

Na verdade, agora pensava: nunca haviam conversado sobre a vida amorosa dele, ela lembrou-se disso com assombro.

Será que ele tinha um amor escondido? Balançando a cabeça, rechaçou esse pensamento. Ele não teria motivo algum para esconder. Era um homem solteiro, sem parentes próximos. A menos que a mulher fosse comprometida.

Mas ele teria falado para ela. Ou não?!

Raimundo era um homem bonito, másculo, e tinha um trato muito carinhoso com as pessoas. Era isso, na verdade, que o tornava mais belo.

Sem perceber, ela se pegou pensando cada vez mais nos atributos masculinos dele e, pela primeira vez em muito tempo, adormeceu com um sorriso nos lábios e com o pensamento longe de André.

Na verdade, ela não havia percebido a mudança que acontecia dentro de si. A cada dia, Luísa se afastava mais daquele sentimento nocivo e autodestrutivo.

— É, realmente o trem está entrando nos trilhos do amor verdadeiro!

— Sim, meu irmão! Os trilhos estão mais que prontos para conduzi-los à breve e rica viagem da vida.

Olhando para Bastião, que estava próximo à cama de Luísa, eu o vi se abaixar e, com lágrimas nos olhos, dar um beijo terno na face dela.

— Descanse seu corpo e sua alma, filha amada! Aqui estou eu, seu pai, a cuidá-la e amá-la.

Naquele momento, eu não estava diante do mentor, espírito que havia galgado larga sabedoria e muito respeito, mas, sim, de um pai amoroso que transcendia esse sentimento.

Ali ele ficou por um instante que não sei precisar, pois, tomado de emoção, me perdi em minhas anotações e acompanhei o irmão nos agradecimentos, que, emocionado, ele fazia:

— Pai, cujo amor se mostra em cada ínfimo detalhe, com a folha que cai, com o fruto que amadurece, eu, humildemente, lhe agradeço pela oportunidade de ajudar. Não somente essa alma que me é cara, mas como a todos os envolvidos. Espíritos que se endividaram, se magoaram e se negavam a voltar para os seus braços. Tal comprometimento com sensações fugazes, prazeres efêmeros, que em nada os fazia crescer, somente os alicerçavam nos pântanos e na ignorância. Hoje, vejo a luz brilhar no pensamento dessa alma, que há muito tem ao seu lado o irmão e jamais percebeu o amor que vem do seu coração e muito menos a grandeza de alma que se mantém fiel caminhando ao seu lado.

“Obrigado pela oportunidade de ver a semente plantada há séculos dar frutos. Tudo a seu tempo. No tempo em que a alma se mostra pronta e capaz de sorver os ensinamentos e alçar voos para o verdadeiro lar, com a progressão necessária.

“Obrigado por permitir que esse humilde servidor, filho que muito caminhou titubeante na seara do amor, consiga orientar e proteger os filhos que clamam por socorro e, miseráveis de afeto, buscam pelo Senhor. Permita, desta forma, que oportunidades constantes de ajuda nos sejam ofertadas, para que nossas mãos sejam as armas carregadas de afeto de que tanto seus filhos encarnados e desencarnados necessitam para se libertarem."

Cada frase era dita em profunda meditação. Na verdade, era uma verdadeira conversa com o Pai, que respondeu ao seu servo com uma finíssima chuva de energia em forma de flores e jasmins, que, ao tocar o corpo fluídico dele e o corpo físico dela, se desfazia, deixando um perfume inigualável no ar.

As flores se espalharam por todo o apartamento. Eram bênçãos para todos, inclusive para mim, que me sentia um afortunado por ter a permissão de acompanhar todo aquele momento.

Sem falar com meu amigo, saí levitando. Precisava rever algumas pessoas de minha vida física que, havia muito, envolvido naquele trabalho, não me permitia visitar. Eu também desejava deixá-los a sós, sem minha presença.

Naquele instante, o espírito de Luísa se libertou das vestes físicas e, pela primeira vez, sem o atordoamento dos problemas da alma, pôde ver o irmão.

Assim, se afastou e foi em visita às filhas que havia deixado na Terra.

Bastião, vendo que Luísa estava despertando em espírito, aguardou até que ela pudesse vê-lo.

Jogando-se em seus braços tal qual criança, ela se pôs em um pranto de felicidade.

— Papai, há quanto tempo o senhor não me visita! Quantas saudades!

Abraçando-se fortemente àquele espírito amoroso, ele afirmou que não era verdade, pois se mantinha ao lado dela constantemente.

— Como não o vejo mais?

Convidando a moça a um passeio astral, eles se distanciaram dali.

Mesmo que não fossem vistos, ainda havia espíritos cobradores que se acercavam de Luísa e poderiam interferir na comunicação entre os dois com suas energias densas.

Assim, com os braços passados na cintura dela, eles foram para a cidade astral onde ficava a casa dele.

Chegando lá, Luísa foi convidada a entrar naquele lar astral.

Andando pela sala, ela, delicadamente, tocava os objetos, e seu coração se enchia de saudades.

Chegando perto de um retrato, que ela mesma havia colocado ali, perguntou:

— Como ela está?

Na foto, havia quatro pessoas, e a imagem retratava uma das vidas espirituais em que eles se agruparam em família. Estavam ela, a irmã que hoje reencarnava na condição de Bárbara e sua mãe naquela encarnação, que hoje estava ligada a Bárbara pela maternidade na condição de filha.

— Estão começando a se fortalecer.

— Novamente eu falhei. Como o senhor pode ainda me amar e cuidar de mim? Sou má! Será que um dia elas me perdoarão?

A imagem atual de Luísa ia, aos poucos, se modificando. Ela estava retornando à aparência física tal qual do retrato.

Aquela encarnação foi uma das primeiras em que se agruparam como família. Bárbara havia morrido nova, ainda em tenra idade, devido a um problema nos pulmões, o que mudou a vida de todos.

Então, foi a lembrança de amor e união que permaneceu. Após o desencarne da irmã, Luísa conheceu André, mas não se afeiçoou a ele, porquanto não tinha passado de um encontro de corpos, não de alma. Uma paixão fugaz.

Mas, quando reencarnaram em outra oportunidade, Luísa, ao ver que ele se interessara por Bárbara, fez tudo para atrair sua atenção. Assim, foi fortalecendo por séculos todos os problemas de traição, lascívia, desamor e morte.

Bastião, acompanhando os pensamentos de Luísa e sabendo que ela, naquele momento, tinha consciência de seus atos, permaneceu em silêncio.

— Achei que seria fácil e que, desta vez, ela me perdoaria. Com a ajuda de Antônio, tudo ficaria bem. Mas cometi os mesmos erros. Reiterados erros — sentando-se num sofá, ela enterrou a cabeça nas mãos e liberou um profundo e copioso choro.

Aproximando-se, Bastião a envolveu em um abraço terno.

— Filha amada de meu coração, lhe foi possibilitado reparar erros e reconstruir, verdadeiramente, laços que se fragilizaram no decorrer de tantas encarnações voltadas para os prazeres da carne, mas o tempo ainda está a seu favor. Veja! Antônio permanece com seu amor inalterado. Ele continua ao seu lado, a amparando e protegendo. Às vezes até de você mesma!

— Sim! Ele é o anjo que o Pai me permitiu ter ao lado. O coração sempre terno e pronto a ajudar.

— Sim! Ele já atingiu um grau de merecimento, de acordo com seus valores morais, mas é um ponto que você também chegará.

— Oh, papai, como o senhor é nobre e bom! Por que não o escutei?

Desvencilhando-se dos braços dele, Luísa deitou-se no colo de Bastião e deixou as lágrimas de arrependimento fluírem.

Ele, por sua vez, permaneceu ali, acariciando os cabelos de Luísa e cantarolando uma música infantil, a qual cantava para as filhas quando encarnados.

Quando, após longo tempo, ela realmente se acalmou, Bastião começou a falar. Tinha que aproveitar aquele momento para ajudar a filha a voltar aos traçados planos de evolução. Luísa precisava, dentro da programação de sua encarnação, esquecer, superar aquele sentimento doentio por André, que nada tinha de amor. Era um equívoco que ela alimentava com o sentimento de indiferença que ele lhe ofertava.

Nas últimas encarnações, André se deixou dominar pela atração física que Luísa exercia sobre ele, usando-a como um objeto para aplacar seus desejos sexuais.

Havia três encarnações, Luísa, André e Bárbara vinham tentando burilar a relação.

Quando na erraticidade, Luísa, tendo a visão clara e os sentimentos verdadeiros aflorados, ficava em estado de tristeza copioso, implorando à irmã que a perdoasse e que uma nova programação lhe fosse concedida para que provasse sua mudança. Mas em todas ela havia falhado.

André não era muito diferente de Luísa. Ele tinha e mantinha sua parcela de culpa pungente, visto as atitudes a que se deixava levar. Hoje, contudo, ele se mantinha determinado a vencer, decisão que os amigos da espiritualidade o ajudavam a cumprir.

Aquele a quem ela chamava Antônio era o amoroso Raimundo, querido e abnegado irmão que havia muito acompanhava seus passos evolutivos, amando-a e cuidando dela.

— Filha, é importante que me ouça. Daqui a pouco, você terá que retornar ao seu corpo físico e sabe que pouco se lembrará.

— Papai, não desejo voltar. Me traga de volta para casa!

Os olhos de Luísa tinham a súplica explícita neles.

— Querida, sabe que me é impossível abreviar suas provas. Na verdade, eu cairia em contradição com tudo aquilo em que acredito. Eu a amo e não há momento em que não esteja ao seu lado, mas você precisa andar com suas pernas. Onde estaria seu mérito, se eu a libertasse dos compromissos assumidos?

— Mas você sabe que irei falhar novamente e que ela jamais me perdoará.

— Ledo engano! Ela já a perdoou! Ela a ama! Estão refazendo os laços agora. Glória a Deus que o perdão prevaleceu! Estão felizes, e é preciso que você se dê essa oportunidade também. Preciso que se liberte desse orgulho ferido, desse sentimento de rejeição que não cabe em seu coração amoroso, Luísa.

— Pai, o senhor sabe que o que mais quero é esquecer aquele homem que já me levou a tantas quedas... mas o sentimento de amor que sinto por ele é muito forte.

— Será, filha, que é um sentimento de amor?

— Claro que sim! Sinto a falta dele, de seus abraços, de seus beijos.

— Do sexo com ele?

— Sim, do sexo com ele! Ele me pertence, e eu a ele!

"Oh, que tola ilusão!", pensou Bastião, sem expressar a tristeza que aquelas afirmativas lhe provocavam.

Pensava que a ilusão de um amor não correspondido era muito dolorosa. Acreditar e se doar sem a devida correspondência ao sentimento terreno de amor entre homem e mulher é frustrante e causa estragos para muitas vidas.

Suspirando, Bastião pediu ao Pai a sabedoria de ajudar. Era, a seu ver, o momento de fazê-la despertar para a cura do sofrimento que ela mesma causou e causava a si.

— Querida, você listou sentimentos que não se atrelam verdadeiramente ao amor. Em momento algum, lhe vieram à mente um abraço despretensioso e a companhia em momentos necessários de provas dolorosas. Não lhe vieram à mente a cumplicidade e os planos de construção.

Dando uma pausa para que ela assimilasse suas primeiras constatações, ele continuou:

— Não a ouvi se referir ao sorriso de alegria de quando o vê, da alegria que demonstra a cada vitória, à lágrima vertida quando caiu em tentações, coisa corriqueira da vida na carne.

Ela não respondeu nada, somente abaixou a cabeça.

— Durante todas as suas encarnações, André a teve furtivamente. Ele se aliou a você para trapacear. Foram cúmplices em atitudes desrespeitosas. Em qual momento, nesta encarnação, ele a recebeu com um sorriso de cumplicidade? Quando, ainda que por segundos, delineou a preocupação e a oferta de um ombro amigo?

Desta vez, ela chorava de cabeça baixa.

— Ele sempre me usou.

— Não, filha! Ambos se usaram. Vocês se iludiram, se magoaram e, de forma egoísta, feriram, sem medir consequências, pessoas que estavam ali, prontas a amá-los.

Vendo que a culpa era o sentimento que ela começava a alimentar, Bastião se apressou em dizer:

— A culpa é um elemento desnecessário em um coração. Ela corrói e não leva a nenhum aprendizado. Ela só serve de escada para aquele que a utiliza para reparar o mal.

— Me desculpe!

Bastião falava, usando um tom de reprimenda, da forma que um pai amoroso deve ter com o filho que, rebelde, não quer assumir o peso de seus atos e seguir adiante.

Ele tinha que fazê-la entender que o próximo passo àquele que se descobre em atitudes erradas é se voltar para o caminhar correto, mesmo que titubeante, e não se revestir de culpa.

A culpa nos aprisiona e nos impede de caminhar, de sermos isentos na conceituação de nossas falhas e de nossos acertos.

— É momento de exercitar o dom do perdão. De se perdoar e desculpar suas falhas e fraquezas. Perdoar o passado e olhar para ele como lição amarga, porém necessária.

— Não era necessário!

— Sim, não havia a necessidade de passar por isso, mas, quando alguém escolhe esse caminho, ele passa, sim, a ter importância. É preciso atravessá-lo e dele sair triunfante e vitorioso.

Diante do silêncio de Luísa, ele permaneceu quieto por alguns instantes.

— Perdoe-se! Deixe que o tempo cure suas feridas! Elas serão as cicatrizes da sua guerra interna.

— Sim, mas é difícil abrir mão de André.

Rindo delicadamente, Bastião continuou firme em seu propósito de trazê-la para a realidade.

— Você não tem que abrir mão de nada. Ninguém é de ninguém, e a escolha dele é de caminhar com sua irmã. O que você tem que abrir mão é dessa ilusão que a maltrata.

Com o dedo indicador no queixo dela, Bastião levantou o rosto de Luísa, fazendo a moça encará-lo.

— Liberte-se! Essa ilusão a está cegando e a fará findar esta vida na carne de forma solitária, abreviando-a e, consequentemente, perdendo mais uma oportunidade. O amor está ao seu lado! O companheirismo, o carinho, o cuidado que fazem parte desse nobre sentimento tão desvirtuado pelos irmãos estão muito próximos de você. Oh, filha, permita-se conhecer a paz!

Abraçando-se a ela, ele verteu finas lágrimas. Como era difícil o despertar de uma alma ferida por esse sentimento de paixão carnal, de posse.

Olhando firme nos olhos dele e sentindo a face corar de vergonha, Luísa sabia que o pai de outrora alçara voos libertadores e que, pelo seu mérito, tinha se elevado moralmente. E isso tornava as coisas piores para ela.

Assim, olhando fixamente para aqueles olhos amorosos, ela respondeu que tentaria com todas as suas forças se libertar, mas, para isso, precisaria dele.

— Estarei com você enquanto o Pai permitir.

— Sei que, quando fala que o amor está perto de mim, o senhor se refere a Antônio. Eu agradeço ao Pai por ele estar lá, sempre fiel a mim.

— Sim. Volte e cuide! Daí saberá o verdadeiro sentido do sentimento de amor carnal.

Os dois continuaram a conversar mais um pouco. Ela queria saber de alguns amigos em comum que estavam na erraticidade e de outros que ela sabia que estavam encarnados.

— É chegada a hora de você retornar.

— Já?

— Sim! Seu corpo físico terá de despertar em breve. Você pouco se lembrará da nossa conversa, mas a essência estará aí, como planta a florir.

Abraçada a Bastião, Luísa agradeceu por tanto amor e carinho, e, juntos, foram até onde estava o corpo físico dela.

Pegando nas duas mãos dela, Bastião recomendou:

— Filha, Antônio assumiu um lindo compromisso de ajudar os mais necessitados. Ele tem uma mediunidade linda! Aproveite a oportunidade de auxiliá-lo, pois assim manterá seus cobradores à certa distância ou, com fé, os libertará também desse desejo de cobrança. Quando chegar a hora, eles serão todos apartados de você. Mas, por enquanto, preciso que, por meio de suas mudanças, você os mantenha longe.

— Eu sei! Tenho que vencer minhas fraquezas e sei que ele tem esse compromisso. Prometi ajudá-lo.

— Seja, então, a companheira que ele merece e de que precisa. Que a paz do Senhor esteja a todo instante com vocês. E nunca se esqueça do amor que lhe tenho!

Depositando um beijo terno no alto da cabeça de Luísa, Bastião a recolocou em posição de retorno ao corpo físico e somente se afastou de vez quando ela já estava prestes a acordar.

Naquele momento, ela não via nem sentia a presença dele. Seguindo as leis divinas de progressão, ela se lembraria parcialmente das imagens que vira e da conversa que travaram.

Os conselhos e a consciência de suas próprias resoluções, contudo, ficariam impressos em sua mente, cabendo a ela o livre-arbítrio de seguir e pôr em prática o que, quando livre do peso da matéria, tinha consciência.

Luísa ouviu, ao longe, o som do seu alarme. Deixou-o tocar. A sensação de bem-estar que experimentava não lhe permitia pressa.

Ali ficou, de olhos fechados, tentando se lembrar do sonho que tivera. Lembrava que estava numa casa em que havia um lago lindo ao fundo e que conversava com um senhor. Não sabia quem ele era nem se lembrava da conversa, mas estava com uma sensação tão boa que ficou ali se concentrando para lembrar.

Passados uns cinco minutos e vendo que não conseguia lembrar-se de mais nada, Luísa sentou-se rindo de si mesma. Fazendo o sinal da cruz, como lhe ensinara a mãe, levantou-se.

Havia dias não se lembrava da mãe, e tinha muitas saudades dela. Luísa era nova quando a genitora morreu. Pensando no assunto, acreditou que era isso que a ligava tanto a Raimundo. Ele também era uma pessoa sozinha, sem parentes próximos.

Luísa havia sido criada pela irmã de seu pai, que também partira muito cedo. Não se lembrava deles. A tia sempre foi muito bondosa com ela e a incentivou a estudar. O marido, nem tanto. Este ainda estava vivo, mas não significava nada para ela. Já os primos, agora pensando neles, coisa que havia tempos não fazia, sentia falta das brincadeiras e das reuniões. Iria visitá-los em breve, resolveu. Sentiu saudades e culpa por não tê-los procurado para saber como estavam.

Assim, lembrando-se do passado com amor e sentindo imensas saudades de suas raízes, ela tomou banho e se arrumou.

Como se atrasara arrumando-se, encontrou Raimundo já com o desjejum adiantado.

— Bom dia, minha rainha!

Aquele sorriso lindo tinha o poder de dar ao seu dia um brilho diferente. Sorrindo para ele, Luísa ficou pensando que não queria mais viver sem ele ao seu lado.

Aquele pensamento a assustou, mas ela procurou disfarçar, respondendo alegremente ao bom-dia dele.

— Sobreviveu a ontem?

Rindo, ele pegou a água da chaleira e começou a coar o café. Ainda de costas, respondeu em tom de gracejo.

— Caí duro como uma pedra. Acordei hoje, leve de alma, mas com meus pés destruídos.

Pegando a toalha, Luísa começou a colocar a mesa, afirmando que não era diferente com ela e que atenderia os clientes sentada naquele dia.

— E eu que não posso dar aulas dessa forma, mas tenho que trabalhar à tarde e à noite?!

Riram, e ela lamentou aquele não ser o dia em que ele tinha poucas aulas.

— Acho que é para provar nossa fé!

O clima era de harmonia na casa de Luísa, como havia muito a vida dela não tinha.

Assim que se sentaram, começaram a se servir, pois que ambos estavam com os horários apertados. Ela, então, questionou sobre os compromissos do fim de semana.

— Não me lembro de ter programado algo. Por quê? Quer me raptar para uma ilha deserta, onde serei tratado como um rei? Estou precisando!

Olhando-o com cara de poucos amigos, ela negou.

— Não, querido! Infelizmente, não sei o endereço da ilha deserta, e minha conta bancária não me permite o rapto nem o luxo de tratá-lo como rei.

— Que pena!

Balançando a cabeça, Luísa contou a Raimundo sobre os primos que moravam em uma cidade próxima à capital.

— Na verdade, são três: dois rapazes e uma moça. Nós sempre nos demos bem, então, não sei o motivo de nosso afastamento. Hoje, senti uma profunda vontade de ir vê-los.

— Quando você quer ir?

— Neste fim de semana! Na verdade, pensei em ligar para lá hoje e avisar que iremos. Daí, acertaria tudo com eles e lhes faríamos uma visita.

Fazendo os planos, porquanto a cidade não era longe — cerca de umas três horas de viagem —, eles combinaram que, primeiramente, ela ligaria e depois organizariam tudo.

Vendo o ânimo dela e a vontade de Luísa de reencontrar a família, Raimundo ficou feliz.

A última crise que ela tivera aconteceu quando os queridos companheiros foram fazer a limpeza astral nela e na casa. Depois disso, já se passou, aproximadamente, um mês. A mudança era gradativa, e ele, que a acompanhava de perto, via quão profunda estava sendo.

Havia muito, Luísa não tocava mais no assunto "André". Não que ele houvesse proibido, mas, por ela mesma, apesar de não tê-lo esquecido de todo. Aquele martírio, no entanto, cessara. Era uma obsessão que tomava conta do pensamento, da alma, do corpo, ou seja, de todo o ser dela.

Em prece de agradecimento, Raimundo seguiu para a escola. Tinha trabalho extra pela manhã.

Naquele dia, ainda queria ir a faculdade para ver a questão do vestibular. Sorrindo com esperança, saiu apressado.

Capítulo 17

Já estavam na segunda semana da viagem, que consistia em passear pela Europa, começando por Paris, seguindo para a Espanha e Alemanha e finalizando a viagem na Itália.

Tinham ainda cinco dias de viagem. André e Bárbara chegaram a Veneza naquela noite. Ela estava exausta e, desde a véspera, sentia-se mal. Eles acreditavam que a moça havia ingerido algo que não lhe fizera bem, aliado ao cansaço, porque estavam aproveitando cada segundo.

André acordou cedo e, após tomar seu café no restaurante do hotel, pediu que servisse um chá, acompanhado de torradas à sua amada esposa.

Ela vomitara durante o trajeto e à noite e salivava constantemente. Algo não lhe caíra bem, pensavam ambos. Na véspera, a comida na Alemanha fora muito pesada, à base de carne suína, e até ele tomara um digestivo após a refeição.

E como ela não havia dormido bem, ele achou melhor que ela não ingerisse nada muito pesado para que o estômago se acalmasse. Tinha a medicado com os remédios de emergência que trouxeram e acreditava que ela acordaria melhor. Assim esperava.

Chegando ao quarto com a bandeja na mão, encontrou a cama vazia. Ouvindo o barulho do chuveiro, imaginou que ela havia acordado melhor, pelo menos disposta.

Dando uma leve batida na porta, ele chamou por ela.

— Meu amor?

Aguardou um pouco e, vendo que ela não havia ouvido, chamou novamente e mais alto.

Nada! Ficou preocupado e abriu a porta.

Bárbara estava debaixo do chuveiro, lavando os cabelos, por isso não o ouvira.

Sorrindo para aquela linda mulher, André se aproximou e trocou um leve bom-dia.

— Vai se molhar, André! — disse ela, desligando o chuveiro.

— Não precisa desligar! Pode terminar de tomar seu banho com calma. Somente vim saber se melhorou.

Fazendo uma careta e, com a mão esquerda, fez sinal de mais ou menos.

— Só não quero vomitar mais, no entanto, o estômago permanece enjoado.

— Normal. É que a parede do estômago, melhor dizendo, todo o aparelho digestivo fica irritado. Vomitar é um processo inverso para ele.

— Sim!

— Tome seu banho. Estou aqui te esperando!

Fechando a porta, ele acomodou a bandeja numa mesinha e, vendo uma flor ao lado da cama, usada como enfeite pela camareira, colocou-a junto com o desjejum.

Bárbara ainda demorou uns dez minutos no banho. Enquanto isso, ele ficou deitado, lendo um pouco. Estava em paz.

Ela saiu enrolada em uma toalha e, com outra na mão, enxugava os cabelos.

— Parece que renovei as energias e tirei metade daquele mal-estar com esse banho maravilhoso — disse, rindo.

— Sim, o banho é quase uma terapia.

— Não consigo nem pensar naquela comida de ontem. Só de me lembrar, quero vomitar de novo.

— Creio que foi o tempero forte, ao qual não estamos acostumados.

— Mas você não teve nada, estômago de ema!

— Graças a Deus!

Indo em direção à cama, ela viu a bandeja cuidadosamente disposta em uma mesinha, com chá, torradas e um pequeno pedaço de bolo de laranja.

— Que delícia, meu amor! Por isso que você não estava aqui quando acordei — disse ela, jogando um beijo em direção a André.

Ele se levantou e, indo em direção a ela, a ajudou a se servir.

— Na verdade, você estava dormindo tão serena que fiquei com dó de acordá-la. E eu estava morto de fome!

— Bem que vi que estava muito bondoso.

Dando um suave beijo na bochecha dela, ele se defendeu:

— Olha a ingratidão! Tomei meu café rapidamente, somente para lhe trazer esse pequeno desjejum.

— Imagino a pressa!

Rindo, André foi em direção ao banheiro, enquanto ela ficou tomando o café, pois também estava faminta.

— Perdoa-lhe, Senhor, a ingratidão! Vou tomar banho, enquanto você se arruma. Assim, se você estiver bem, damos uma volta.

André entrou no banheiro com um sorriso largo no rosto. Realmente, estavam vivendo dias maravilhosos de segunda lua de mel.

A velha alegria de estar juntos, o namoro e o carinho estavam presentes entre os dois.

A viagem estava chegando ao fim. Dali a três dias voltariam para casa. Antes, ele tinha medo do retorno, por conta de tudo que isso envolvia, mas, depois da viagem, sabia que conseguiriam encarar os problemas. André tinha certeza de que a esposa não havia esquecido seu romance com Luísa e que o fato de ter que conviver com ela na mesma cidade a deixava tensa, mas o tempo se encarregaria de provar que não havia mais nenhum motivo para temer.

Embaixo do chuveiro, ele começou a se lembrar de Luísa. Durante todo o processo de separação, chegou a ter ódio de si e dela, mas hoje, quando a tempestade cessou, pensava nela não mais com aquela mistura de sentimentos.

A lembrança dela lhe provocava um sorriso terno. Desejava muito que ela fosse feliz e tinha certeza, naquele momento, que a amava como uma amiga, uma irmã querida. "Como isso pode ser possível?", questionava-se.

André ria de si mesmo, achando até engraçado, pois era como se as lembranças fossem de experiências vividas por outras pessoas, e não por ele, de tão distantes que estavam.

Fazia quase um ano que tudo havia começado: a descoberta de Bárbara e todo aquele tormento. Sofrera muito, mas hoje tinha certeza de que aquela era a vida que queria para si.

Não menosprezava Luísa, que era uma mulher linda, cheirosa, uma amante maravilhosa e, o mais importante, uma amiga, companheira de trabalho prestimosa. Acreditava que ela era uma das mais humanas e responsáveis médicas do hospital onde trabalhavam.

Lembrando-se da doutrina, que se propunha a aprender junto com Bárbara, ficou a pensar no porquê de as vidas deles terem se entrelaçado daquela forma, com consequências desastrosas, e que, graças a Deus, tinha sido resgatado.

Um calafrio passou pelo corpo de André ao pensar que Bárbara poderia ter atentado contra a própria vida, no alto de seu desespero e de sua desilusão.

Nunca se perdoaria se houvesse ocorrido tamanha barbárie. Faria da sua vida de marido a mais reta dali em diante. Não precisava de qualquer aventura, pois tinha amor e dele não abriria mão por nada.

Estava se enxugando e, com o coração ainda pesado pela culpa, elevou o pensamento a Deus. Como de costume, fez um pai-nosso e agradeceu pela oportunidade de consertar, ainda nesta vida, todos esses deslizes.

Saiu do banheiro enrolado em uma toalha, com os cabelos molhados, e viu a esposa mexendo em uma mala. Pelo visto, estava pegando roupas para ele.

— Amor, será que está quente lá fora? Você quer uma bermuda ou uma calça?

— Pela manhã, quando desci, estava quente. Pode ser uma bermuda! Mas você está bem para sair? Se estiver passando mal, ficamos aqui no hotel.

Virando-se com a roupa na mão, ela, sorrindo, afirmou:

— Nem que eu tivesse que vomitar na gôndola, mas vou conhecer a cidade!

Os dois riram. Via-se que ela havia melhorado. O gracejo deixava isso claro.

— Melhor levar as sacolinhas de plástico!

— Melhor!!!

Arrumaram-se rapidamente e saíram, com câmeras na mão e prontos a serem turistas.

A cidade era linda, e eles andaram pelos pontos turísticos. Somente à tarde, retornaram para o hotel.

Bárbara, por mais que afirmasse estar bem, tinha evitado comer massas e frituras. O cheiro do molho já embrulhava seu estômago.

Eram já vinte horas quando entraram no quarto. Pediram um consomê[28], que seria servido ali mesmo. Estavam em frangalhos.

Após a refeição leve, passaram a falar sobre o futuro enquanto se preparavam para deitar.

---

28 Um tipo de sopa feito a partir de claras de ovos.

Bárbara se sentia vivendo um sonho e, de verdade, tinha medo de voltar para casa. O fantasma de Luísa ainda a aterrorizava.

Racionalmente, Bárbara sabia que o marido tinha feito a escolha de ficar com ela, preterindo a aventura, mas os ciúmes e a insegurança ainda a deixavam triste e com muito medo do futuro. O temor dela era tanto que André sabia disso. Via que ela se encolhia quando ele buscava falar da casa e da nova clínica. O futuro era para ela doloroso.

André tinha que dar a ela segurança e fortalecê-la ou acabariam sofrendo tendo como consequência a separação, mesmo se amando. Era isso que ele temia. Não saber como ajudá-la a superar aquela dor, a dor da traição que destrói a autoestima e desilude.

Ele já estava deitado, aguardando que ela fizesse o ritual de todas as noites, que era passar os cremes e hidratantes.

Assim que ela se deitou, eles começaram a conversar, e André, propositadamente, puxou o assunto do retorno.

— Nossa viagem está acabando. Como passou rápido!

— Sim, passou! Fico imaginando como está Lívia!

— Sim, temos que ir buscá-la! Deve estar ansiosa.

— Com certeza, está contando os minutos. Tenho dó da minha mãe. — Ambos riram. Realmente, a avó deveria estar doida com tantas perguntas.

Abraçados, André, respirando fundo, perguntou:

— O que você pensa do nosso futuro? Do que você realmente tem medo?

— Como assim? — Ela se fez de desentendida para não entrar no assunto.

Como a luz do quarto estava apagada, tendo como claridade somente a luz que entrava pela janela, ele não via a face da esposa rubra de vergonha.

— Querida, como assim?! Quero saber o que você está sentindo, o que pensa do que passaremos de agora em diante.

Bárbara respirou fundo. Sabia que ele não a deixaria dormir sem responder. Acreditava que ainda não estava pronta para aquela conversa, pois sabia que o assunto chegaria a Luísa. A simples lembrança ainda lhe causava uma dor imensa.

Aconchegando-se ainda mais no abraço do marido, ela respondeu:

— Quer a verdade?! Ainda não sei! Dói muito. Se eu lhe disser que esqueci, estarei sendo desonesta com você e comigo.

— Mas você sabe que não existe mais ninguém em minha vida e que eu te amo!

— Eu creio que você me ama. Nunca duvidei disso. O problema não é seu amor, são suas escolhas.

— Mas eu escolhi você!!!

— Tem certeza de que quer conversar sobre isso? — perguntou ela com a voz entrecortada, em lágrimas.

Abraçando-a mais forte e lhe dando um leve beijo na cabeça, afirmou que sim. Era o momento de pôr tudo para fora. Começariam uma nova vida, que precisava ter uma base de confiança e afeto.

— Desculpa, mas não sei se consigo confiar em você como confiava.

— Agradeço a você a oportunidade de lhe provar que mudei. Serei um marido fiel e amoroso. Ninguém mais se colocará entre nós.

— E ela? Você está sempre junto dela, trabalhando. Sabe que isso é um tormento!

— Sim, querida, sei disso. Mas lhe garanto que será por pouco tempo. E, para mim, é indiferente vê-la ou não. Quero que você entenda que não é ela quem mudou nem o ambiente em que trabalhamos. Eu mudei e entendi o que realmente é valioso para mim.

Como Bárbara permaneceu em silêncio, ele continuou:

— Aquela casa, sem sua presença e de nossa filha, mais parece uma tumba, um cárcere, onde meu corpo se aprisionava para descansar. Não tinha vida nem cor.

— Ah, não exagere. — Foi somente o que ela conseguiu dizer. Estava emocionada.

— Se não acredita em mim, pergunte a Tereza! Ela lhe dirá! Eu te amo e quero que você entenda que sei o quanto a feri, o quanto minha atitude orgulhosa, de macho alfa, de conquistador barato, lhe causou sofrimento. Consigo entender que você foi ferida, mas gostaria que compreendesse que, além da sua falta, tive e tenho que carregar a dor da culpa por isso. Sinto-me destruído por dentro.

Ela não sabia o que dizer. Acreditava que ele precisava falar e permaneceu ali, em silêncio. As lágrimas secaram.

— Eu sei que parece fácil falar que me arrependi, que mudei e que serei um outro homem, mas é verdade. Sinto que amadureci. A opinião dos outros pouco vale para mim. Quero seu perdão verdadeiro, mas eu entendo que ele virá com o tempo.

— Mas eu já o perdoei!

— Sim, você me perdoou, mas ainda desconfia de mim. Falta alguma coisa que será preenchida com o tempo. Gostaria que me prometesse uma coisa.

— O quê? — A voz de Luísa denotava desconfiança. Pensou rapidamente que seria em relação à sua atitude com Luísa.

— Que me perguntará se tiver alguma dúvida quanto ao meu proceder e que não deixará nada entre nós.

Sorrindo de alívio, Bárbara respondeu afirmativamente:

— Temos que cuidar do nosso relacionamento. Não suporto viver sem você!

Dizendo isso, ele a beijou apaixonadamente, no que foi correspondido. Havia naquele beijo a entrega de quem sabia o valor da presença e da oportunidade.

Os dois últimos dias foram de alegria e de cumplicidade. O mal-estar de Bárbara melhorou. Ela estava se alimentando melhor, e eles visitaram todos os pontos turísticos que desejavam.

Estavam a caminho do aeroporto, já dentro do táxi, sentados no banco de trás do carro, cheios de sacolas.

— Meu amor, não poderia ter colocado isso na mala? — perguntou ele, vendo a esposa com três sacolas.

— Não, querido! São os presentes de Lívia. Poderiam ficar amassados.

— Não são bonecas, Bárbara?

O olhar dele dizia tudo, e ela simplesmente deu uma sonora gargalhada.

Realmente estava sendo tola. Primeiro, porque eram bonecas, inclusive uma era de pano. Segundo, porque a menina nem estaria no aeroporto à espera deles. Iriam ao seu encontro somente no outro dia à tarde, se tudo desse certo.

Rindo, André afirmou que, chegando ao aeroporto, daria um jeito de colocar as bonecas na mala. Eram muitos pacotes, e correriam o risco de perder tão preciosa carga.

Na verdade, a mala estava cheia de presentes. Tinha para a mãe dela e para a dele, que haviam marcado de visitar assim que chegassem, e para dona Tereza, que ele mesmo fez questão de comprar. Mas a grande maioria dos presentes era para Lívia. Ele acreditava que uma mala era só de presentes para a menina.

— Você sabe a que horas chegaremos em casa?

Pegando a passagem, ele informou que chegariam por volta das duas horas da manhã.

— Nossa, que cansativo!

Ele concordou. Iriam gastar quase vinte três horas de viagem. Mas, na verdade, havia uma conexão que os deixaria por horas em outro aeroporto.

Estavam bem adiantados. Chegando ao aeroporto, despacharam as malas, mantendo consigo somente o necessário. Depois, foram comer algo. Havia ainda duas horas de espera.

— Você falou com seu sócio?

— Sim! Falei na semana passada. Por quê?

— Queria saber se ele fechou com os pedreiros e se a reforma se iniciará esta semana.

— Pelo que entendi, sim. Ficou naquilo que eu tinha deixado mais ou menos encaminhado. O engenheiro já começou a quebrar os banheiros, ao que me parece.

— Mas você vai tirar aqueles banheiros? — perguntou, surpresa.

— Não! Na verdade, só trocaremos as louças, dando um ar mais moderno.

— Ah, sim! Tenho que me inteirar do que meu patrão quer na obra para começar meu trabalho. — A frase dela era zombeteira, mas escondia um certo temor de que ele não permitisse que ela se dedicasse àquela obra.

Na verdade, desde que André comentou sobre a reforma, ela vinha acalentando o sonho de voltar a estudar e poder se dedicar a isso.

Adorava reformas, fazer o projeto, comprar o material, escolher qual ficaria melhor e tudo mais e decidira que queria fazer isso profissionalmente. Sabia que o fato de ser mulher, num mundo totalmente masculino, poderia atrapalhar, mas ela poderia tentar.

A insegurança quanto à reação dele a deixava temerosa de expor sua intenção.

Tomando seu *cappuccino* sem desconfiar das intenções e dos temores da esposa, André respondeu de pronto:

— Você está convocada para isso! Estou lhe entregando a obra e nem pense em me abandonar! Já disse ao Carlos que você era a pessoa certa para tal empreitada. Tem bom gosto e ideias maravilhosas.

Tomando um gole da bebida quente e sorrindo para a esposa, André deu uma piscadinha e sugeriu:

— Por que não tenta ser engenheira? Ganharia dinheiro com isso! Daí pagaria nossa próxima viagem!

O tom era de brincadeira, mas deu a Bárbara a oportunidade que ela esperava.

— É exatamente o que estou querendo fazer. Iria conversar com você assim que surgisse a oportunidade.

— Sério?!

André estava surpreso. Fizera um gracejo, mas nunca pensara seriamente naquela oportunidade.

— Me explique melhor.

Pediu mansamente, pois estava interessado nos planos da esposa. Já estava desconfiado de que ela lhe escondia algo, mas acreditava que fosse algo sobre os problemas conjugais.

— Ah, não tenho muito a explicar. O que quer saber exatamente?

Vendo que ela estava reticente, achou por bem ajudá-la.

— Como você decidiu que quer voltar a estudar e se já viu algo.

Sorrindo timidamente, ela explicou:

— Você sabe que sempre gostei dessas coisas de reforma e de tudo que envolve a construção. Daí, quando construímos nossa casa, me realizei ajudando no projeto e na escolha de tudo.

— Sim! Foi você quem praticamente fez o desenho de como queria a casa e foi atrás do material.

— Então, quando você falou que eu tinha o dom para isso, fiquei me perguntando se realmente tinha e comecei a crer que sim.

Bárbara deu um leve sorriso, meio misturado a uma caretinha, que o levou a rir e depositar um beijo nos lábios da esposa.

— Você tem o dom nato, meu amor. Eu confio e a apoio nisso, mas temos que ver cursos e toda a parte prática.

— Sim! Olhei na banca perto da casa da mamãe um livro sobre profissões e escolas.

— E o que achou?

— Na verdade, não comprei; só folheei. — Pensando bem no porquê de não ter comprado, ela mesmo fez cara de decepcionada. Se queria algo, tinha que correr atrás.

— Vamos comprar assim que chegar. Se quer algo, tem que saber como fazer.

Olhando profundamente para ele, Bárbara ficou emocionada e agradeceu.

— Por que está agradecendo, meu amor?

— Por me apoiar! Estava com medo! Na verdade, não comprei o livro porque estava com medo de que você não concordasse que eu voltasse a estudar.

André até achou graça dela. Estava amando a ideia de vê-la dona de si, trabalhando no que gostava.

Mesmo com o sorriso no rosto, ele falou em tom firme:

— Querida, tudo que lhe fizer feliz me fará feliz também. Se você quiser estudar, irá! Se quiser montar algum tipo de loja especializada em decoração, eu a apoiarei. Se quiser ficar cuidando de Lívia, que é nossa maior riqueza, também ficarei do seu lado. Não me importa o que você estiver fazendo profissionalmente, o que me importa é isto aqui — disse ele, pegando a mão dela que estava em cima da mesa e a apertou em sinal de união.

— O que importa é que estejamos sempre juntos e em paz. Já disse e vou tornar a repetir durante todos os dias da minha vida, talvez nem para você, mas para mim: minha família é meu bem mais precioso, e eu lutarei contra tudo e todos para mantê-la. Peço perdão pela queda! Mas juro que farei de você e de Lívia as pessoas mais felizes que eu puder!

Foi impossível conter as lágrimas.

Os dois ficaram ali, sentados, olhando um nos olhos do outro, de mãos dadas, vertendo lágrimas dolorosas de aprendizado.

Conscientemente, acreditavam na dor atual, pois não tinham noção de quanto já haviam caído, desistido e levantado.

Como não podia deixar de ser, eu, o abelhudo desta história, estava lá com meu amigo Bastião, querendo aprender um pouco com os acertos dos irmãos.

Olhando detidamente para ele, que se mantinha quieto, observando os dois, vi que lágrimas escorriam por sua face negra, como dois filetes a iluminar seu semblante.

Mantive-me em silêncio em respeito à emoção genuflexa do amigo. Sabia de sua luta para que as filhas, que um dia foram de sua carne e que hoje permaneciam como filhas em seu coração, se libertassem das recorrentes falhas.

Estava com ele nos momentos em que elas, mesmo tendo a oportunidade de reconciliação, de conserto e recomeço, optaram por novamente se deixar levar por emoções primitivas.

Uma, deixando que a paixão doentia, cega e possessória lhe tirasse a razão e anulasse sua vida a ponto de quase perder mais uma encarnação. A outra, vindo novamente com oportunidade de crescer, aprender e desenvolver suas aptidões profissionais, havia se escorado no relacionamento, fazendo dele seu centro gravitacional.

Ambas tinham centrado suas emoções em André, que não mais evoluído que elas, ficou entre as duas. Ou melhor: ele tentava manter as duas em sua posse e sob seu comando.

Três espíritos endividados e equivocados, que a dor visitou e fez deles morada, enquanto não entenderam seus erros.

André, querido irmão, com a possibilidade de ter de lidar com a ausência de Bárbara e Lívia, se viu obrigado a valorizar o que realmente era importante, deixar o egoísmo e a lascívia de lado e dar lugar ao amor, ao verdadeiro sentimento. Ainda não estava recuperado, mas era um espírito pronto a mudar. Tinha nas mãos a oportunidade e já sabia o caminho.

Bárbara, espírito sensível e machucado por anos de flagelo e insegurança, nunca quis viver a própria vida, e sim a dele, anulando-se a ponto de quase a ceifar a novamente — pois que em outras existências já cometera esse ato impensado —, viu a necessidade de se impor e lutar. Na verdade, seu espírito enfraquecido não tinha ainda forças para construir.

Agora, contava com o apoio de André, que sabia o quanto ela precisava desenvolver sua segurança e crescer profissionalmente para a maturidade espiritual e a apoiaria, mantendo-se ao seu lado.

Realmente, não sabia por onde começar, mas, lembrando-se das doces palavras de Lu, fez uma pequena prece em pensamento.

— Senhor, que é bom e justo, eu Lhe entrego minhas dúvidas e peço a sabedoria de fazer boas e salutares escolhas.

A cabeça de Bárbara fervilhava. Enquanto ele dormia no voo, ela não pregava o olho pensando e rememorando todos os dias de alegrias vividos e pedia proteção para os que se iniciavam.

André havia falado em loja de decoração. Seria uma inspiração. Não tinha pensado nisso em momento algum, mas era seu perfil. Talvez até mais interessante que a própria edificação.

Bárbara sabia que ele financiaria seu sonho. Não tinha ideia de nada, mas começou a pensar em uma loja com objetos de decoração, onde poderia ir até a casa da cliente, ver o que combinava e oferecer seus produtos.

A ideia foi ganhando vida em sua cabeça, e Bárbara, sonhando, adormeceu de cansaço.

Chegando ao Brasil na madrugada, foram direto para casa. Deixaram as malas na sala, tomaram um banho rápido e adormeceram. Estavam cansados.

Já passava do meio-dia quando Bárbara se levantou. Parecia que tinha dormido décadas.

— Nenhuma cama no mundo é melhor que a nossa!

Olhando para o lado, viu que o marido não estava no quarto. Levantando-se, procurou-o no banheiro. André não estava! Após fazer uma breve higiene, foi procurá-lo pela casa.

Encontrou-o na cozinha, em animado papo com Tereza. Bárbara pensava que ela não havia retornado ainda.

Entrando na cozinha, deu um beijo leve de bom-dia no esposo e um abraço apertado na colaboradora. Os dois falavam da saúde do pai de Tereza, a quem tinha visitado.

— Nunca mais vou ficar tanto tempo sem ir lá. Nem que eu tenha de ficar sem comer, vou economizar para ver meu velhinho e minha velhinha! Oh, dona Bárbara, ele está tão fraquinho, mas quer fazer tudo sozinho. Estava aqui contando para o doutor: caiu esses dias, quebrou o braço, mas, mesmo assim, quer dar comida pra porco, milho pra galinha, aquela confusão! Minha irmã até cansou de falar e recomendar.

Rindo da forma que Tereza falava, abanando a mão apressadamente, Bárbara comentou:

— Mas não tem perigo de machucar mais? Ele já tem uma certa idade!

— Sim, é o que eu falo.

Intervindo, André, sendo médico, explicou:

— Na verdade, não tem perigo de quebrar no mesmo lugar. O perigo é ele machucar outra parte do corpo. Mas, quanto ao trabalho, não é ruim! Ele trabalhou a vida toda. Se parar agora, possivelmente se sentirá preterido, largado de lado, como se não servisse para mais nada. Esse sentimento é capaz de matá-lo mais rápido do que trabalhar, por isso tem que deixar ele fazer as coisas. O que recomendo é vigilância e, o mais importante para um idoso, o cuidado! São crianças grandes e bem teimosas.

Os três riram do modo cômico que ele falou das teimosias das pessoas idosas, porque era recorrente a reclamação dos cuidadores. Mas, na verdade, isso só expressava a preocupação com eles.

A conversa seguiu mais um pouco. André já estava pronto para sair e disse que iria até o hospital. Queria ver um paciente que estava internado e passaria para ver todos os outros. Levaria em torno de duas horas para retornar.

Dando um beijo na esposa, André convidou:

— Assim que terminar a visita, posso passar aqui para pegá-la! Quero que vá comigo na obra e depois fale com Carlos e com a equipe de engenheiros!

— Será que dará tempo de fazer tudo isso? — disse ela olhando para o relógio e vendo que já passava de meio-dia.

— Serei o mais breve possível! Você tem algo a fazer?

— Tenho que desfazer as malas, mas Tereza me ajudará nisso. Em uma hora estarei pronta!

— Então, combinado! Não me esperem para almoçar, pois bagunçou tudo.

Saiu ele gritando, referindo-se ao fuso horário e ao fato de que tomara café havia pouco.

Como estava com fome, Bárbara se serviu. Tereza tinha passado na padaria e comprado pão. Comeu um belo sanduíche e pediu a ela que não fizesse nada para o almoço.

— Não se preocupe com isso. Nós estaremos na rua e comeremos por lá. Você também deve estar cansada!

— Estou mesmo! Não tenho costume de viajar de avião. A senhora sabe, pobre fica até assustado!

O tom de deboche de si mesma fez as duas rirem da situação, e assim ficaram brincando e conversando sobre as viagens, enquanto se dedicavam a separar as roupas das malas.

— Na verdade, Tereza, todas essas roupas foram usadas. Vamos levar as duas malas para a lavanderia como estão. — Apontando para as duas malas, cada uma levou uma para a área de serviço, onde Tereza iria cuidar de tudo.

— Não tenha pressa de lavar toda essa roupa! Nós vamos viajar amanhã para a casa da minha mãe e buscar nossa princesa, por isso você terá tempo de colocar tudo em ordem.

— Mas já quero começar! Na verdade, pedi à minha filha para vir ontem até aqui para dar uma geral na casa. Graças a Deus, agora só tenho as roupas para cuidar!

— Eu sei, mas não precisa de agonia. Está ouvindo, Tereza?

A pergunta era em tom enérgico, mas, na verdade, Bárbara sabia que ela não sossegaria antes de terminar tudo.

— Não se preocupe! Lavarei isso num tapa!

Dando um suspiro, Bárbara resolveu não gastar mais saliva, pois Tereza não ouviria.

Deixando a outra com a mala de roupa, Bárbara voltou à sala. Abriu a mala onde estavam as lembranças de viagem e separou as que André havia trazido para Tereza. Pegando o pacote, colocou-o sobre um móvel ao lado do sofá, procurou o que havia comprado também e, após deixar os dois ali, pensou que seria interessante entregá-los com o marido.

Assim, olhando se estava tudo intacto, fechou a mala com as demais lembrancinhas e foi apressada tomar banho e se arrumar. Queria estar linda para andar ao lado de André.

Hoje, seu maior desejo era que ele se orgulhasse dela. Iria trabalhar cada dia nisso.

Tomou um banho, lavou os cabelos, secou-os um pouco com o secador e foi escolher uma roupa. Ficou em dúvida pois, afinal, faria uma visita de negócios.

Escolheu um vestido leve por conta do calor que fazia, mas bem discreto e formal.

Olhando-se no espelho, o que via a agradou. O vestido era num tom azul-bebê, de corte reto e com mangas japonesas. Colocou um brinco de ouro com pequenas pedras de brilhante, que havia ganhado dele, e uma sandália de salto confortável.

Jogando um beijo para sua imagem refletida, pegou um perfume que o marido gostava, mas depois desistiu e pegou o preferido dela. Assim, sentindo-se linda, aguardou a chegada de André.

Passados uns vinte minutos, ela ouviu uma buzina na frente da casa. Sem nem olhar, gritou para Tereza que estava saindo e foi ao encontro de André.

Foram diretamente para o imóvel que haviam alugado, pois os engenheiros e o sócio os encontrariam lá.

— Quem bom, assim será fácil — concordou ela.

O local era bem agradável. Era um sobrado de dois pisos, e, inicialmente, eles iriam usar somente as salas do andar térreo.

Bárbara já conhecia Carlos de aniversários e reuniões entre os colegas médicos. Tinha uma boa impressão dele.

Era um homem de estatura mediana, moreno, de pele escura, com fala mansa e olhar ligeiro. Era um especialista em oftalmologia. Por conta disso, precisaria de duas salas, pois teria de instalar aparelhos específicos.

Ficaram ali por mais de duas horas. O projeto já estava pronto! Assim, eles analisariam o que teriam que mudar e o que não podia ser modificado.

Durante alguns minutos, Bárbara somente ouviu o que diziam, mas, quando se deu conta, estava dando palpites e sugestões.

André, em silêncio, prestava mais atenção à reação de Bárbara do que ao próprio projeto. Confiava no bom gosto e discernimento dela.

Carlos, como tinha detalhes da disposição de móveis e aparelhos, se manteve mais ativo.

— Na verdade, quanto às máquinas, não sei, pois ainda não as vi. Mas, se as colocar naquela parede, você dará mais acesso. Imagine um senhor de idade! Ele chega aqui, e sua secretária o encaminha para a sala. Pense! Com as dificuldades de locomoção, como será?

Bárbara dizia isso indo da porta até a outra sala, fazendo gestos e simulando a entrada de um senhor.

Ficando em silêncio um pouco, enquanto ela se deslocava, Carlos e Júlio, o construtor, se entreolharam e responderam:

— É, temos que preservar a porta! — afirmou Carlos.

Concordando com a cabeça, o construtor se voltou para o projeto com a caneta na mão e fez as anotações.

— Sim! Daí nos resta a parede do fundo. Tenho que ver a disposição das tomadas, porque tenho que fazer isso antes de passar o reboco pra não ficar remendo.

E assim caminhou a conversa.

Terminada a reunião, Bárbara havia se comprometido a resolver a questão dos azulejos, do piso e a visitar uma clínica de oftalmologia de um amigo de Carlos, para ver detalhes e passar para Júlio, ficando combinado de dali a três dias eles se reunirem novamente no final da tarde.

Enquanto isso, os pedreiros já iniciariam a reforma do andar de cima, que não passava de pequenos consertos, pois o local serviria apenas de depósito.

— Vamos! — Convidou André. — Esta conversa me deixou com muita fome!

— Eu também estou faminta! — Virando-se para Carlos, ela completou: — Não almoçamos ainda! Acordamos tarde e acabamos tomando um bom café no horário.

— Quer ir jantar conosco? — Convidou André.

— Não, eu agradeço! Tenho que passar na casa da minha namorada. Combinei com ela de irmos a um aniversário, e você já viu! Atrasos e faltas não são bem aceitos.

— Com certeza, não! — respondeu Bárbara sorrindo da brincadeira machista dele, que, irônico, quis dizer que mulheres são intransigentes.

Como já estavam na calçada, despediram-se ali mesmo, e Carlos repassou a incumbência para Bárbara de verificar os detalhes da adequação das salas para ele.

— Bem que André me disse que você tinha visão. Confio em você!

— Ave! Que responsabilidade!

— Você dá conta! Eu percebi!

Com adjetivos educados, despediram-se. Carlos seguiu para seu encontro com a namorada, e o casal saiu em busca de um restaurante ou uma padaria em que pudessem comer.

— O que você quer comer? — Quis saber André, quando já estava com o carro em movimento.

— Qualquer coisa. Creio estar mais cansada do que com fome.

Parando para pensar, ela se corrigiu.

— Acho que estou tão cansada quanto com fome!

— Então são dois! — concordou ele.

— Que horas são? — Olhando para o relógio, Bárbara respondeu que ainda eram seis e meia da noite.

— Não vamos encontrar um restaurante aberto a esta hora. Precisa ser comida?

O tom desanimador dele a fez rir.

— Não, meu amor! Vamos comer um sanduíche! Acredito que será melhor irmos a uma padaria, aquela próxima de casa. Se quiser, podemos pegar algo para comermos em casa.

— Acho que seria perfeito!

— Ótimo então! Vamos para a padaria.

— A que horas iremos buscar Lívia amanhã? Falei com elas hoje. Estava a ponto de enlouquecer minha mãe.

— Acredito! — exclamou ele. Sabia o quanto a filha era insistente e deveria estar impaciente, falando sobre o retorno deles com a avó a todo instante.

— Podemos ir após o almoço! — disse André, meio pensativo. Tinha, na verdade, várias coisas para fazer, por isso ainda não sabia precisar os horários.

— Daí dormiremos lá?

— Ave! Não tem como dormir! Pego plantão na manhã de depois de amanhã — O tom de lástima estava presente em sua voz. — Melhor irmos antes do almoço e retornarmos no final da tarde. Ou, pensando melhor, convide sua mãe a vir conosco, pois assim ela fica uns dias com você e depois a levamos de volta no fim de semana.

— Não é má ideia!

— Sim! Tenho que resolver esses plantões, marcar umas cirurgias que estão agendadas, e você tem que correr atrás das coisas da obra. Eles já terminaram a parte de instalação e hidráulica, e semana que vem já entrarão na etapa de revestimento. Pintar dá muito trabalho.

Parando para pensar, ela concordou com o marido. Pediria à mãe que viesse. Não tinha como ir buscar sua filha, pois estariam atarefados.

Tudo estava se encaixando, a vida seguindo o curso de aprendizado e crescimento. Entreolhando-se, os amigos espirituais que ali estavam sorriram um para o outro:

— Tempestades virão, mas hoje eles estão mais fortalecidos em suas opções de cumprir os compromissos assumidos.

— Glória ao nosso amantíssimo Pai!

Capítulo 18

— As malas já estão no carro? — perguntou Luísa para Raimundo.

— Sim, já coloquei tudo no porta-malas!

— Ótimo! Somente vou terminar de enxugar a pia e já vamos.

Como tinham planejado, eles estavam se organizando para sair na sexta-feira pela manhã para irem ao encontro dos primos de Luísa.

Ela estava animadíssima! Havia comprado vários presentes e avisado a todos que a esperavam ansiosos. A prima da jovem médica, inclusive, já havia ligado à noite para confirmar se chegariam para o almoço. Por isso estavam saindo bem cedo.

— Vamos, Luísa! Já são seis horas! Deixe isso aí. Seca sozinha — disse ele em tom de reprimenda. Ela queria tudo certinho. Haviam tomado café e, enquanto ele colocava as coisas no carro, ela se encarregou de retirar a mesa e lavar a louça, para não ficar suja o fim de semana. Não necessitava, contudo, deixar a pia impecável.

Olhando para ele, comentou sorrindo:

— Acho que você tem razão! Vou só pegar minha bolsa, passar um creme na mão e já vamos.

Ela foi ao quarto rapidamente, e depois saíram em direção à cidade de Jaú, em São Paulo, local onde os primos ainda residiam e tinham uma fazenda.

Na verdade, ficava, no máximo, a três horas de distância. Chegariam com sobra até o horário do almoço.

Tomando a rodovia, Luísa se acomodou no banco e disparou perguntas sobre os planos de Raimundo voltar a estudar.

— Você já foi à faculdade?

— Sim!

— E então? Não me disse nada! — Ela ficou um pouco decepcionada, pois queria que ele partilhasse sua vida com ela.

Em tom de brincadeira, ele comentou:

— Mas não havia nada para dizer além do que a gente já imaginava.

— Hã?! — Ela ficou olhando para ele com cara de quem estava esperando uma explicação.

— O vestibular será em dezembro, e as aulas começarão em fevereiro.

— E o curso?

— Tem pedagogia! Acredito que vou fazer! Não quero sair da área. Gosto do que faço, como você já sabe. Só vou fazer a faculdade, porque, assim, poderei pegar mais aulas.

— Legal! Acho que tudo que fazemos tem que ser por amor. Não adianta tentar fazer apenas por conta do rendimento. Eu mesma escolhi a medicina por amor, para ajudar bem as pessoas. Me lembro quando minha mãe ficou doente. Eu era nova mas me lembro. Ela tinha vários médicos. Na verdade, era uma equipe que trabalhava junto, mas não tinha uma conduta padrão. Cada um agia de uma forma.

— Como assim? Mudavam o tratamento? — perguntou ele, confuso.

— Não! Me refiro à forma de tratar o paciente. Alguns eram amorosos e muito atenciosos; outros, no entanto, eram rudes e faziam apenas seu trabalho. Como se estar ali fosse somente uma obrigação.

Ela ficou em silêncio, como se estivesse mergulhada nas próprias lembranças.

— Foram seis meses, tempo suficiente para que eu entendesse o significado do termo “amor à profissão”.

Olhando-a disfarçadamente, ele viu quando ela, em silêncio, secou uma lágrima no canto do olho.

Era a primeira vez nesse tempo todo em que se conheciam e não se desgrudavam que Luísa tocava naquele assunto.

Ele sabia que a mãe da amiga havia morrido devido a um câncer, mas ela nunca falou sobre o assunto.

Vendo-a quieta, Raimundo achou por bem respeitá-la.

— Você não gosta de falar sobre o assunto, então, vamos falar sobre outra coisa! — propôs ele de forma carinhosa.

Pegando na mão de Raimundo, que estava sobre o câmbio do carro, ela disse:

— É um assunto que ainda me causa dor. Lembro-me dela morrendo à míngua, sofrendo com dores horríveis. Isso me dói na alma até hoje. Eu não podia fazer nada!

Apertando a mão dela em sinal de carinho, ele tentou animá-la.

— Imagino a dor que isso lhe causou, mas pense que Deus usou sua mãe para transformá-la nessa médica maravilhosa, que atende a todos com tanta atenção.

Com lágrimas escorrendo por sua face, ela disse:

— Jurei, naquele momento de dor e de fragilidade, em que não tinha nada a fazer, pois era uma menina, que eu seria médica e cuidaria de cada pessoa como se ela fosse a minha mãe. Jamais, em todos os dias que eu fui para meus plantões, maltratei alguém ou deixei de dar atenção a uma só reclamação. Amo cada um dos meus pacientes. Há alguns que são extremamente chatos e grosseiros, mas sempre procuro pensar que aquilo é fruto do medo da morte.

Apertando ainda mais a pequena mão que estava entre as suas, Raimundo concordou:

— Eu sei disso. Todas as vezes em que fui ao hospital, somente ouvi elogios à sua conduta.

— As enfermeiras não gostam tanto, pois sou muito exigente! — Riu nervosa.

— Mas as pessoas que são comprometidas a admiram, sim.

Retirando a mão que estava entre as dele, Luísa enxugou as lágrimas e disse:

— Será que ela está bem? Sempre me pergunto isso!

— Não posso responder com precisão, mas, diante do expurgo que o câncer gera na alma da pessoa, ela com certeza foi amparada!

A força do amor e da saudade de Luísa foram o bastante para que a mãe fosse trazida para junto dela.

Abraçando-se à filha, Laura deu um profundo beijo no rosto de Luísa e ali permaneceu por um longo tempo, somente a aconchegando e ouvindo sua voz, enquanto seu coração transbordava o amor que ali se encontrava.

— Queria muito que ela estivesse aqui para ver que venci, que segui os conselhos dela e de titia também, que eu amo com todo o meu coração. Ela, que cuidou e me amou até o último segundo.

— Sou muito orgulhosa, filha! Você está vencendo várias etapas difíceis da sua evolução. Todos os dias, agradeço a Deus por você ter me ensinado a te amar. Você conseguiu, minha princesinha do cabelo preto, transformar o ódio em amor profundo.

Lágrimas de felicidade lavavam a face daquele espírito que ainda se encontrava em fase de transformação.

— Hoje, filha amada, tenho consciência de todo o mal que eu pratiquei, de toda a perseguição e de tudo o que fiz na encarnação passada. Deus, com Sua misericórdia, permitiu que eu viesse como sua mãe. Permitiu que eu fosse mãe solteira, para me dedicar a você durante todo o tempo. E, por não poder deixá-la aos cuidados de ninguém, permiti que sua doçura e seu amor me transformassem.

Bastião e eu estávamos ali, mas não nos aproximamos. Laura precisava daquele momento, em que sua alma se despia dos derradeiros sentimentos de ódio e vingança.

Suas frases eram entrecortadas pelos soluços profundos de sua dor.

— Me perdoe, filha! Hoje, me envergonho ao me lembrar de todo o amor que me devotou. Eu, um ser ignóbil, egoísta, que, por conta de um homem e um relacionamento fugaz, me revesti de rancor, destruí sua vida, atrasei seu crescimento. Não mereço seu amor, mas agradeço. Estão me chamando! Ainda estou em tratamento! Como sempre, sendo cabeça dura, recusei-me a melhorar. Por isso não posso vir sempre, mas vou, com certeza, ter outra chance. Fique com a paz que somente os corações daqueles que caminham retamente podem ter. Orgulho-me da profissional habilidosa, estudiosa e humana que você se tornou!

Dando o derradeiro beijo na face de Luísa, Laura se distanciou, amparada por amigos enfermeiros que a acompanhavam.

Bastião explicara-me que, em vidas pretéritas, Laura dividira a intimidade de um homem com Luísa, que o tirou da vida dela. Em virtude disso, Laura passou a perseguir os dois na erraticidade. Ela foi uma obsessora voraz, incitando Luísa à autodestruição. Mesmo diante de várias tentativas da espiritualidade de lhe mostrar o poder do perdão, ambas não conseguiram, mantendo dessa maneira o ciclo de ódio em pleno funcionamento.

Assim, uma intervenção foi realizada, com a programação de nova reencarnação juntas. Laura viria primeiro e teria um romance com esse homem, recebendo Luísa como filha. Ao genitor seria dada a chance de ser um bom pai e companheiro, porém, dentro do seu livre-arbítrio, não o fez, deixando a responsabilidade da criação da menina à mãe, que, na verdade, precisava dessa oportunidade para que o amor entre mãe e filha pudesse brotar.

Ainda jovem, Laura descobriu um câncer, doença à qual seu organismo tinha predisposição, mas que poderia não se manifestar, tendo ela a oportunidade de prolongar sua vida. Para que não se manifestasse, Laura deveria aprender a perdoar, porém, como manteve o ódio pelo parceiro, que não aceitou a filha e as abandonou, acabou desenvolvendo a doença cedo e de forma fulminante.

Mas a providência divina possibilitou a presença da filha amada até o último instante, criando o perfeito laço do afeto verdadeiro. Aquele que nem a distância nem o tempo, mesmo em esferas diferentes, como é o caso da vida encarnada e a desencarnada, conseguem pôr fim.

— Demos graça à sabedoria divina sempre!

— Sempre, meu amigo Bastião! Sempre!

A magia do momento de conciliação consigo mesma, que Laura vivia naquele instante, era tão emocionante que nós, todos os desencarnados que ali estavam, inclusive Bastião, ficamos muito emocionados e sem palavras.

Convidando-nos à breve prece de agradecimento ao Pai eterno, todos nós, em sinal de respeito, ficamos de olhos fechados e acompanhamos com o coração sua oração:

— Querido e amoroso Pai, que nos conhece a todos e que sabe o momento de cada um florescer, obrigado pela oportunidade de reconciliação de nossa irmã Laura com sua própria consciência. Obrigado por nos permitir auxiliá-las neste enorme passo em busca da perfeição d'alma, o que todos nós, consciente ou inconscientemente, buscamos. Obrigada pelas dores que ferem a carne, mas que curam a alma e nos aproximam de Seu amor, que é transbordado quando buscamos Seu colo caloroso e aconchegante nesses momentos difíceis pelos quais passamos quando encarnados, mas que nos possibilitam enxergar as verdades absolutas, nos desgarrando dos sentimentos densos como o rancor, o ódio e a vingança, que não somente nos machucam mais que a própria vítima. A vítima são nossos sentimentos, os quais matamos um pouquinho todas as vezes em que nos levantamos contra nosso próximo. Hoje, Laura conseguiu vencer a etapa que a maltratava, que era a culpa, o sentimento de derrota moral por todos os séculos em que lutou bravamente contra Luiz. Hoje, ela viu que a antiga inimiga a tem com profundo amor no coração, fruto dessa breve encarnação, em que as duas, motivadas pelo véu do esquecimento, puderam mostrar o que tinham de melhor. Ela está pronta a voltar, e sei que voltará em breve, para que as últimas escamas negativas sejam expelidas e lançadas ao mar do esquecimento. Sinto-me inundado por Seu amor, meu Pai. Obrigado por me permitir amar e cuidar dos meus, os quais, dia a dia, sinto mais próximos de meu coração e de minha companhia.

A emoção do nobre irmão era clara em sua voz e nas lágrimas mansas que ele derramava. Após a prece, ficamos em silêncio e, depois de nos despedirmos dos amigos que ali permaneciam fazendo a proteção dos irmãos, partimos para outras estações de trabalho.

A emoção estava também estampada na alma dos encarnados, que, mesmo sem ouvir a prece, permaneceram em silêncio cada um com seu pensamento.

Luísa, relembrando da mãe com muita saudade e pedindo a Deus que a tivesse em um bom lugar, hoje tinha o conhecimento espiritual. Por conta da influência de Raimundo, eles liam bastante, e ela sabia que a mãe estava viva e acreditava, pela mulher maravilhosa e corajosa que ela havia sido, que devia estar em um bom lugar.

Raimundo sentia uma emoção grande. Não sabia o que se passava, mas, como tinha a sensibilidade mais apurada, sentira a presença de Pai Bastião e sabia que ele estava ali cuidando deles, por isso agradecia.

Ali ficaram por um bom tempo, até que ele questionou se ela queria parar para ir ao banheiro ou coisa assim.

— Aceito um café! Se você pagar, é claro!

Rindo do gracejo, ele aceitou o convite. Adorava a bebida e estava sentindo falta de um cafezinho.

Após o café, eles seguiram viagem, indo tranquilamente porquanto os esperavam somente para o almoço.

Eram quase dez horas da manhã, quando estacionaram o carro na frente de uma casa imensa. Parecia uma chácara.

Luísa pediu para que Raimundo buzinasse insistentemente. Estava feliz e risonha, como ele nunca havia visto.

Da janela, apareceu a cabeça de uma criança que gritou pela mãe. Uma mulher loira, que em nada lembrava Luísa, também soltou uma linda gargalhada de felicidade e foi correndo até o portão.

Luísa desceu do carro depressa e foi ao encontro da prima. As duas se abraçaram fortemente. Depois, se afastando um pouco, voltaram a se abraçar. A saudade e o amor existentes naquele abraço foram suficientes para que Raimundo gostasse dela de pronto.

Logo atrás, vieram as filhas dela, duas meninas, uma de quatro e outra aparentando ter uns sete anos.

Ali, entre as apresentações e os abraços, ficamos uns dez minutos.

Ela pediu para uma pessoa ajudar Raimundo a levar as coisas para o quarto, que havia sido preparado, e carregou Luísa pela mão para dentro de casa.

— Jorge, ajude Raimundo com as coisas e depois o leve até a cozinha!

Raimundo viu que a casa era o que se podia chamar de mansão, com um terreno imenso e vários cômodos, todos lindamente decorados. Via-se que eram abastados.

Encontrou-as na cozinha. Luísa estava sentada em um banquinho, as crianças por ali ouvindo a conversa, e a prima, Dora, mexia uma panela, sendo auxiliada por uma senhora de sorriso largo, que foi apresentada como Jandira.

— Sente-se, por favor! E não repare no fato de recebê-lo na cozinha, mas é que estou preparando o almoço.

Completando, Luísa falou:

— Ela quer me provar que tem dotes culinários, os quais eu desconhecia. Teremos que passar por essa provação.

A prima, empunhando a colher de pau que tinha nas mãos, soltou uma gargalhada tão gostosa que todos riram com ela:

— Vai engolir sua língua! Não é, Jacira?

A filha mais velha adiantou-se à senhora e foi em defesa da mãe.

— Mamãe faz uma comida deliciosa. Até meu pai adora.

Puxando-a para perto, Luísa deu um cheiro no cabelo loiro da menina e um beijo em sua bochecha, dizendo baixinho ao seu ouvido, como se fosse um segredo entre ambas:

— Vou confiar em sua palavra! Quando a gente era mocinha, ela não sabia nem mexer a panela para titia.

Olhando espantada, a menina fez cara de dúvida:

— Está querendo destruir minha imagem, ora, ora! Paty, mamãe não sabia cozinhar quando era nova, mas ajudava a vovó com a louça. Agora pergunte: quem não fazia nada, mesmo?!

— Seu tio João! — respondeu Luísa, de pronto, causando novas risadas.

— Só ele, né?!

Levantando-se e já se sentindo em casa, Raimundo entrou na conversa.

— A pessoa em questão continua a não cozinhar. Se não sou eu naquela casa, somente restaurante.

— Raimundo!

— Devo ser justo em dizer que ela lava a louça e é muito organizada! Até chata, eu diria, mas, se um dia eu cair doente e precisar de uma sopa, não sei o que será de mim!

Dando um tapinha no braço dele em sinal de protesto, Luísa disse:

— Linguarudo! Cuido de você todos os dias!

Dora tinha gostado do rapaz. O sorriso largo de Raimundo e a forma como ele olhava para Luísa deixavam claro que era um homem apaixonado. Acreditando que os dois estivessem juntos, disse:

— Estão morando juntos há quanto tempo?

Olhando um para o outro, os dois ficaram na dúvida, tentando fazer cálculos. Sem chegar a uma data precisa, ela, carinhosa, passou a mão no rosto dele e, depositando um beijo em sua face, disse:

— Acho que há uns quatro ou seis meses, mas sinto que há séculos estamos juntos nesta caminhada. Ele é o anjo bom que Deus colocou em meu caminho. Sem ele, eu não estaria aqui.

Enxugando pequenas lágrimas de emoção, Luísa completou:

— Mas falaremos sobre isso mais tarde! Tenho muita coisa para lhe contar!

Indo até a mesa, Dora colocou a mão sobre a da prima e disse emocionada:

— Você não tem ideia do quanto eu te amo e estou feliz que esteja aqui. Neste momento, me sinto com quinze anos, fazendo bagunça escondido de mamãe. Como ela faz falta!

— Eu também te amo muito! E não me perdoo por não ter vindo mais vezes visitá-la.

— Eu também não te perdoo. — Fez um gracejo para quebrar a emoção, pois não queria chorar. Era um momento de alegria.

— Este fim de semana é de festa, de alegria. Avisei a todos! Pedi a João que tentasse se livrar dos pacientes, e eu mesma me dei folga hoje. Pedi a um amigo que fizesse o plantão de hoje. Estou trabalhando no posto de saúde. Estarei à sua disposição por todo o período.

Batendo palmas, Luísa deu um gritinho de contentamento!

— Combinei com meu marido e João para darem atenção a Raimundo. Quero sugar todas as energias de Luísa.

— Marquei até uma pescaria e um banho de cachoeira!

As meninas que estavam por perto gritaram e fizeram algazarra. Amavam ir para o sítio, pescar e nadar no rio com os pais.

Ficaram ali, fazendo companhia a Dora, que falava por todos e não permitia que nenhum dos dois fizesse algo.

— Combinei com todos que deveriam chegar até uma hora, se não iria servir o almoço. Como imaginei que ficariam com fome, preparei uns petiscos.

Com uma careta, ela se corrigiu:

— Jacira fez uns petiscos. Querem uma cerveja ou um vinho para acompanhar?

Optando pelo vinho, Jacira os serviu. Como o almoço já estava bem encaminhado, sentaram-se à mesa.

— Mas vocês só moram juntos? Não se casaram ainda, né?

Um olhou para o outro e, rindo, tentaram desfazer o equívoco.

— Não somos namorados, somos amigos! Estive doente há um tempo, e ele foi morar lá em casa para cuidar de mim.

Olhando com surpresa e desconfiança para ambos, ela, em tom alto, exclamou:

— Amigos...

— Sim, amigos! — disse Raimundo, louco para dizer que, se Luísa quisesse, se casaria com ela naquele dia e que a moça era a mulher da vida dele, mas conteve-se.

— Como assim?

Rindo da expressão de indignação dela, respondeu:

— Assim... Depois conversamos sobre isso! — afirmou, apontando o dedo indicador para a prima.

Ficaram em silêncio! Cada um com sua opinião, remoendo-as, sem coragem de se expor.

Para mudar de assunto, ela procurou saber da profissão de Raimundo. Ficaram, então, um bom tempo falando sobre a área de educação.

Já era quase uma hora quando os dois homens chegaram.

Luísa já conhecia o marido da prima, que fora um colega de faculdade. Foi o momento de reencontro e de trocar informações sobre o paradeiro de outros colegas. E, assim, a tarde transcorreu entre lembranças e gracejos.

Combinaram de ir, na manhã seguinte, para o sítio e passar o dia lá. Talvez até pernoitassem no local.

Após o almoço em família, fizeram contato com alguns amigos de adolescência, e, pouco tempo depois, a casa estava cheia para um churrasco no jantar.

Raimundo, como todo bom professor, estava enturmado. Conversava tranquilamente com um e com outro.

No churrasco, Luísa acompanhava com o olhar a conversa que ele mantinha com uma amiga de adolescência, que estava solteira e pelo jeito bem interessada em Raimundo, que estava afastado do grupo, conversando com ela.

Os olhos de Luísa acompanhavam o casal em todos os movimentos. Isso não passou despercebido para Dora, que vinha com uma travessa de salada e, entregando-a na mão dela, pediu que a colocasse na mesa.

E, aproveitando o trajeto até a mesa, disse:

— Ela me perguntou se Raimundo era seu namorado. Respondi que não, que era só seu amigo e que você tinha dito que não havia nada entre vocês. Fiz mal?

Olhando com o olhar perdido e soltando um profundo suspiro, Luísa deu de ombros.

— Realmente não sei!

Parando no meio do caminho, a prima disse séria:

— Você está ficando velha e doida?

— Hum?!

— Como não sabe se está apaixonada por um "homão" daquele?

— Mas ele é meu amigo!

— E também pode ser seu namorado ou até marido. Vai perder para uma qualquer?

— O que você quer que eu faça?

— O que você sempre soube fazer. Seduza, atraia! Eu estou te desconhecendo! Quando você queria alguém, não tinha essa insegurança.

— Mas com ele é diferente. Tenho medo de perdê-lo! Vai que ele não sente o mesmo por mim. Raimundo pode acabar saindo da minha vida, e eu não suportaria ficar sem ele.

Vendo que ela queria chorar, a prima disse, enérgica:

— Sem choro! Além de doida, está cega! O cara é louco por você. Cuida até da sua respiração. Ele te olha como se quisesse te possuir inteira.

— Imagina, você que está vendo coisas!

Luísa estava receosa em acreditar nas palavras da prima.

— Eu sou boba, né?! Não vejo as coisas de longe?

— Realmente, você sempre foi uma boa alcoviteira.

Rindo, as duas continuaram andando.

— E melhorei muito! Ataque! E faça isso agora, antes que ela faça e você se arrependa. Mostre a ela e a todos que aquele ali tem dona.

A prima tomou a bandeja de sua mão, depositou-a na mesa e, empurrando Luísa, mandou a servir duas taças de vinho e começar a agir.

Tremendo, Luísa seguiu os conselhos da prima. Suas pernas estavam bambas. Era até engraçado ficar nervosa ao se aproximar de Raimundo, sendo que não havia mais ninguém que a conhecesse tão bem e que dividisse a vida com ela. Somente não dividiam a cama, mas estava disposta a mudar aquilo.

Vendo Raimundo conversando tão próximo de Isabel e que a moça se jogava para cima dele, não lhe restou dúvidas sobre o amor que sentia por ele e que não queria perdê-lo. O rapaz, hoje, era a pessoa mais importante para ela.

Sorrindo ao meu lado estava Bastião. Na verdade, a moça que estava falando com Raimundo havia sido intuída por ele a se aproximar e travar uma conversa com o rapaz. A intimidade vista por Luísa era, na verdade, fruto de seu ciúme.

— Às vezes, um sentimento reprovável como o ciúme pode ser bem utilizado.

— Sim, com certeza! Luísa precisava enxergar que Raimundo é um homem interessante e que poderia perdê-lo. Só assim para descobrir o que realmente sente e tomar uma atitude, porque acredito que Raimundo, por sua natureza dócil, a esperaria por muito tempo e ficariam da forma que estão.

— Sim! Ele é muito paciente e amoroso. Não teria coragem de dar o primeiro passo.

— Sim! E agora tenho pressa de que eles se entendam.

— Por conta da encarnação de Laura, a mãe de Luísa em outra existência?

— Sim! Laura já está sendo preparada para esta reencarnação! Estive com ela e está ansiosa. Espera o momento de voltar pelos laços de amor que unem Raimundo e Luísa, que agora, depois de tantos aprendizados dolorosos, estão seguindo o caminho do resgate pelo amor.

— Sim! Acredite que houve momentos em que achei que, novamente, adiaríamos os planos traçados na erraticidade.

Sorrindo e colocando a mão sobre o ombro do amigo, concordei.

— Se você, que está a anos-luz de progresso moral à minha frente, teve esse pensamento, imagina como este pobre trabalhador e observador se sentiu!

Ambos riram de si mesmos e voltaram toda a atenção para o desenrolar da situação.

Luísa caminhava com a graça de uma felina que ronda sua presa em direção ao casal, com a mão carregando duas taças de vinho.

Raimundo, com os olhos pregados nela, a observava se aproximando, linda como sempre. Assim que se chegou, Luísa manteve os olhos fixos nos de Raimundo e, fingindo que a moça não se encontrava ali, entregou-lhe a taça de vinho. Depois, por fim, se dirigiu à outra.

— Izabel, acreditei que tomasse cerveja, por isso não trouxe uma taça para você. Me desculpe!

— Sim, estou tomando cerveja. Obrigada, vou pegar daqui a pouco!

— Não querendo ser intrometida, mas do que tanto falavam e do tempo em que estão aqui, me senti abandonada, meu bem!

A frase foi dita em um tom de intimidade, que sugeriria à outra que havia um compromisso entre Luísa e Raimundo, servindo de alerta para que se retirasse.

Sorrindo para a outra e passando o braço pelo de Raimundo em sinal de posse, Luísa brincou:

— Digo sempre a ele que professor não se aperta. Encontra assunto em todas as áreas!

Sorrindo meio sem jeito, a moça, que estava conversando sem segundas intenções, resolveu se explicar com receio da reação de Luísa. De forma bem sutil, ela respondeu:

— Era exatamente sobre isso que falávamos: educação!

— Verdade?!

O sorriso que Luísa mantinha era visivelmente de ciúmes, e, não querendo arrumar nenhuma confusão, a moça, com a desculpa de pegar outra bebida, pediu licença e se afastou.

Raimundo não entendeu a grosseria de Luísa e a repreendeu:

— Por que você foi tão antipática com a moça?

Cega pelo ciúme, Luísa não se deu conta quando disse:

— Porque ela estava claramente dando em cima de você.

— Como assim? — Raimundo estava espantado. Luísa estava louca!

— Como assim?! Lá de onde eu estava, eu a vi pegando em seu braço, cheia de chamego. Eu vi!

Raimundo demorou um pequeno instante para atinar e entender que ela estava com ciúmes. Notou que ela havia ingerido doses a mais de vinho, o que a deixava mais soltinha. Isso, contudo, não era motivo para aquela reação. A menos que ela também estivesse apaixonada por ele, pensava.

Balançando a cabeça, Raimundo negava a si mesmo em pensamento a possibilidade de que ela também o amasse.

— Eu a conheço desde a nossa adolescência e sei que ela não se contenta em só conversar.

— Luísa, ela não me cantou nem se ofereceu. Estávamos somente conversando. O que acha que sou? Um leviano? Estou na casa de sua prima! Jamais faria algo que a envergonhasse!

A frase dele foi mal compreendida, o que a deixou ainda mais furiosa.

— Então você queria ir adiante com a moça? Somente o local não favoreceu?

Sem perceber, ele estava rindo da reação dela.

— Luísa, acorde! Não, disse nada disso. Somente garanti que não havia nenhuma segunda intenção em minha cabeça. Somente isso.

Pegando nos dois braços dela, Raimundo a obrigou a olhar em seus olhos fixamente.

— Você bebeu um pouco além da conta! Somente isso justifica essa cena de ciúmes, que não tem motivos.

Ela respirou fundo, olhando nos olhos dele. Os dois, então, ficaram em silêncio por alguns minutos, em profunda agonia, sem saber qual passo dar.

A vontade dele era de beijá-la ali mesmo, acabar com qualquer dúvida quanto ao seu caráter, dizer que ela era a mulher da vida dele e que não faria nada para estragar isso.

Luísa olhava para ele amorosamente. O ciúme ainda a consumia, mas conhecia aqueles olhos amorosos e sabia que ele estava falando a verdade.

Sem perceber e movida pela coragem que o álcool provoca, ela disse:

— Tenho medo de te perder.

— Como me perder? Luísa, não brinque comigo!

— Eu te amo! Não quero te perder nem te dividir com ninguém.

Raimundo ficou parado, sem movimentar uma só célula em seu corpo. Não conseguia processar as palavras dela.

Interpretando erroneamente a ausência de reação dele, porquanto acreditava que ele a tomaria nos braços e a beijaria, o que não ocorrera, ela acreditou que a prima estivesse errada. Ele não sentia nada por ela.

Envergonhada, Luísa baixou a fronte e, em lágrimas, se desculpou:

— Desculpa! Não deveria ter dito isso! — Soltou-se das mãos dele e já ia se retirar, quando Raimundo reagiu e, a segurando pelo braço, a puxou para si. Dando um abraço apertado em Luísa, ele a beijou apaixonadamente.

Ela correspondeu ao beijo como se não houvesse nada nem ninguém ao redor. Eram somente eles. Por sorte, Raimundo, anteriormente, conversava com Izabel afastado do grupo de amigos, o que os manteve longe dos olhos e ouvidos curiosos.

Não conseguiam parar de se beijar, de trocar juras de amor, e ali ficaram por um bom tempo até que alguém os chamou para a roda de amigos.

Voltaram os dois de mãos dadas, e somente Dora sabia de suas emoções. Para os outros, estava tudo normal. Acreditavam que eles eram um casal havia tempos.

Como um dos convidados sabia tocar violão, ficaram ali até altas horas, cantando e conversando.

Luísa e Raimundo não viam a hora de todos se recolherem para que pudessem estar a sós.

Quando o último convidado se despediu, combinando de ir junto com eles para o sítio, eles se recolheram pelo adiantado da hora.

Qual não foi a grata surpresa ao perceberem que Dora os havia acomodado no mesmo quarto.

Rindo, ela os deixou à porta e se despediu.

— Aproveitem, garotos!

De mãos dadas, eles entraram no quarto. Naquele momento, sonhavam com a vida nova que se descortinava diante deles. Estavam apaixonados e felizes.

— Há séculos espero ver este momento! — falou Bastião, com alegria, me convidando a partir para outras paragens.

O fim de semana foi mágico, cheio de promessas e de sonhos.

Na despedida, lágrimas brotaram nos olhos de todos, que se comprometeram a não se afastarem. Formavam uma família que se amava.

Dora já se comprometeu a ser a madrinha do casamento, que, conforme prometera o noivo, ocorreria em breve.

Raimundo não se continha de tanta felicidade. Ter aquela mulher a quem tanto desejava em seus braços era como se toda a felicidade estivesse voltada para ele.

O rapaz a cercava de mais atenção que antes e procurava satisfazer aos seus menores desejos. Amava-a profundamente e acreditava que ela estava aprendendo a amá-lo.

Chegando ao apartamento, os dois levaram malas, travesseiros e toda a bagagem para dentro de casa.

Olhando para o relógio, ele viu que já eram dezoito horas. Estava com fome. "Deveria ter parado em algum posto", pensou ele.

— Meu bem, você está com fome?

Parando no meio da sala, com a mão na barriga, Luísa sorriu e disse "bastante".

— Temos algo aqui em casa?

— Pão bem velho! — respondeu ela. — Não fiz mercado, pois iríamos viajar! O que sugere?

— Não sei. Quer que eu busque algo?

— Vamos juntos? Tomamos um banho e vamos ao mercado, o que acha?

— Melhor irmos à padaria — respondeu ele, que estava cansado.

Após combinarem, tomaram um banho rápido e foram até o centro da cidade para fazer um lanche.

Entraram no estabelecimento e se dirigiram a algumas mesinhas que ficavam na lateral. Pouco depois, a garçonete foi atendê-los e anotar os pedidos.

Aquela padaria era tradicional na cidade, pois fazia bolos famosos. Eles sempre iam fazer lanches rápidos ali.

Assim que a mulher saiu, Raimundo pegou a mão de Luísa, e, depositando nela um suave beijo, perguntou:

— Você quer se casar comigo no dia 22 de outubro?

Rindo assustada, ela perguntou por que aquela data, que, inclusive, seria dentro de quarenta dias.

— É o dia do aniversário da minha mãe! — respondeu, sorrindo.

Dando um beijo suave nos lábios de Raimundo, ela contemporizou:

— Meu amor, entendo que queira fazer uma homenagem à sua mãe mas não acredito que consigamos preparar tudo em tão pouco tempo.

— Mas o que seria "tudo"?

Rindo, ela balançou a cabeça e gracejou:

— Homens são totalmente desatentos. Raimundo, tem vestido, igreja, recepção e tantos detalhes! É impossível!

Afastando-se um pouco, ele olhou para Luísa meio assustado.

— Não imaginei que quisesse uma festa grande. Não sei se terei dinheiro para uma festa chique.

— Não se preocupe com isso. Farei uma homenagem à minha mãe, usando um pouquinho do dinheiro que ela me deixou e que eu não mexo.

Para Raimundo, não era muito confortável a situação de Luísa ter mais dinheiro que ele, contudo, essa era a realidade e teria que se conformar.

Vendo a expressão dele, ela achou por bem dizer:

— Quero que você trabalhe isso dentro do seu coração, pois não gostaria que o dinheiro fosse uma barreira em nosso relacionamento. Isso é orgulho seu, machismo!

— Eu sei, mas é difícil!

Dando um tom sério e até mesmo de censura à voz, Luísa foi categórica:

— Você é espírita! Acredita na vivência que transforma e que não estamos no lugar errado. Você me salvou de mim mesma com seu espírito nobre e bondoso. Então, seja bondoso consigo também. Não abra essa brecha que pode nos atrapalhar. Se eu tenho mais dinheiro que você e uma profissão que ganha muito bem, há de existir um porquê para isso, mesmo que nós desconheçamos.

— Eu sei! — disse ele baixando a cabeça, envergonhado pela fraqueza. Mas aquilo estava incomodando-o.

Com a mão no queixo dele, ela continuou:

— Meu amor, dinheiro nos serve de abrigo e nos dá conforto, mas só o amor constrói e ensina! Continuo a ter o mesmo dinheiro que tinha antes de ter você, mas só hoje me sinto rica. Você é minha mina de ouro, porque é de você que eu extraio as forças para vencer.

As palavras dela provocaram lágrimas em Raimundo, que permaneceu em silêncio.

— E mais! Tudo isso aí é orgulho, um sentimento que você deve trabalhar em si! Receba isso como uma oportunidade de trabalhar essa vertente em você. Seja grato e se transforme para melhor!

Absorvendo o que ela dizia e concordando mentalmente com a moça, ele deu um sorriso sem graça.

Com um belo sorriso, ela abraçou-o fortemente e disse:

— Tudo isso vai se ajeitar. Basta que sejamos honestos um com o outro.

Antes que ele respondesse, a garçonete chegou com o lanche que haviam pedido.

— Que delícia! A fome estava me matando!

— Exagerada!

A refeição transcorreu tranquilamente, e voltaram a falar de outros assuntos.

Terminando o lanche, Raimundo a convidou a irem embora. Pegando a comanda, ia se dirigindo ao caixa, quando Luísa pediu para aguardar que pegaria o pão para o desjejum.

Quando estava retornando com dois tipos de pão na mão, Luísa, distraída, pensando se havia mais alguma coisa que poderia levar, virou-se rapidamente e, sem querer, trombou com uma mulher, provocando um pequeno acidente, pois derrubou o pacote que ela carregava.

— Desculpe, não a vi! — disse Luísa, rapidamente se abaixando, pegando o saquinho e entregando-o para a outra. Foi nesse momento que viu que se tratava de Bárbara.

As duas ficaram quietas por alguns instantes, olhando-se de cima a baixo, como se medissem uma a outra.

— Como vai, Bárbara? — perguntou Luísa, que se recuperou do susto mais rapidamente que a outra.

— Bem e você? — Bárbara não sabia o que dizer, mas a boa educação a impulsionava a cumprimentar e ser educada.

— Bem...

Sem saber o que se passava, Raimundo aproximou-se.

— Meu amor, você vai pegar mais alguma coisa? Já estou no caixa, e é a nossa vez.

Olhando para ele, Luísa entregou o pão que estava em sua mão.

— Boa noite! — cumprimentou ele. — Já posso pagar? — insistiu ele, sem entender a situação.

— Sim, meu bem. Não precisamos de mais nada!

— Ok! Te espero no caixa. Boa noite! — Raimundo se despediu de Bárbara.

Saindo do transe, Bárbara pediu licença e afastou-se rapidamente.

Luísa, mesmo sem perceber, acompanhou seus passos e viu que ela foi em direção às mesas, onde estavam André e a filha deles.

Respirando fundo, ela foi ao encontro de Raimundo, que, pelo fato de nunca ter visto Bárbara, não ligou uma coisa à outra.

Luísa até sentiu vontade de contar a ele, mas não queria mexer nisso, pois talvez o magoasse. Assim, acabou desistindo.

Em seu interior, experimentava um misto de sentimentos. Era esquisito reencontrá-la.

Não sabia o porquê, mas não tinha nenhum sentimento de raiva por ela nem por ele.

Alegando dor de cabeça e cansaço, Luísa chegou em casa e foi se deitar. Raimundo ainda queria ver algumas coisas da aula do outro dia e permaneceu na sala. Depois, iria se deitar ao lado dela.

Luísa demorou a dormir. Remexia-se na cama, pensando em toda a dor e em todo o sofrimento que havia experimentado. Acreditava que tudo tinha um fim, afinal, somente conhecera Raimundo por conta da obsessão por André.

Lembrou-se de como conhecera André e que de pronto se sentira aprisionada em seus encantos. Como o seduzira, arrastando-o para sua cama e realizando todos os caprichos sexuais dele. Não pedia nada em troca; somente se entregava acreditando que aquilo era amor.

Que ledo e doloroso engano!

Naquele momento de sua vida, sabia a diferença entre uma paixão avassaladora, que, como rio caudaloso, destrói tudo pela frente, e o amor fraterno e calmo.

Sabia que toda aquela dor a havia melhorado como pessoa. Tinha a consciência de que não teria feito o que fez: ligar para Bárbara e tentar terminar o relacionamento de André, em um ato sórdido e cruel.

Olhando para dentro de si, Luísa fez uma sentida prece de agradecimento ao Pai, por lhe mostrar o verdadeiro sentido do amor.

Lembrando-se agora do presente, sorriu emocionada. Estivera na casa da prima com as meninas e a vontade de ter uma família com Raimundo se fortaleceu grandemente. Queria uma criança, ser mãe e esposa. Ele merecia dela o seu melhor. Sabia que ainda havia várias fraquezas a ser trabalhadas e queria ser melhor para Raimundo, mas principalmente para si mesma.

Com o coração em paz, Luísa adormeceu.

Capítulo 19

A obra, que havia demorado além do previsto, estava quase pronta. Estavam agora na fase de instalação dos móveis.

Bárbara somente coordenava a obra, verificando se tudo estava sendo feito da forma que os médicos queriam.

Já fazia cinco meses que eles tinham voltado da segunda lua de mel, pensava ela colocando a mão direita sobre o ventre, que já se mostrava saliente.

Um mês depois da viagem, receberam a notícia de que um bebê chegaria em breve. Ansiava para que fosse um menino, mas seu coração dizia que seria mãe de outra menina.

Estava verificando os últimos detalhes, porquanto teria consulta médica no dia seguinte e ainda tinha que ir ver o prédio que estava alugando para montar sua loja de móveis e decorações.

A lembrança do seu projeto a fez pensar no marido e em como ele estava mudado. Todo o sofrimento tinha o melhorado bastante. Havia também as orientações de Lu, que, mesmo de longe, os mantinha com seus conselhos e suas indicações de livros espíritas. Assim, disposto a fazer sua reforma íntima, André se mantinha firme em suas mudanças.

Em pensamento, Bárbara agradeceu por ele não ter desistido dela.

Trancando a porta da clínica, ela foi para o carro pensando em Luísa e o que teria sido feito dela.

Só a vira naquele dia na padaria. Estranhamente, quando pensava em Luísa, não sentia raiva nem rancor, por mais que ela tivesse lhe causado tanto sofrimento. Desejava que estivesse tão feliz quanto eles estavam.

Parecia que aquele moço bonito e educado que estava com ela era seu namorado. Desejava que Deus os abençoasse, que ele a fizesse feliz e que ela aprendesse o valor do amor verdadeiro.

Refletindo, Bárbara pensava em como era difícil uma pessoa se colocar no lugar da outra. Era um sofrimento diário.

— Obrigada, meu Deus! Obrigada por tudo o que sou e que tenho! — disse em voz alta.

Mudando o rumo dos pensamentos, lembrou-se dos preparativos para sua loja, que estavam a todo vapor. Tinha pensado em desistir quando descobriu a gravidez, mas André foi o primeiro a ser contra.

— Ora! Há tantas mulheres que têm vários filhos e trabalham! Você dará conta!

— Mas serão duas crianças, André!

— Lívia já estará na escolinha, e você poderá levar o bebê para a loja. Você será a dona e fará os próprios horários.

— Isso sim!

— Terá somente que contratar bons auxiliares!

Bárbara, então, se deu por vencida e colocou o projeto para frente. Tinha que terminar tudo para inaugurar a loja antes de o bebê nascer, razão pela qual estava naquela correria toda.

Ia o tempo todo de uma obra para outra, mas não se cansava! Estava feliz! Sabia que tinha condições de trabalhar e não precisaria mais ficar à mercê do marido.

Parando na frente do consultório da médica, apressou-se. Estava no horário! Gostava muito da obstetra, que era uma amiga de André e também trabalhava no hospital. Era uma pessoa muito querida!

Apressada, Bárbara foi entrando e cumprimentando a secretária, que, rindo, disse que ela havia chegado na hora e já podia entrar.

A consulta de pré-natal foi rápida. A médica checou o peso de Bárbara, a circunferência da barriga, os batimentos do coração bebê, coisas de praxe.

— Será que vou aguentar trabalhar até o final? Essa barriga está crescendo muito. Será um bebê enorme.

Rindo, a médica concordou que a barriga de Bárbara havia crescido bem. Sabia dos projetos da loja e dava o maior apoio à nova paciente.

— Será! Você está ótima! Sua pressão está boa, e o bebê está se desenvolvendo perfeitamente. Está se alimentando bem. Não tem por que não ir até o fim trabalhando!

— Tenho medo!

— Não tenha, pois tudo dará certo! Você está igual a Luísa. Acredito que você a conheça. Uma médica morena, linda. Pelo menos, eu acho. Uma que trabalha lá no hospital, lembra-se?

Respondendo que sabia de quem se tratava e não contendo a curiosidade, perguntou o que ocorria com a outra, se ela estava com problemas de saúde.

— Não, pelo contrário. Está ótima! Também está com medo de não conseguir trabalhar até o bebê nascer.

— Ela está grávida? Bárbara ficou entre surpresa e aliviada.

— Sim, e está radiante! Está no comecinho da gestação. Seis semanas! Casamento marcado para daqui a um mês. Está o exemplo da felicidade. Mas, preocupada! Eu disse a Luísa que ela é médica e sabe que gravidez não é doença, mas mães de primeira viagem são todas iguais.

A conversa sobre a outra acabou ali, mas a cabeça de Bárbara não desligava. Estava feliz por ela. Esperava que fosse aquele moço com quem ela simpatizara tanto.

Bárbara saiu do consultório radiante, leve. Era como se a felicidade da outra lhe provocasse a alegria de que ela estava no caminho certo. Assim, sorrindo e cantando, foi para sua loja, acelerar os pedreiros, que era o que mais fazia naqueles dias.

Capítulo 20

O sábado amanheceu lindo. Flores e vidas desabrochavam, impondo sua beleza e perfeição.

— Tereza, meu amor, deseje-me sorte! — disse Bárbara, entrando na cozinha às cinco e meia da manhã. Durante toda aquela semana, a empregada havia pernoitado na casa para cuidar de tudo. A loja seria inaugurada naquele dia, e Bárbara estava uma pilha de nervos.

Na verdade, todos, inclusive a mãe de Bárbara, estavam na casa. Já estavam prontos para ir para a loja checar os últimos detalhes. Tudo corria tranquilamente, mas Bárbara continuava nervosa à toa.

— Dona Bárbara, tudo está lindo! A senhora fez o que podia e o melhor. Confie!

Pegando nas duas mãos dela e olhando-a nos olhos, Tereza perguntou se poderia lhe aplicar um passe magnético.

Era passista na casa onde frequentava, e o casal, de vez em quando, ia com ela.

Agradecendo, Bárbara aceitou. Estava tão nervosa que tinha medo de acontecer algo com o bebê, porquanto já se encontrava no sétimo mês de gravidez. Uma gestação recheada de muito amor!

Colocando Bárbara sentada na cadeira, Tereza prostrou-se, colocando-se em sintonia com a espiritualidade maior.

— Feche os olhos e mentalize uma linda cachoeira que desce sobre nós. Essa cachoeira energética é o amor do Pai, que está limpando e aquecendo seu coração. Mentalize os bons espíritos, que, neste momento, fazem a limpeza astral de sua loja. Mentalize os clientes e amigos que irão até lá hoje, trazendo consigo boas energias, e agradeça a oportunidade de crescimento e todo o apoio recebido. Louvado seja nosso Senhor!

Tereza ia dizendo essas palavras, enquanto fazia rápidos movimentos com a mão, manipulando a energia que era ofertada pela espiritualidade.

Ao terminar o passe, questionou se Bárbara estava melhor.

— Sim, me sinto bem!

— Tudo dará certo. Ou melhor, já deu. Olhe ao seu redor e sinta o amor que vem de todos. Olhe como seu marido mudou. Perceba quanto apoio e quanta atenção ele vem dando à senhora. Fora que seu André nem pensa em olhar para o lado! — A última frase foi dita com uma piscadinha proposital, pois viu que ela estava prestes a chorar e iria borrar a maquiagem.

Rindo, Bárbara falou baixinho, porque ele já devia estar pronto.

— Nenhuma olhadinha! Acho que aprendeu!

Ambas riram gostosamente, pois estavam felizes.

Terminaram de arrumar a mesa, enquanto falavam da espiritualidade, do trabalho desenvolvido e do compromisso que estavam assumindo.

— Não garanto que irei todos os sábados, mas quero ir, sim. André está apaixonado e com certeza quer fazer os estudos.

— Quero o quê? O que estão falando de mim?

André aproximou-se. Já havia tomado banho e estava com os cabelos molhados e com um sorriso de felicidade. Estava radiante com a nova fase da esposa.

— Que você quer fazer os cursos no centro espírita.

— Sim, quero fazer, quero aprender. Com certeza, não vou me tornar um médium, mas quero entender essa filosofia que nos faz pensar em nossos defeitos e ver que nossa mudança é a primeira para que surta efeito ao nosso redor. Vejo algumas pessoas que acreditam que o erro é sempre do outro, e, pelas palavras dos espíritos, pelos livros que li, é claro que em tudo há a nossa falha. As reações são reflexos de nós mesmos.

— Sim! Fico feliz que o senhor tenha entendido isso! Kardec diz que a fé deve ser pensada e sentida. Eu entendo que só começamos a sentir quando olhamos para o outro e nele vemos a nós mesmos.

— Que lindo, Tereza! "Façais aos outros o que desejam a ti"[29]!

— Sim, dona Bárbara! Todo *O Evangelho Segundo o Espiritismo* é baseado nos ensinamentos do Cristo, na própria Bíblia, mas com a explicação e as orientações dos nossos irmãos que aprenderam primeiro que nós e que vamos respeitar, pois estamos bem atrás.

---

29 Mateus 7:12.

Olhando para o relógio, Bárbara apressou-se a tomar seu leite. Estava tão agitada que nem queria comer.

Irene entrou na cozinha, cumprimentando a todos.

— Bom dia, mamãe! Coma rápido para irmos.

— Bárbara, minha filha, são cinco e quarenta! Temos tempo, e está tudo pronto. Acalme-se!

— Vamos conversar bastante, Tereza! Quero explorar seus conhecimentos — afirmou André.

— Estou à disposição.

Comendo rapidamente, foram para a loja. Tereza iria um pouco mais tarde com Lívia, e André iria buscá-las. Lívia certamente iria ficar muito cansada, então decidiram levá-la depois. Seria melhor que a menina dormisse um pouco mais.

Chegando à porta do estabelecimento, Bárbara ficou parada por alguns instantes, de mãos dadas com o marido, e não conteve as lágrimas de emoção.

— Não chore, meu amor!

André também estava comovido e, entre lágrimas, abraçou a esposa, dando um terno beijo em sua face.

— É tudo fruto do seu trabalho! Você arrumou e pensou em cada detalhe. Está perfeito!

Enxugando as lágrimas, ela correspondeu e virou-se para a mãe, que estava ao seu lado em silêncio e também emocionada.

Pegando na mão da mãe, levou-a aos lábios e, dando um beijo, agradeceu.

Olhando de um para o outro, Bárbara disse:

— Em cada detalhe, há um pouco de vocês. Eu não seria nada sem vocês. A cada peça que eu escolhia e que hoje está aí dentro, eu pensava em vocês e agradecia pelo amor e apoio. Obrigada!

As palavras verdadeiras e amorosas tocaram o coração dos dois.

Fazendo um pai-nosso, entraram na loja, agradecendo e pedindo proteção.

Bastião e sua equipe socorrista também estavam ali. Haviam trabalhado muito para que aquele momento chegasse.

Sua filha, enfim, começava a despertar. Estava saindo da casca da ignorância em que se manteve presa por muito tempo.

O querido mentor abraçou Irene demoradamente e, dando beijos em sua face, agradeceu-lhe pelo cumprimento de sua missão, que era ajudar

Bárbara a curar as feridas e acreditar no amor de uma família, podendo, assim, constituir sua própria.

Abraçou André, querido irmão do qual acompanhava cada conquista. Estava feliz, orgulhoso de sua reformulação.

— Querido filho, obrigado por ajudá-la e por apoiar essa mudança que era tão necessária. Agora, ela crescerá, terá a oportunidade de trabalhar, pensar e aprender. Enfim, ela sairá da condição de vítima e enfrentará a vida. Não ficará à mercê de migalhas. Não terá mais motivos para se sentir inferiorizada. Ela precisará de sua força e, mesmo que tudo não ocorra como ela planejou, saberá que sempre será capaz de produzir.

"Obrigado por concordar em receber nosso irmão Bruno, espírito comprometido há séculos, que vive um círculo vicioso do ódio. Ele, tanto quanto Clotilde, tinha que retornar. Ela não virá agora, mas em breve. A providência divina achou por bem aproveitar seu recolhimento e depositá-lo aos seus cuidados. Receba e ame esse irmão equivocado. Com o amor doado e com o cuidado de pai, ele aprenderá a amá-lo, porque somente o doce e suave sentimento do perdão é capaz de nos livrar de cargas desnecessárias e pesadas."

A emoção de Bastião era tamanha que de seu corpo fluídico saíam luzes brilhantes de várias cores. Um amigo que nos acompanhava disse que era a energia do amor puro, que é aquele que não cobra, não julga, cuida e tem a paciência de esperar o próprio tempo de amadurecimento do irmão.

— Somente os espíritos em grau de adiantamento igual ao de nosso irmão Bastião sabem amar dessa forma.

Eu estava tão emocionado que fiquei quieto. Somente olhei para o amigo e sorri.

Achei que palavras eram desnecessárias. Era um dos raros momentos em minha existência em que compreendia isso, porque sempre usei a palavra, escrita ou falada. Via que o amor naquele momento era a única língua a ser falada ali.

Vi o espírito de João, o pai de Bárbara e esposo de Irene naquela encarnação, aproximando-se. Lágrimas escorriam por sua face. Ele foi recebido com um amoroso abraço de Bastião.

— Nossa filha está crescendo! Saiu da casca!

— Sim. Glórias dou ao Pai de amor que nos permite alçar voos, dentro do nosso tempo e de nossa vontade.

— Sim, meu irmão! — Afastando-se, Bastião deixou que João as abraçasse e permanecesse um tempo ao lado delas.

Quando João se afastou, pois era chegada a hora de se retirar, Bastião, que iria para outra paragem tão importante como aquela, porquanto o dia era de glória para aquele amoroso coração, nos convidou para uma prece.

Com os olhos voltados para o Alto, vendo com mais certeza do que nós que estávamos ao seu lado, pois vinham sobre nós cascatas de luzes em formato de pétalas de rosas, que significavam a bênção do Pai, ele iniciou uma linda e sentida prece:

— Querido e amado Pai, que nos permite iniciar a caminhada ainda recalcitrantes e titubeantes, mas que, para nos fortalecer, nos concede oportunidades vastas, obrigado por todas essas chances de reparar as faltas que, grandes ou pequenas aos olhos humanos, sempre são faltas. Elas, contudo, abrem brechas para não estacionarmos, para atingirmos a perfeição, que nada mais é do que a plenitude da gratidão, o aperfeiçoamento das leis divinas, que, inseridas em nossa alma pela centelha divina, estão presentes em todos desde o nascedouro da nossa alma rudimentar.

"Pai, hoje, este coração de pai terreno, que se aprisiona nas asas libertadoras do amor eterno, rejubila-se de felicidade em ver seus filhos caminhando. Vacilantes ainda, eu bem o sei, mas iniciando uma nova fase, em que o menos importante é se falharão em algo ou se as más tendências que ainda carregam os farão cair. Hoje, eles provam a si mesmos que podem superar as barreiras que criaram para si neste incessante encarnar e aprender. Oh, amado Pai, sinto, neste instante, como se minha alma se lavasse de amor e que Suas mãos me indicam o caminho do amor, caminho este verdadeiro e único para se aprender e se manter na fé e na perseverança de vencer. Sei que nem tudo serão flores, no entanto, sei que o Grande Jardineiro, que é o Senhor, já lhes entregou as sementes, bastando que eles tirem as ervas daninhas e permitam que as flores das experiências floresçam. Sei que ainda não findei minha missão, mas dou por iniciada uma nova fase. Obrigado! Peço-Lhe proteção a todos os trabalhadores abnegados que aceitaram as recomendações deste espírito em aprendizado, que somente crê que faz o correto, porque busca sempre no Senhor o verdadeiro juiz de suas ações. Assistência a todos que amorosamente se prendem a este trabalho de proteger, cuidar e orientar os irmãos encarnados, na dura e honrosa missão de vencer suas tendências na encarnação."

A pequena oração de agradecimento tinha a pureza de um amor que seguia a Eternidade. Bastião, mesmo após ter sido pai delas e permitido que elas assumissem dívidas uma com a outra, nunca mais as afastara da mente nem do coração. Mesmo tendo ele conseguido atingir, por meio do trabalho, um grau de amadurecimento da alma, quanto mais ascendia, mas se prendia à promessa que fizera a elas e a si mesmo de não as abandonar.

Nesta tentativa, todos haviam se comprometido de que venceriam as dificuldades do crescimento e, a duras penas após se distanciarem e quase sucumbirem novamente, estavam ali, tal qual trem nos trilhos das oportunidades.

Deixando as pessoas encarnadas protegidas e contentes, dirigiu-se, feliz, tal qual criança quando ganha um doce, à outra parte da cidade.

Enquanto isso, eu ria de sua expressão de alegria.

Luísa, terminando de retocar a maquiagem, estava no carro com a prima e com um motorista contratado para levar a noiva ao altar. As duas filhas de Dora já estavam com o pai e Raimundo no local.

Haviam decidido fazer a celebração pela manhã, às oito horas. As moças do salão dormiram no apartamento e, madrugada adentro, começaram a arrumar a noiva, que estava linda.

— Achei que as meninas iam dar trabalho para acordar, mas estão tão felizes que nem perceberam a hora — disse a mãe, enquanto aguardavam a hora da entrada.

— Realmente, achei temeroso, mas são umas princesas! Parabéns, você é uma ótima mãe! Espero conseguir ser como você para este bebê!

A voz de Luísa vacilou, e, notando que a prima começaria a chorar, Dora já atalhou a emotividade.

— Sem choro! Vai borrar a maquiagem! Espere pelo menos o noivo vê-la! Coitada das moças! Fizeram um trabalhão danado para melhor a sua cara! Faça sua parte!

Rindo e secando o canto do olho, Luísa conteve a emoção.

Haviam expulsado os rapazes da casa para abrigar a cabeleireira e a maquiadora e os fizeram dormir em um hotel.

Luísa havia preparado tudo com muito amor. Simples, como a orientara dona Creuza, que seria a encarregada de fazer a bênção, ou oração, como ela mesma gostava de dizer.

Como frequentavam o centro dela e se sentiam bem lá, preferiram que ela mesma fizesse a cerimônia religiosa.

O casamento civil seria feito ali também, numa chácara não muito longe da cidade, que serviria de local da festa.

Luísa contratara uma equipe de decoração, que espalhou arranjos com rosas brancas e colocou um tapete vermelho no centro por onde ela iria caminhar.

Para não ter briga entre os primos, combinaram que ela entraria sozinha, acompanhada somente de duas daminhas.

A equipe do *buffet* já havia providenciado o café da manhã e estava trabalhando nos preparativos do almoço. Tudo fora minuciosamente organizado por ela.

Luísa estava feliz!

Pegando na mão da prima, assim que vieram avisá-la que poderia seguir, ela disse:

— Você sabe que cometi muitos erros. Que nunca tive escrúpulos de atentar homens e de descartá-los, como se as pessoas fossem brinquedos!

Sem saber aonde Luísa queria chegar com aquele desabafo naquele momento, Dora, quase instintivamente, olhou para frente, tentando encontrar Raimundo, e depois olhou fixamente para Luísa dizendo:

— Você quer desistir? — Estava assustada.

Sorrindo de forma clara, Luísa disse:

— Jamais! Pelo contrário! Neste momento, somente agradeço a Deus por ter me trazido esse anjo, esse homem de alma e coração bondosos, que me ama, mesmo sabendo de muita coisa que fiz de errado. Só queria dizer que não me orgulho dessa parte de minha vida e que desejaria ter tido a maturidade para não ter feito tudo aquilo. Sei, no entanto, que tudo isso deve ter um propósito... Acho que era me preparar para saber que isto que vivo hoje é a verdade. Que o amor não machuca e que tudo que não lhe dá paz é ilusão, por mais doce e delicioso que seja.

As duas se abraçaram, tentando conter as lágrimas.

— Você será uma esposa maravilhosa e uma mãe exemplar. E agora vamos, antes que o noivo desista!

Com a emoção tomando conta das duas, Luísa e Dora desceram do carro e foram ao encontro do noivo.

O clima era de festa para os que os amavam. Havia ali vários irmãos que ainda tentavam acessar o coração de Luísa, agindo para desestabilizar sua relação. Cobradores, mulheres que ela machucou com sua lascívia e homens que, por meio do seu físico, ela usou para que satisfizessem seus caprichos, que ainda se mantinham no lamaçal da ignorância, mas, no tempo de cada um, voltariam para casa.

Ela havia se arrependido dos casos amorosos que tivera naquela encarnação. Não fazia ideia dos seus desacertos pretéritos, do rio de dor que promovera.

Luísa estava resgatando várias dívidas e fazendo acertos necessários, usando sua profissão com responsabilidade e afeto, mas ainda havia muitos irmãos que não acreditavam e não queriam enxergar que ela estava disposta a mudar.

Deus, em Sua sabedoria, permitia naquele momento que ela percebesse o valor do amor. Agora cabia a ela valorizar e construir uma nova história, sem traições nem ilusões.

Tinha, na erraticidade, a programação de receber sua mãe de outrora, Laura, e reparar algumas falhas. Depois, viria Clotilde, espírito que verdadeiramente não sabia perdoá-la. Era muito tempo envolvida em energias de ódio e cultivo da vingança, que somente o amor de uma mãe conseguiria aplacar.

— Você sabe que a maternidade será uma prova difícil também, né?! — perguntei eu, o curioso do astral que ali estava.

Saindo da onda de emoção, Bastião me disse:

— Sim, o casal receberá dois espíritos conflitantes. Um, recheado de culpa, e outro, de rancor.

— Não será fácil!

— Haverá amor suficiente neste lar para resolver isso. Raimundo e Luísa terão um ao outro, além da doutrina que abraçaram, que lhes dará o norte da educação espiritual de que necessitam.

Passando a mão pelo ombro do amigo, eu disse:

— Ademais, há sempre um amigo espiritual para ajudar. E, graças a Deus, eles sabem onde procurá-lo.

Rindo, ele balançou a cabeça e respondeu:

— Graça a Deus, aprenderam o caminho!

Tudo corria maravilhosamente. Era um dia de glória para Bastião, que ia de um local a outro cuidando e amando. E eu ao lado dele, aproveitando aquela emoção bendita.

Como nada era fruto do acaso, os eventos tinham sido intuídos às duas para ocorrerem no mesmo horário, como presente para aquele abnegado amigo da espiritualidade maior.

Afastando-nos um pouco, eu comecei a resenha, que teve um Bastião calado e respeitoso. Sabia que eu tinha acompanhado o desenrolar com olhos de amor e não julguei nenhum erro.

— Luísa veio para esta encarnação para aprender o verdadeiro sentido de família. Ficou sem pai e sem mãe, apoiando-se em pessoas amorosas, com as quais estreitou laços, valorizando o amor. Durante a juventude, deixando que velhos erros aflorassem, se valeu da beleza física para seduzir e usar os homens, sem culpa nem arrependimento. Tentou destruir a família de André novamente, com o sentimento de posse, que, pelo que vi, cultivava havia séculos, acreditando piamente que isso era amor e, o que é pior, que deveria ser correspondido.

Após breve pausa, continuei:

— André, espírito invigilante, com vício em sexo e em tratamento por várias encarnações, achava que Luísa era somente um caso passageiro. Deixou-se levar pelo prazer fugaz e quase colocou em risco o compromisso de ajudar a esposa a se reerguer, se fortalecer, aprender a caminhar e produzir.

E, continuando minha análise, disse:

— Bárbara, suicida recorrente! Pessoa amorosa, que sempre viveu à sombra de seus companheiros, mas que jamais se predispôs a aprender a vivenciar a própria vida. Espírito leal, mas enfraquecido pelos próprios conceitos equivocados.

E, arrematando, falei:

— Raimundo, espírito leal, justo e sempre pronto a ajudar Luísa, é hoje seu marido.

— Belo resumo, meu amigo! Sim, esses eram meus irmãos. Você os descreveu numa linguagem romântica. Hoje, estão se educando, cada qual na medida de sua responsabilidade. Luísa não vê mais o marido como um escravo pronto a satisfazer seus desejos. Ela passou a respeitá-lo e o tem em seu mais alto conceito. Não considera mais a bondade de Raimundo uma fraqueza, e, sim, uma virtude. André, filho amado, consciente dos erros pretéritos e de toda dor que espalhou, principalmente para essas almas que o acompanham há tanto tempo, decidiu cumprir o que vem prometendo há várias encarnações. Infelizmente, não terá tempo de firmar laços de amizade e respeito com Luísa, porquanto não se permitirá a isso devido aos acontecimentos desta vida, que ainda estão fortes. Eles, contudo, já caminharam bem. Em relação a Bárbara, ele, fielmente, a está ajudando a recompor sua autoestima, seu senso de trabalho e amor à família.

Ele olhou para o céu e, agradecendo, completou:

— Ah! Quanto a Bárbara, ela foi a que mais cresceu e evoluiu! Por alguns momentos, pensei que a perderia novamente para a dor, tendo que resgatá-la em chagas dolorosas do suicídio e da loucura. Ela, no entanto, venceu, desabrochou e está firme em seus propósitos. Enfim, a vida segue seu curso, como a água do rio, produzindo lindas flores pelo seu caminho.

Na terra, dona Creuza proferia uma sentida prece, enquanto nós, pairando a alguns metros dali, nos abeberávamos de suas palavras e das vibrações amorosas que vinham daquele lugar.

Juntando-se a nós, vieram Eugênio, querido espírito protetor de Bárbara; Mafalda, espírito amigo, sempre pronto a nos auxiliar com bons conselhos; Carlos, que tinha a incumbência de orientar André; e o espírito protetor de Lívia, que se chamava Marcos, entre tantos outros.

Mafalda, espírito caro ao coração de Bastião, após um longo e fraterno abraço, pegou em sua mão e nela depositou um beijo.

— Querido amigo, hoje se fecha um ciclo de muita dor e muito amor, depositando em cada prece, em cada lágrima e em cada sorriso a sabedoria da vida que venceu algumas dores. Esses espíritos eternos hão de galgar muitos aprendizados ainda, mas buscam hoje trilhar o que lhes foi confiado. Almas boas, capazes de servir e cuidar do próximo, mas que ainda não sabiam cuidar de si mesmas. Rogo a Deus, neste instante, pela vida de todos e agradeço ao Pai por sua fé — disse essas palavras, enquanto uma de suas mãos segurava firmemente a dele, e a outra estava pousada no local onde o coração espiritual do companheiro batia descompassado de emoção.

— Vida em Cristo, que vibra amor por todos, hoje ajuda a espíritos caros ao seu coração. Mas sei que não hesita um instante sequer em socorrer a quem quer que seja, independentemente do nível de evolução espiritual.

Emocionado, Bastião somente abaixou a cabeça em sinal de humildade e disse:

— Todo amor que despendemos em prol de um irmão que pede socorro é multiplicado em nosso favor. Sou um trabalhador iniciante do amor do Cristo e peço a Ele que derrame sobre todos nós Sua paz e Sua fé no caminho que leva ao Pai.

Sorrindo, a amável e veneranda irmã, cuja luz destoava dos demais pela cor e vibração, demonstrando que se tratava de uma trabalhadora com alto grau de evolução, nos convidou a uma prece de encerramento daquela fase de aprendizado.

Friccionando uma mão na outra, a nobre alma a estendeu diante do corpo, fazendo movimentos que criavam luzes brilhantes das mais variadas cores, que atingiam os encarnados e desencarnados que ali estavam. Era uma verdadeira chuva de bênçãos.

Mesmo emocionado, pude reparar que a cada um dos presentes eram direcionadas luzes de uma determinada cor, ou várias delas, conforme sua necessidade. A mensageira aplicava a cromoterapia em todos.

Foi lançada em mim uma luz lilás, que atingiu diretamente meu chacra frontal, para estimular minha mente a reproduzir todo o aprendizado que eu presenciava.

— Cristo de amor e justeza, querido irmão que nos dirige e mostra os caminhos que devemos percorrer nos vales de dor e sofrimento, na busca e no resgate dos irmãos que sofrem... Filhos que, deixando-se vencer pela dor, buscam refúgio na culpa, na mutilação e, quando encarnados, atentam contra si mesmos, encerrando uma dádiva dada pelo Pai, que é a vida terrena. Encarnações se perdem pela ilusão da paixão e pela posse do outro. Dores surgem com relacionamentos tormentosos, muitas vezes movidos pelo orgulho, que nasce com o afastamento do outro e pela ausência do Senhor, meu amado Pai, da fé e da capacidade de entender o quão perene e fugaz é a paixão. Desvarios do sexo, que levam almas sábias à perdição, fazendo-as estacionarem e sofrerem muito, quando despertam do lado de cá e entendem todo o prejuízo das cargas desnecessárias aquilatadas para si mesmas. Peço-Lhe, Pai amoroso, que derrame sobre todos aqui envolvidos, trabalhadores incansáveis e preciosos de sua seara, Sua bênção e que lhes permita permanecer neste trabalho de amor e perseverança, que é a orientação dos filhos encarnados. Hoje, encerramos uma pequena fase de degraus que os amigos encarnados subiram arduamente. E, para tanto, só podemos celebrar e agradecer ao Senhor a oportunidade bendita dada a todos nós de provar de sua sabedoria em cada pedra depositada. Louvado seja Nosso Senhor Jesus Cristo.

— Para sempre seja louvado! — disseram todos, em coro.

Abraçando-nos, a querida irmã se despediu, pois outras frentes de trabalho a aguardavam.

Parando diante de mim, este humilde e ignorante espírito, olhando em meus olhos e colocando a mão em meus chacras frontal e cardíaco, disse em tom amoroso:

— Querido, esta será a primeira de muitas vivências em que você atuará na divulgação da sabedoria do Pai Celeste aos filhos encarnados. Busque sempre ter olhos de ver e ouvidos de ouvir, sem julgar, só amando a cada um dos envolvidos. Somos todos aprendizes, com mais ou menos erros, mas sempre aprendizes. Suas anotações serão de grande valia e confortarão muitos corações aflitos pela dor que vivenciam na Terra e pela ignorância da vida eterna em sua plenitude. Mas o principal coração a ser confortado será o seu! Deus o abençoe sempre!

Quando já estava saindo, informou sorrindo:

— Já estamos preparando o nobre amigo que ditará os ensinamentos colhidos por você. Aguarde que será muito em breve!

E assim, deixando em lágrimas este bisbilhoteiro morto, que aprende a cada palavra que lhe é transmitida, ela partiu com sua caravana de amigos amorosos que trabalham em nome do Pai Celestial.

Vendo-me emocionado, Bastião, meu amigo e mentor, abraçou-me pelos ombros e convidou-me a partir dali.

— Vamos levar auxílio a outras vidas e outros aprendizados. Aqui, por ora, nosso trabalho não será tão necessário. Há uma senhora, amada irmã, conhecida sua, que precisa de socorro. Alguém por quem você pediu permissão para ajudar.

— Quem? — perguntei curioso. Havia tantas almas que eu aprendera a amar e pelas quais pedi, em prece, misericórdia divina.

— Nossa irmã Rosa. Mãe Rosa, como você conhece. Médium que, comprometida com a cura, se perdeu e clama hoje por ajuda.

Com o coração aos pulos de felicidade, nós nos dirigimos à casa da irmã adoecida em socorro. Mas essa já é outra história, que, com a permissão divina, um dia será outra lição de amor contada pelos olhos do espírito para o coração da carne.

FIM

Referências

ARMOND, Edgard. **Passes e radiações**. 6. ed. São Paulo: Aliança, 2018.

BOZZANO, Ernesto. **Pensamento e vontade**. 1. ed. [*S. l.*]: Editora do Conhecimento, 2021.

FEDERAÇÃO ESPÍRITA BRASILEIRA. **Reformador**: Revista de Espiritismo Cristão, Rio de Janeiro, ano 120, n. 2.077, abr. 2002.

KARDEC, Allan. **O livro dos espíritos**. 1. ed. Brasília: FEB, 2019.

KARDEC, Allan. **O livro dos médiuns**. 1. ed. Brasília: FEB, 2019.

KARDEC, Allan. **O evangelho segundo o espiritismo**. [*S. l.*]: [*s. n.*], [*s. d.*].

PAGER. In: WIKIPEDIA. Disponível em: https://pt.wikipedia.org/wiki/Pager. Acesso em: 24 maio 2024.

PALHANO JÚNIOR, L. **Dicionário de filosofia espírita**. [*S. l.*]: CELD, [*s. d.*].

PASSE: caridade ensinada por Jesus. [*S. l.*]: Auta de Souza, 2016.

XAVIER, Francisco Cândido. **Nos domínios da mediunidade**. Ditado pelo espírito André Luiz. [*S. l.*]: [*s. n.*], [*s. d.*].

XAVIER, Francisco Cândido. **Missionários da luz**. Ditado pelo espírito André Luiz. 31. ed. Rio de Janeiro: FEB, [*s. d.*].

GRANDES SUCESSOS DE
ZIBIA GASPARETTO

Com 21 milhões de títulos vendidos, a autora tem contribuído para o fortalecimento da literatura espiritualista no mercado editorial e para a popularização da espiritualidade. Conheça os sucessos da escritora.

Romances
pelo espírito Lucius

A força da vida
A verdade de cada um
A vida sabe o que faz
Ela confiou na vida
Entre o amor e a guerra
Esmeralda
Espinhos do tempo
Laços eternos
Nada é por acaso
Ninguém é de ninguém
O advogado de Deus
O amanhã a Deus pertence
O amor venceu
O encontro inesperado
O fio do destino
O poder da escolha
O matuto
O morro das ilusões
Onde está Teresa?
Pelas portas do coração
Quando a vida escolhe
Quando chega a hora
Quando é preciso voltar
Se abrindo pra vida
Sem medo de viver
Só o amor consegue
Somos todos inocentes
Tudo tem seu preço
Tudo valeu a pena
Um amor de verdade
Vencendo o passado

VIDA & CONSCIÊNCIA
EDITORA

Rua das Oiticicas, 75 – SP
55 11 2613-4777

contato@vidaeconsciencia.com.br
www.vidaeconsciencia.com.br